山东师范大学
人文社会科学学术文丛

国家管辖范围以外区域海洋遗传资源获取与惠益分享制度研究

王传良／著

法律出版社
LAW PRESS·CHINA
北京

图书在版编目(CIP)数据

国家管辖范围以外区域海洋遗传资源获取与惠益分享制度研究 / 王传良著. -- 北京 : 法律出版社, 2022
(山东师范大学人文社会科学学术文丛)
ISBN 978-7-5197-6611-5

Ⅰ. ①国… Ⅱ. ①王… Ⅲ. ①国际海域-海洋资源-种质资源-海洋法-研究 Ⅳ. ①D993.5

中国版本图书馆CIP数据核字(2022)第058276号

国家管辖范围以外区域海洋遗传资源获取与惠益分享制度研究
GUOJIA GUANXIA FANWEI YIWAI QUYU HAIYANG YICHUAN ZIYUAN HUOQU YU HUIYI FENXIANG ZHIDU YANJIU

王传良 著

策划编辑 朱 峰
责任编辑 朱 峰 马秋婧
装帧设计 鲍龙卉

出版发行 法律出版社
编辑统筹 辞书·融出版编辑部
责任校对 裴 黎 王语童
责任印制 吕亚莉
经 销 新华书店

开本 710毫米×1000毫米 1/16
印张 12.75 字数 207千
版本 2022年8月第1版
印次 2022年8月第1次印刷
印刷 北京虎彩文化传播有限公司

地址:北京市丰台区莲花池西里7号(100073)
网址:www.lawpress.com.cn
投稿邮箱:info@lawpress.com.cn
举报盗版邮箱:jbwq@lawpress.com.cn
销售电话:010-83938349
客服电话:010-83938350
咨询电话:010-63939796

书号:ISBN 978-7-5197-6611-5
定价:45.00元

凡购买本社图书,如有印装错误,我社负责退换。电话:010-83938349

序　言

21 世纪是海洋的世纪,海洋及其资源的价值与潜在价值已逐渐为人类所发掘和利用。随着现代海洋科技的进步,加之近海资源已无法满足人们对于海洋资源日益增长的需求,许多国家的海洋活动已从国家管辖范围以内区域往国家管辖范围以外区域(areas beyond national jurisdiction,ABNJ)扩展,作为一种新型海洋资源, ABNJ 海洋遗传资源已成为海洋活动的对象,这催生了建立专门国际海洋法律制度以分配权益、设置义务、构建秩序的现实需要。截至 2022 年,将 ABNJ 海洋遗传资源包括惠益分享问题作为核心议题之一的“国家管辖范围以外区域海洋生物多样性养护和可持续利用的国际法律约束力文书”(The International Legally Binding Instrument under United Nations Convention on the Law of the Sea on the Conservation and Sustainable Use of Marine Biodiversity of Areas beyond National Jurisdiction,以下称“BBNJ 国际协定”)的谈判工作已历经 18 年,其中,ABNJ 海洋遗传资源获取与惠益分享制度是“BBNJ 国际协定”的一项核心制度。

ABNJ 包括公海和“区域”两类海域,〔1〕约占海洋总面积的 64%,是海洋治理的最大地理单元。作为全球海洋治理的一个新领域,为完善相应国际规制,赋予国际海洋法新制度以良法属性,有必要将旨在实现良好海洋治理的海洋善治(good ocean governance)理念融入 ABNJ 海洋遗传资源获取与惠益分享制度的构建进程之中。鉴于此,本书将海洋善治理念作为构建 ABNJ 海洋遗传资源获取与惠益分享制度的论证基础。ABNJ 海洋遗传资源获取与惠

〔1〕 1982 年《联合国海洋法公约》虽未直接提及“国家管辖范围以外区域”,但从其规定内容来看,ABNJ 包括公海和“区域”两类海域。

益分享制度是一项亟待构建的国际海洋法律制度，具有整体性。在法学研究的视野里，基于理论解构的需要，ABNJ 海洋遗传资源获取制度和惠益分享制度又各有研究的独立性。为此，本书在注重关联性和一致性的基础上，以海洋善治理念为理论基础，依次研究 ABNJ 海洋遗传资源获取制度和惠益分享制度的构建问题。

开发利用 ABNJ 海洋遗传资源，需要较高的科技水平和经济能力为支撑，目前仅有少数发达国家具备这些条件，这些国家以“公海自由原则”为主张进行着开发利用活动，引发了以下问题：“公海自由”原则的主张看似不设置开发障碍，实则会引发无序竞争、军备竞赛以及海洋霸权主义，进而导致 ABNJ 海洋秩序危机；允许具备开发条件的发达国家自由获取 ABNJ 海洋遗传资源并独享收益，实质上会剥夺其他国家的开发机会，知识产权制度又将固化部分发达国家在开发过程中的既得利益，使获取机会不均演化为实质的不公平，引发代内不公平问题；由于缺乏具体的义务设置，养护义务的履行更多地取决于国家的自我约束，而基于利己主义，在开发 ABNJ 海洋遗传资源这种公共资源时，国家往往会更加注重权利和利益，忽视和逃避义务，从而导致“公地的悲剧”(tragedy of the commons)现象发生，使可持续发展原则无法落实，引发代际公平问题。上述问题引发重构 ABNJ 海洋新秩序以及分配 ABNJ 海洋遗传资源相关海洋权益的现实需要，而完善的国际海洋法规则是有效解决海洋治理问题的保障。如何在现有国际海洋法框架下重构 ABNJ 海洋秩序，使之与国家管辖范围以内区域海洋秩序协调统一？如何将代内公平与代际公平融入 ABNJ 海洋遗传资源相关海洋权益初始分配和再分配的过程中去？这将是本书在论证 ABNJ 海洋遗传资源获取与惠益分享制度构建的过程中所要解决的问题。

针对上述问题，基于从理论到制度、从国际法到国内法的检视次序，本书的研究思路如下(见图 1)：首先，将海洋善治理念作为构建 ABNJ 海洋遗传资源获取与惠益分享制度的论证基础，研究海洋善治理念下 ABNJ 海洋遗传资源获取与惠益分享制度的应然状态，赋予该项国际海洋法律制度以良法属性，以保障代内公平与代际公平，实现各国获取机会的均等、公正公平的惠益分享,并且促进 ABNJ 海洋遗传资源的养护和可持续利用。其次,将人类共同继承财产原则作为构建 ABNJ 海洋遗传资源获取与惠益分享制度的制度内核。在海洋善治理念下对于 ABNJ 海洋遗传资源的人类共同继承财产的法律属性进行证成,基于人类共同继承财产原则的立场界定 ABNJ 海洋遗传资源的法律地位,并以此为制度内核来分析 ABNJ 海洋遗传资源获取与惠益分享制度的构建问题。再次,在注重关联性和一致性的基础上,本书依次研究 ABNJ 海洋遗传资源获取制度和惠益分享制度。此外,作为关联制度,本书还将研究 ABNJ 海洋遗传资源获取和惠益分享过程中相关知识的法律保护和知识产权制衡;作为实施保障,本书亦会研究 ABNJ 海洋遗传资源利用监测机制。最后,将海洋命运共同体理念作为我国关于 ABNJ 海洋遗传资源获取与惠益分享制度构建倡议和法律因应的理论准备。分析海洋命运共同体理念在全球海洋治理进程中的意义并梳理其与本书的论证基础即海洋善治理念之间的关系。在海洋命运共同体理念下,分别从国际法和国内法层面探析我国关于 ABNJ 海洋遗传资源获取与惠益分享制度构建的建议和法律因应。

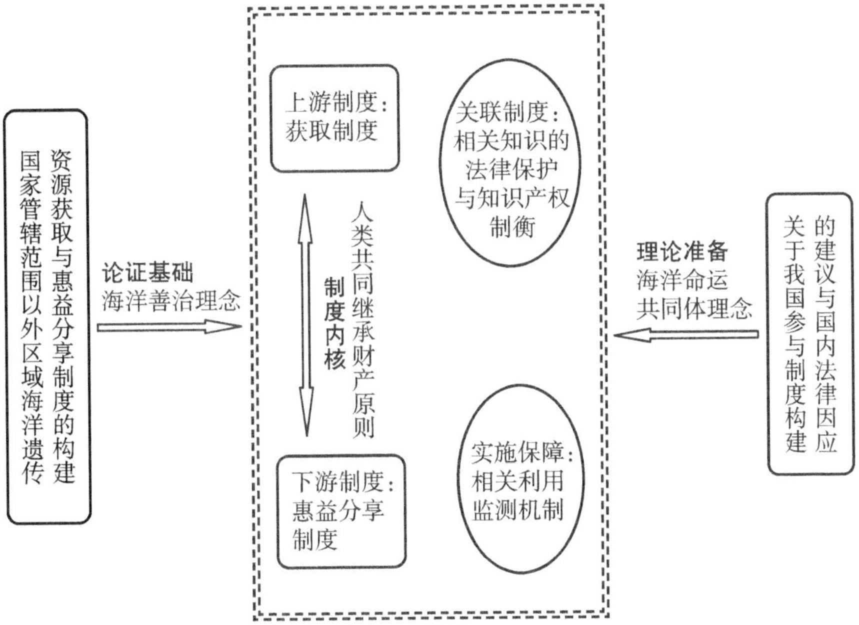

图 1 本书研究思路

本书是国际海洋法领域内的制度性选题，同时亦涉及国际海洋法一般理论问题，通过对 ABNJ 海洋遗传资源获取与惠益分享制度构建问题的系统论证，预期具有以下法学理论研究意义和法律制度论证意义：第一，法学理论研究意义。其一，在国际法视域下，从现有国际法理论和制度中去凝练海洋善治理念的意涵，可为包括 ABNJ 海洋遗传资源获取与惠益分享制度在内的“BBNJ 国际协定”的制定提供理论指引，以赋予其良法属性。为此，本书将梳理海洋善治理念的国际法基础，分析其主要国际法内涵，介绍海洋善治的构成要素，探讨海洋善治理念在 ABNJ 海洋遗传资源获取与惠益分享制度构建进程中的意义。其二，联合国 2019 年 11 月 18 日发布的《“BBNJ 国际协定”草案修改稿》（A/CONF. 232/2020/3）[1]，第 5 条第 c 项以方括号条款[2]的形式将人类共同继承财产原则规定为“BBNJ 国际协定”的一般原则。人类共同继承财产原则已为 1982 年《联合国海洋法公约》（United Nations Convention on the Law of the Sea，以下简称《海洋法公约》）[3]、1979 年《关于各国在月球和其他天体上活动的协定》（以下简称《月球协定》）[4]所确认，[5]但上述文件均未对该原则进行定义。目前，国际法学界亦尚未就人类共同继承财产原则的法律内涵形成统一认识。[6] 鉴于国际海洋法与国际空间法的规范对象明显不同，本书仅在国际海洋法视域下梳理人类共同继承财产原则的历史沿革以及法律内涵，分析其在构建 ABNJ 海洋遗传资源获取与

---

[1] Revised Draft Text of an Agreement under the United Nations Convention on the Law of the Sea on the Conservation and Sustainable Use of Marine Biological Diversity of Areas beyond National Jurisdiction (A/CONF. 232/2020/3), UN (18 November 2019), https://documents-dds-ny.un.org/doc/UNDOC/GEN/N19/372/88/DOC/N1937288.DOC.

[2] 《“BBNJ 国际协定”草案》及其修改稿里的方括号主要用来说明以下内容：(1)在一个条款里有两个或两个以上可替换的备选案文；(2)对拟议案文或想法的讨论有限；(3)新案文已作为一种可能的妥协列入；(4)表示支持某个条款内或整个条款“无案文”这一选择。

[3] United Nations Convention on the Law of the Sea, adopted on 10 December 1982, came into force on 16 November 1994.

[4] Agreement Governing the Activities of States on the Moon and Other Celestial Bodies, adopted on 5 December 1979, came into force on 11 July 1984.

[5] Agreement Governing the Activities of States on the Moon and Other Celestial Bodies, Article 11.

[6] See Rachel Tiller, Elizabeth De Santo, Elizabeth Mendenhall & Elizabeth Nyman, *The Once and Future Treaty: Towards a New Regime for Biodiversity in Areas beyond National Jurisdiction*, 99 Marine Policy 239(2019).

惠益分享制度进程中的可适用性和意义。其三,在ABNJ海洋遗传资源获取与惠益分享制度的构建进程中,海洋命运共同体理念为我国的倡议主张和国内法律因应提供了必要的理论准备。目前在全球海洋治理领域,海洋命运共同体理念已逐渐在发挥理论引导作用。本书以国际海洋法为视域,探析海洋命运共同体理念在全球海洋治理进程中的意义,分析海洋命运共同体理念与海洋善治理念之间的关系,基于该理念明晰我国在ABNJ海洋遗传资源获取与惠益分享制度构建进程中的角色认知。第二,法律制度论证意义。其一,本书以海洋善治理念为论证基础,站在维护全人类共同利益、促进ABNJ海洋遗传资源的长期养护和可持续利用的角度上,来研究"BBNJ国际协定"中ABNJ海洋遗传资源获取与惠益分享制度的构建问题,以期平衡各国利益冲突,凝聚国际共识,制定具有良法属性的国际海洋法律制度。其二,本书以海洋命运共同体理念为理论基础,站在负责任大国的角度,分析对我国参与ABNJ海洋遗传资源获取与惠益分享制度构建的建议;同时,站在履行国际法义务、完善国内相关法律的角度,分析如何进行国内法律因应。

本研究的创新点主要体现在以下几个方面:第一,研究视角的创新。其一,基于海洋善治理念的视角,研究ABNJ海洋遗传资源获取与惠益分享制度的构建问题。作为基础工作,在国际法视域下梳理海洋善治理念的国际法理论和制度基础、法律内涵以及在构建ABNJ海洋遗传资源获取与惠益分享制度进程中的意义。以海洋善治理念为论证基础,分析"BBNJ国际协定"中的ABNJ海洋遗传资源获取与惠益分享制度的构建问题。其二,基于海洋命运共同体理念的视角,研究我国关于ABNJ海洋遗传资源获取与惠益分享制度的构建倡议和法律因应问题。在全球海洋治理视域下分析海洋命运共同体理念的内涵、与海洋善治理念的关系以及在构建ABNJ海洋遗传资源获取与惠益分享制度进程中的意义,将之作为我国在构建ABNJ海洋遗传资源法律制度进程中倡议主张和法律因应的理论基础。第二,研究路径的创新。其一,从法律关系的主要构成要素即主体、客体及内容三方面梳理和归纳了人类共同继承财产原则的国际海洋法内涵,以此作为判定应否赋予ABNJ海洋遗传资源以人类共同继承财产法律属性以及基于人类共同继承财产原则界定 ABNJ 海洋遗传资源法律地位所必需的前提工作。其二,从全球海洋治理核心构成要素即主体、客体、目标和国际规制四个方面梳理和探析了海洋命运共同体理念的国际海洋法内涵,作为我国关于 ABNJ 海洋遗传资源获取与惠益分享制度构建倡议和法律因应的理论准备。第三,研究内容的创新。其一,以海洋善治理念为论证基础,将 ABNJ 海洋遗传资源获取制度和惠益分享制度作为相对独立且又互为整体的制度体系,分阶段进行研究。在制度具体构建论证过程中,创新之处包括主张区分 ABNJ 海洋遗传资源获取类型设置不同获取规制模式;将 ABNJ 海洋遗传资源获取条款和条件与划区管理工具、环境影响评估相衔接。其二,以海洋命运共同体理念为理论准备,分析了我国在构建 ABNJ 海洋遗传资源获取制度和惠益分享制度进程中的角色认知、建议和国内法律因应。同时探析了海洋命运共同体理念与海洋善治理念之间的关系,归纳两种全球海洋治理理念的相洽之处,并分析了海洋命运共同体理念对海洋善治理念的拓展。

目　录

第一章

国家管辖范围以外区域海洋遗传资源的国际规制及相关造法

近年来,ABNJ 海洋遗传资源成为国际社会的关注焦点,有关该资源的开发利用活动导致了一系列现实问题和法律问题的产生。[1] 作为《海洋法公约》的第三部执行协定,"BBNJ 国际协定"正在"浮出海面"。ABNJ 海洋遗传资源包括惠益分享问题,是"BBNJ 国际协定"谈判工作的核心议题之一,[2] 如何构建 ABNJ 海洋遗传资源获取与惠益分享制度是"BBNJ 国际协定"谈判工作需要重点解决的问题之一。

随着有关可持续发展原则、人类共同利益原则以及全球海洋治理理论的国际法理论和实践的积累,海洋善治理念在国际社会对以往海洋治理经验的总结和反思中逐渐形成。虽然目前仍未有国际法律文件明确提出"海洋善治"的概念,但旨在实现良好海洋治理的海洋善治理念在全球海洋治理领域已达成一定程度的共识。[3] 海洋善治理念以全球海洋治理为路径,在全球海

---

〔1〕 *Summary of the Third Session of the Intergovernmental Conference* (*IGC*) *on the Conservation and Sustainable Use of Marine Biodiversity of Areas beyond National Jurisdiction*: 19 - 30 *August* 2019, Earth Negotiations Bulletin Vol. 25 No. 218 (2 September 2019), http://enb. iisd. org/download/pdf/enb25218e. pdf. p. 2.

〔2〕 "BBNJ 国际协定"的四项核心议题分别是:海洋遗传资源包括惠益分享问题、划区管理工具包括海洋保护区等措施、环境影响评估以及能力建设和海洋技术转让。See Resolution Adopted by the General Assembly on 24 December 2017 (A/RES/72/249), UN (19 January 2018), http://www. un. org/en/ga/search/view_doc. asp? symbol=A/RES/72/249., Paragraph 2.

〔3〕 See Yen-Chiang Chang, *Ocean Governance—A Way Forward*, Springer, 2012, p. 1-29.

洋治理领域,国际规制是全球海洋治理的核心要素。[1] 作为相关国际规制的重要组成,构建具有良法属性的 ABNJ 海洋遗传资源获取与惠益分享制度需要以海洋善治理念为理论基础。

基于上述分析,本章将要重点解决以下问题:其一,在制度层面梳理 ABNJ 海洋遗传资源国际规制现状,分析现有相关国际规制存在的问题;其二,在理论层面梳理海洋善治理念的国际法基础及内涵,探析该理念在构建 ABNJ 海洋遗传资源获取与惠益分享制度进程中的意义;其三,在国际造法(international law-making)层面探讨如何在构建 ABNJ 海洋遗传资源法律制度进程中融入海洋善治理念,以保证其良法属性。

第一节　国家管辖范围以外区域海洋遗传资源介绍

从《海洋法公约》规定内容来看,ABNJ 包括公海和"区域"两类海域,约占全球海洋面积的 64%。在 ABNJ,公海渔业资源是传统海洋生物资源,而深海以及"区域"由于不见阳光而无法进行光合作用,一直被认为是"生物荒漠",该认识为后来的科学研究所推翻。[2] 1977 年,聚集在热液喷口(hydrothermal vents)的海洋生物群落被发现,与传统生物依靠光合作用获得能量不同,热液喷口的生态系统利用化学氧化产生的能量从二氧化碳和矿物质中制造有机物。[3] 此后,海山(seamounts)、冷水珊瑚礁(cold-water corals)和海绵礁(sponges reefs)等处的海洋生物群落相继被发现。[4] 这些海洋生

---

[1] 参见王琪、崔野:《将全球治理引入海洋领域——论全球海洋治理的基本问题与我国的应对策略》,载《太平洋学报》2015 年第 6 期。

[2] See Irus Braverman & Elizabethr. Johnson eds., *Blue Legalities: The Life and Laws of the Sea*, Duke University Press, 2020, p. 162.

[3] 参见 Fernanda Millicay:《"区域"生物多样性法律机制》,王玉婷译,载傅崐成等编译:《弗吉尼亚大学海洋法论文三十年精选集(1977—2007)》,厦门大学出版社 2010 年版,第 1787 页。

[4] See Thea Lowry, *Protecting the Mysteries of the Deep: Conserving Biodiversity in Marine Areas beyond National Jurisdiction*, 16 Dalhousie Journal of Legal Studies 113 (2007).

物生存在 ABNJ 各种极端环境之中，具备很高的医疗、制药以及生态等价值，[1] ABNJ 海洋遗传资源因此作为一种新型海洋生物资源开始备受关注。

一、国家管辖范围以外区域海洋遗传资源的国际法内涵

作为 ABNJ 海洋遗传资源获取与惠益分享制度的规范对象，需要明晰 ABNJ 海洋遗传资源的国际法内涵，本部分梳理其国际法定义，分析其主要的法律特征。

（一）国家管辖范围以外区域海洋遗传资源的国际法定义

《“BBNJ 国际协定”草案修改稿》（A/CONF. 232/2020/3）[2] 第 1 条第 9 款针对 ABNJ 海洋遗传资源的定义给出了两个备选案文：其一，发现于或源于 ABNJ、来自海洋植物、动物、微生物或其他来源的任何含有遗传功能单位、其遗传和生物化学特性具有实际或潜在价值的材料。其二，具有实际或潜在价值的海洋遗传材料。[3] 同时，《“BBNJ 国际协定”草案修改稿》第 1 条第 8 款对“海洋遗传资料”进行了定义：“海洋植物、动物、微生物或其他来源的任何含有遗传功能单位的材料。”[4]

关于 ABNJ 海洋遗传资源的地域范围，国际社会已在“BBNJ 国际协定”谈判进程中基本达成共识：包括公海与“区域”。[5] 至于其实质范围，还存在争议，最为明显的分歧为 ABNJ 海洋遗传资源是否包含“衍生物”。虽然

---

[1] See Lyle Glowka, *Deepest of Ironie: Genetic Resources, Marine Scientific Research, and the Area*, 12 Ocean Yearbook 154 (1996).

[2] Revised Draft Text of an Agreement under the United Nations Convention on the Law of the Sea on the Conservation and Sustainable Use of Marine Biological Diversity of Areas beyond National Jurisdiction (A/CONF. 232/2020/3), UN (18 November 2019), https://documents-dds-ny.un.org/doc/UNDOC/GEN/N19/372/88/DOC/N1937288.DOC.

[3] 《“BBNJ 国际协定”草案》及其修改稿的案文进行了多处方括号的限制，为使表达顺畅，本书在个人理解的意义上对方括号以及其表述进行了删减、整合，以下同。

[4] Revised Draft Text of an Agreement under the United Nations Convention on the Law of the Sea on the Conservation and Sustainable Use of Marine Biological Diversity of Areas beyond National Jurisdiction (A/CONF. 232/2020/3), UN (18 November 2019), https://documents-dds-ny.un.org/doc/UNDOC/GEN/N19/372/88/DOC/N1937288.DOC.

[5] See UN, A/CONF. 232/2020/3, Articles 1 (4), 3 (1).

《"BBNJ 国际协定"草案修改稿》第 1 条第 8 款删掉了原草案"不包括衍生物"的限定性表述,但就协定关于 ABNJ 海洋遗传资源的规定是否适用于衍生物,仍保留了第 8 条第 1 款第 c 项及第 2 款第 c 项两个意见相反的方括号条款。在国际法领域,遗传资源的实质范围是否包含衍生物,一直是发达国家与发展中国家争议的焦点:发达国家强调遗传资源仅限于有遗传功能的材料,不包括衍生物;发展中国家则坚持应将衍生物纳入遗传资源获取与惠益分享制度的范围。[1] 这种分歧亦反映在 ABNJ 海洋遗传资源的界定中,故《"BBNJ 国际协定"草案修改稿》中出现了上述两个意见相反的方括号条款。

(二)国家管辖范围以外区域海洋遗传资源的法律特征

ABNJ 海洋遗传资源作为国际法的客体,存在以下区别于其他客体的法律特征:

1. 复合性

ABNJ 海洋遗传资源具有有形生物载体和无形遗传信息的复合性。国际社会开发利用 ABNJ 海洋遗传资源,重点在于发掘其遗传信息的商业化价值,而采集生物体多作为获取这种无形遗传信息的手段。另外,遗传信息非一次用尽,可在实验室复制,故只需一次获取或者非连续性采样便可以持续利用。[2]

在获取制度的构建方面,鉴于 ABNJ 海洋遗传资源的上述特征,获取该资源对 ABNJ 海洋生态环境的破坏较小,对于获取行为的规制应在保障开发机会均等与增进人类共同福祉间寻找平衡。宽松的获取制度可以促进相关知识的生成和普惠,因此带来的初始分配不公平亦可以通过后续的惠益分享予以矫正。

在权属制度设置方面,除了遗传材料这一有形性载体作为物权客体外,还具有无形性特征和其他实用价值,体现在遗传资源中具有实际或潜在

---

〔1〕 参见韦贵红:《遗传资源专利保护机制探析——兼评〈名古屋议定书〉的履行》,载《法律适用》2015 年第 2 期。

〔2〕 See Carlos Correa & Xavier Seuba eds., *Intellectual Property and Development: Understanding the Interfaces*, Springer Singapore, 2019, p. 406-412.

价值的遗传信息经过人类的技术处理可以转换成智力信息，该智力信息可能成为知识产权的客体。[1] 在现有国际实践中，该无形信息融入智力成果，与知识产权结合较为紧密，排他性的私权利保护引发了生物剽窃（biopiracy）的不公平问题，所以在构建 ABNJ 海洋遗传资源获取与惠益分享制度时，还要兼顾相关知识的法律保护和知识产权制衡。

2. 共享性

ABNJ 海洋遗传资源属于全球公域内的一种资源，具有共享性。该特征意味着该资源蕴含着代内公平和代际公平的义务，有赋予其人类共同继承财产法律属性的先天因素。

共享性也决定着 ABNJ 海洋遗传资源获取与惠益分享制度的构建方向：其一，为保障机会均等，须确立获取规制模式。同时为促进相关传统知识生成，增进人类共同福祉，要设置宽松的获取制度。其二，实现公平公正地分享因利用 ABNJ 海洋遗传资源所产生的惠益契合共享性特点，惠益分享制度应以此为构建目标。

3. 科技性

ABNJ 海洋遗传资源需要通过科技来发掘其潜在价值，正是基于对海洋遗传资源价值的深入认识以及开发利用活动的开展，才产生了将其纳入法律关系客体的需求。这也是国际海洋法科技性特点之一的体现，随着海洋科技的发展，海洋及其资源以及相关活动不断地被纳入各种国际海洋法律关系之中。

科技性的特点要求设置宽松的获取制度，在保障可持续监测的基础上，尽可能地鼓励 ABNJ 海洋遗传资源开发利用活动的开展。

科技性的特点也决定了惠益分享制度的特点——非货币惠益占有重要地位，因此能力建设和技术转让也是“BBNJ 国际协定”核心议题之一。此外，科技性的另一个表现是从该资源的获取、研发到最终的商业化利用，开发利用周期长，故须设置分阶段惠益分享。

[1] 参见史学瀛：《生物多样性法律问题研究》，人民出版社 2007 年版，第 44 页。

二、国家管辖范围以外区域海洋遗传资源的价值

随着有关深海生态系统的知识积累以及海洋生物技术的进步，作为新型海洋资源的 ABNJ 海洋遗传资源，其潜在经济价值与生态价值越发为人类所认识。而正是其所具有的潜在价值引发了对其确立国际法规则的需要。本部分结合国际社会关于 ABNJ 海洋遗传资源的开发利用重心，分析 ABNJ 海洋遗传资源的经济价值和生态价值。

（一）经济价值

ABNJ 海洋生物生存在极端环境中，具有不同寻常的分子结构和代谢适应力，有承受高温、高压、有毒环境的能力，这些特质使其所含的遗传信息极具开发利用价值，[1] 在医药、化妆品等领域具有广阔前景，目前已被用于抗癌制药、艾滋病以及阿尔茨海默病的治疗、抗氧化剂的研制等。[2] 此外，随着可降解生物燃料越发受到国际社会关注，ABNJ 海洋遗传资源在能源领域的应用也存在巨大的潜在市场。

（二）生态价值

ABNJ 海洋遗传资源的生态价值逐渐为国际社会所关注。海洋生物本身就是生物系统的重要组成部分，对于维系海洋生态平衡具有重要意义。由于海洋大约占地球表面积的 71%，故其在地球生态系统中亦扮演重要角色。ABNJ 海域约占海洋总面积的 64%，其所蕴含的海洋遗传资源因此具有巨大的生态价值。部分 ABNJ 海洋微生物具有污染物生物降解能力，比如海洋蓝藻菌处理污水，一些海洋微生物可以分解油污等其他化学物质。基于 ABNJ 海洋生物的以上特质，实践中 ABNJ 海洋遗传资源亦正开始被用于生物修复

---

〔1〕 See Natalie Y. Morris-Sharma, *Marine Genetic Resources in Areas beyond National Jurisdiction: Issues with, in and outside of UNCLOS*, 20 Max Planck Yearbook of United Nations Law 71 (2017).

〔2〕 参见程时辉：《论国家管辖范围外海洋遗传资源的开发与保护——基于科技、市场和制度的视角》，载《资源开发与市场》2019 年第 2 期。

(bio-remediation)领域。[1]

三、国家管辖范围以外区域海洋遗传资源的相关海洋活动

如上文所述,ABNJ 海洋遗传资源存的价值逐渐为国际社会所发现,并围绕其开展各类海洋活动。本部分根据现有国际实践梳理有关 ABNJ 海洋遗传资源的活动,以此来明晰 ABNJ 海洋遗传资源获取与惠益分享制度构建过程中所要考虑到的相关活动。

(一)海洋生物勘探

生物勘探(biodiversity prospecting)是指采集、筛选、开发具有商业价值的遗传和生物化学特征的生物资源的活动。[2] 目前,生物勘探活动在公海以及"区域"均有实践。[3] 《"BBNJ 国际协定"草案修改稿》第 1 条第 15 款对"海洋遗传资源的利用"进行了界定:"指进行海洋遗传资源的遗传和(或)生物化学组成的研究和发展,以及开发此种资源。"该界定可在一定程度上作为对有关 ABNJ 海洋遗传资源"生物勘探"的理解。《"BBNJ 国际协定"草案修改稿》第 8 条将协定的调整范围限定于商业化的海洋生物勘探。

有关 ABNJ 海洋遗传资源的生物勘探对资金和技术要求较高,目前仅有部分发达国家有条件开展此项海洋活动,作为一种全球公域内的资源,保障各国获取机会均等、实现公正公平惠益分享将是相关国际海洋法律制度所要考虑的重点。此外,海洋生物勘探涉及 ABNJ 海洋遗传资源相关现代知识,会引发申请及授予专利等活动。知识产权制度可以维护开发利用者正当权益,但排他性的保护又将导致"生物剽窃"在 ABNJ 重新上演的风险。所谓生物剽窃,是指发达国家无偿或廉价地获取发展中国家的遗传资源和相关传统

---

[1] See Anja Morris, *Marine Genetic Resources in Areas beyond National Jurisdiction: How should the Exploitation of the Resources be Regulated?*, 22 New Zealand Journal of Environmental Law 57 (2018).

[2] 参见郑苗壮、裘婉飞:《国家管辖范围以外区域海洋遗传资源获取与惠益分享制度研究》,载胡学东、郑苗壮编著:《国家管辖范围以外区域海洋生物多样性问题研究》,中国书籍出版社 2019 年版,第 89 页。

[3] See Catherine Banet ed., *The Law of the Seabed: Access, Uses, and Protection of Seabed Resources*, Brill Nijhoff, 2020, p. 245.

知识,独享因利用遗传资源而产生的惠益,而知识产权的滥用是生物剽窃的催化剂。[1] 所以相关知识的法律保护与知识产权制衡亦是 ABNJ 海洋遗传资源获取与惠益分享制度所要解决的问题。

(二)海洋科学研究

针对 ABNJ 海洋遗传资源开展的海洋科学研究亦是一项重要的海洋活动,《海洋法公约》已形成完备的海洋科学研究制度。理论上,海洋科学研究与海洋生物勘探可以就是否具有商业化目的进行区分,[2]前者不具有商业化目的,且不构成对海洋资源任何权利主张的法律依据。[3] 实践中,海洋科学研究与生物勘探却不易区分,[4]且两者往往同时进行。

海洋科学研究亦会对 ABNJ 海洋遗传资源产生影响,联合国秘书长 2003 年《海洋和海洋法》报告(A/58/65)指出,在热液喷口进行海洋科学研究可能导致该区域的生境破坏和生物群损害。[5] 所以海洋科学研究制度亦要包括维系 ABNJ 海洋遗传资源生境的内容。但是基于法律分工和配合的思想,ABNJ 海洋遗传资源获取与惠益分享制度与海洋科学研究制度要作如下安排:其一,明晰两者的调整范围,减少法律竞合的现象。为此,《"BBNJ 国际协定"草案修改稿》第 8 条第 2 款第 d 项将海洋科学研究明确排除在 ABNJ 海洋遗传资源获取与惠益分享制度调整范围之外。其二,ABNJ 海洋遗传资源获取与惠益分享制度的构建也不能构成对海洋科学研究的阻碍。

(三)其他海洋活动

其他非直接针对 ABNJ 海洋遗传资源的海洋活动,也会对 ABNJ 海洋生

[1] 参见张海燕:《遗传资源知识产权保护法律问题研究》,法律出版社 2012 年版,第 26-27 页。

[2] See Lyle Glowka, *Deepest of Ironie: Genetic Resources, Marine Scientific Research, and the Area*, 12 Ocean Yearbook 154 (1996).

[3] See United Nations Convention on the Law of the Sea, Article 241.

[4] See Yoshifumi Tanaka, *Reflection on the Conservation and Sustainable Use of Genetic Resources in the Deep Seabed beyond the Limits of National Jurisdiction*, 39 Ocean Development and International Law 129 (2008).

[5] See Oceans and the Law of the Sea: Report of the Secretary-General, A/58/65, UN (3 March 2003), https://documents-dds-ny.un.org/doc/UNDOC/GEN/N03/266/68/PDF/N0326668.pdf?OpenElement.

物造成影响，比如：深海勘探和采矿、海底拖网捕鱼、海底观光活动、安装水下电缆和管道、建造人工岛屿和其他设施、海洋倾倒等活动，这些活动都会影响 ABNJ 海洋生态系统，继而对 ABNJ 海洋遗传资源产生负面影响。[1]

上述海洋活动已由诸如国际渔业法律制度、海洋环境保护制度、公海制度、“区域”制度等进行规范，为避免因国际海洋法律制度的重叠引发的适用难题，ABNJ 海洋遗传资源获取与惠益分享制度不应就上述活动进行专门规定。

第二节 国家管辖范围以外区域海洋遗传资源的国际规制

第三次联合国海洋法会议期间，由于当时 ABNJ 海洋遗传资源的开发前景不明确，未有设置具体国际法律制度的现实需求，被誉为“海洋宪章”的 1982 年《海洋法公约》便未进行相应的制度设置。近些年，ABNJ 海洋遗传资源成为国际社会关注的热点，在制度缺位与实践兴起的矛盾冲突中，ABNJ 海洋遗传资源获取与惠益分享制度的构建愈发成为国际海洋法政界的关注焦点。具体法律制度的空缺并不意味着不存在任何国际规制，作为制度构建的前提，需要分析有关 ABNJ 海洋遗传资源的国际规制现状。

一、国家管辖范围以外区域海洋遗传资源的国际规制现状

作为全球海洋治理的核心要素，国际规制是指用以规范国际社会涉海行为、维持正常海洋秩序的国际规则体系。[2] 研究 ABNJ 海洋遗传资源获取与惠益分享制度的构建问题，需要在现行规范体系层面检视相关国际法律文件，梳理有关 ABNJ 海洋遗传资源的国际规制现状。本部分从以下三个方面检视相关国际法律文件：其一，ABNJ 海洋法律制度；其二，遗产资源获取与惠

---

〔1〕 参见李晓静：《国家管辖范围外海洋遗传资源的定义及其法律地位探析》，载《中国海商法研究》2017 年第 2 期。

〔2〕 参见王琪、崔野：《将全球治理引入海洋领域——论全球海洋治理的基本问题与我国的应对策略》，载《太平洋学报》2015 年第 6 期。

益分享制度;其三,与遗传资源有关的知识产权制度。

(一)国家管辖范围以外区域海洋法律制度

1.《海洋法公约》及其执行协定

在 ABNJ,《海洋法公约》第七部分与第十一部分分别以公海自由原则和人类共同继承财产原则为基础确立了公海制度和“区域”制度。1994 年《关于执行 1982 年 12 月 10 日〈联合国海洋法公约〉第十一部分的协定》(Agreement relating to the Implementation of Part Ⅺ of the United Nations Convention on the Law of the Sea of 10 December 1982, 以下简称 1994 年《执行协定》)[1]与 1995 年《执行 1982 年 12 月 10 日〈联合国海洋法公约〉有关养护和管理跨界鱼类种群和高度洄游鱼类种群的规定的协定》(Agreement for the Implementation of the Provisions of the United Nations Convention on the Law of the Sea of 10 December 1982 relating to the Conservation and Management of Straddling Fish Stocks and Highly Migratory Fish Stocks,以下简称 1995 年《鱼类种群协定》)[2]作为《海洋法公约》的两个执行协定,分别对“区域”矿物资源开发、管理和公海渔业资源养护、管理的国际法律制度进行了细化和修正。《海洋法公约》以及 1994 年《执行协定》、1995 年《鱼类种群协定》,包含养护和可持续利用 ABNJ 海洋生物资源的条款,在一定程度上规制着 ABNJ 海洋遗传资源。但是,《海洋法公约》第七部分以及 1995 年《鱼类种群协定》关于海洋生物资源的养护和管理制度,主要针对的是海洋渔业资源;《海洋法公约》第十一部分以及 1994 年《执行协定》确立的“区域”制度,主要针对的是“区域”矿物资源,[3]仅从海洋环境保护的角度提及“区域”内活动要采取必要措施,“保护和养护‘区域’的自然资源,以防止对海洋环境中动

〔1〕 Agreement relating to the Implementation of Part Ⅺ of the United Nations Convention on the Law of the Sea of 10 December 1982, adopted on 28 July 1994, came into force on 28 July 1996.

〔2〕 Agreement for the Implementation of the Provisions of the United Nations Convention on the Law of the Sea of 10 December 1982 relating to the Conservation and Management of Straddling Fish Stocks and Highly Migratory Fish Stocks, adopted on 4 December 1995, came into force on 11 December 2001.

〔3〕 See United Nations Convention on the Law of the Sea, Article 133.

植物的损害”。《海洋法公约》及 1994 年《执行协定》、1995 年《鱼类种群协定》未有“海洋遗传资源”的表述，更谈不上设置有具体的 ABNJ 海洋遗传资源获取与惠益分享制度。当然，《海洋法公约》框架下诸如公平有效利用资源、养护生物多样性和促进资源的可持续利用等观念共识在一定程度上约束着 ABNJ 海洋遗传资源开发利用活动，但这些原则性、软法性的规范不足以形成完善且稳定的法律秩序。[1]

2. 南极条约体系

南极海域约占世界海洋表面积的 15%，是世界上最大的全球公域。[2] 1959 年《南极条约》(Antarctic Treaty)[3]适用于南纬 60 度以南的海域，[4]以该条约为核心的相关国际法律文件以及南极条约协商会议(Antarctic Treaty Consultative Meeting)通过的决议构成了管理南极事务的法律体系，被称为南极条约体系(Antarctic Treaty System)。《海洋法公约》未涉及海洋遗传资源获取与惠益分享制度，更遑论较为久远的《南极条约》。虽然南极条约体系目前仍不具备直接规制 ABNJ 海洋遗传资源获取与惠益分享的法律制度，但《南极条约》、1980 年《南极海洋生物资源养护公约》(Convention for the Conservation of Antarctic Marine Living Resources)[5]以及 1991 年《关于环境保护的南极条约议定书》(Protocol on Environmental Protection to the Antarctic Treaty)[6]等国际法律文件已经构建起南极海洋生物资源保护制度，并且自 2004 年起，南极条约协商会议已经开始关注“南极生物勘探”议题。[7]

---

〔1〕 参见李志文：《国家管辖外海域遗传资源分配的国际法秩序——以人类命运共同体理念为视阈》，载《吉林大学社会科学学报》2018 年第 6 期。

〔2〕 参见[加]马克·撒加利亚：《海洋政策——海洋治理和国际海洋法导论》，邓云成、司慧译，海洋出版社 2019 年版，第 279 页。

〔3〕 Antarctic Treaty, adopted on 1 December 1959, came into force on 23 June 1961.

〔4〕 See Antarctic Treaty, Article 6.

〔5〕 Convention for the Conservation of Antarctic Marine Living Resources, adopted on 20 May 1980, came into force on 7 April 1982.

〔6〕 Protocol on Environmental Protection to the Antarctic Treaty, adopted on 23 June 1991, came into force on 14 January 1998.

〔7〕 参见薛达元、崔国斌、蔡蕾、张丽荣：《遗传资源、传统知识与知识产权》，中国环境科学出版社 2009 年版，第 140 页。

(二)遗传资源获取与惠益分享制度

1.《生物多样性公约》以及《波恩准则》、《名古屋议定书》

《生物多样性公约》(Convention on Biological Diversity)[1]是第一个从整体、生态系统层面规范遗传资源获取与惠益分享活动的国际法律文件,其原则性地确立了遗传资源的获取与惠益分享制度。2002年《关于获取遗传资源和公平及公正分享其利用所产生惠益的波恩准则》(Bonn Guidelines on Access to Genetic Resources and Fair and Equitable Sharing of the Benefits Arising out of Their Utilization,以下简称《波恩准则》)[2]与2010年《关于获取遗传资源和公正及公平分享其利用所产生惠益的名古屋议定书》(Nagoya Protocol on Access to Genetic Resources and Fair and Equitable Sharing of the Benefits Arising from of Their Utilization,以下简称《名古屋议定书》)[3]对其所确立的遗传资源获取与惠益分享制度进行了细化。上述国际法律文件确立了遗传资源获取与惠益分享的双边机制,且仅规制国家管辖范围以内区域的遗传资源,[4]其所确立起来的获取与惠益分享制度无法直接适用于ABNJ海洋遗传资源,但可以为ABNJ海洋遗传资源获取与惠益分享制度的构建提供丰富的国际造法经验。

2.《粮食和农业植物遗传资源国际条约》

2001年《粮食和农业植物遗传资源国际条约》(International Treaty on Plant Genetic Resources for Food and Agriculture,以下简称《粮农条约》)[5]确立的多边系统,适用范围仅限于附件一所列出的64种国家管辖范围内粮农植物遗传资源。鉴于此,《粮农条约》所确立的获取与惠益分享制度亦无法直接

[1] Convention on Biological Diversity, adopted on 5 June 1992, came into force on 29 December 1993.

[2] Bonn Guidelines on Access to Genetic Resources and Fair and Equitable Sharing of the Benefits Arising out of Their Utilization, 2002.

[3] Nagoya Protocol on Access to Genetic Resources and Fair and Equitable Sharing of the Benefits Arising from of Their Utilization, adopted on 29 October 2010, came into force on 12 October 2014.

[4] See Convention on Biological Diversity, Article 15.

[5] International Treaty on Plant Genetic Resources for Food and Agriculture, adopted on 3 November 2001, came into force on 29 June 2004.

适用于ABNJ海洋遗传资源。但是,鉴于ABNJ海洋遗传资源属于全球公域内的资源,仅存在资源利用方而不涉及提供方,与《生物多样性公约》、《波恩准则》以及《名古屋议定书》(以下统称《生物多样性公约》体系)下的双边模式相比,《粮农条约》所确立的多边系统更为符合该资源的规制特点,可为ABNJ海洋遗传资源获取与惠益分享制度提供一定的制度模型。

(三)与遗传资源有关的知识产权制度

1.《与贸易有关的知识产权协议》

1994年《与贸易有关的知识产权协议》(Agreement of the World Trade Organization on Trade-related Aspects of Intellectual Property Rights,以下称《TRIPS协议》)[1]虽然包含授予有关海洋遗传资源的产品或方法专利的可能性,[2]但由于缺失与ABNJ海洋遗传资源获取与惠益分享制度的衔接规定,反而会因为发达国家利用知识产权来排他性地固化其所得利益,从而进一步加剧其与发展中国家在开发利用ABNJ海洋遗传资源上的利益失衡。[3]此外,披露海洋遗传资源的来源地是判断是否要进行惠益分享的根据,但《TRIPS协议》未明确申请专利时强制披露来源地的义务,[4]导致遗传资源惠益分享制度与有关知识产权制度的衔接存在空隙。

2.世界知识产权组织相关议题

世界知识产权组织(World Intellectual Property Organization,WIPO)为联合国负责世界范围内知识产权事务的专门机构。2000年10月,世界知识产权组织成员国大会决定成立知识产权与遗传资源、传统知识和民间文艺政府间委员会(Intellectual Committee on Intellectual Property and Genetic

---

[1] Agreement of the World Trade Organization on Trade-related Aspects of Intellectual Property Rights, signed on 15 April 1994, came into force on 1 January 1995.

[2] See Agreement of the World Trade Organization on Trade-related Aspects of Intellectual Property Rights, Article 27.

[3] See Xu Ying, *Establishing the Exploitation Regime of Genetic Resources in the International Seabed Area*, 7 China Legal Science 91 (2019).

[4] 参见郑苗壮、裘婉飞:《国家管辖范围以外区域海洋遗传资源获取与惠益分享制度研究》,载胡学东、郑苗壮编著:《国家管辖范围以外区域海洋生物多样性问题研究》,中国书籍出版社2019年版,第93页。

Resources, Traditional Knowledge and Folklore,简称世界知识产权组织政府间委员会),讨论遗传资源的知识产权保护问题。[1] 但是,迄今为止,世界知识产权组织未通过明确的国际法规则来规制 ABNJ 海洋遗传资源相关知识。

二、谈判制定中的"BBNJ 国际协定"

(一)"BBNJ 国际协定"谈判进程

"BBNJ 国际协定"作为最新的一项国际海洋法造法正在谈判制定中。ABNJ 海洋遗传资源包括惠益分享问题,是其核心议题之一。[2] 联合国层面一直在促进"BBNJ 国际协定"的谈判,自 2004 年设立不限成员名额非正式特设工作组(Ad Hoc Open-ended Informal Working Group,以下称 BBNJ 工作组)以来,截至 2022 年,"BBNJ 国际协定"的谈判工作已历经 18 年之久,[3] 主要经过了以下三个阶段:

1. 论证阶段

2004 年 11 月 17 日,联合国大会通过 59/24 号决议,设立 BBNJ 工作组,研究国家管辖范围以外区域海洋生物多样性(marine biodiversity of areas beyond national jurisdiction, BBNJ)养护和可持续利用问题。[4] 2006 年至 2015 年,BBNJ 工作组共召开了 9 次工作会议,主要讨论现有国际规制下相关法律规范与管理机制存在的问题,以及这些问题是否可以通过在《海洋法公约》框架下制定一个专门的国际协定来解决。BBNJ 工作组于 2011 年第四次工作会议上商定"一揽子"事项解决方案,确立后来的"BBNJ 国际协定"四项

---

[1] 参见史学瀛:《生物多样性法律问题研究》,人民出版社 2007 年版,第 68 页。

[2] See Resolution Adopted by the General Assembly on 24 December 2017 (A/RES/72/249), UN (19 January 2018), http://www.un.org/en/ga/search/view_doc.asp? symbol=A/RES/72/249.

[3] See *Summary of the Fourth Session of the Intergovernmental Conference on an International Legally Binding Instrument under the UN Convention on the Law of the Sea on the Conservation and Sustainable Use of Marine Biodiversity of Areas beyond National Jurisdiction: 7-18 March* 2022, Earth Negotiations Bulletin Vol. 25 No. 225 (21 March 2022), https://enb.iisd.org/sites/default/files/2022-03/enb25225e.pdf.

[4] See Resolution Adopted by the General Assembly on 17 November 2004 (A/RES/59/24), UN (4 February 2005), https://documents-dds-ny.un.org/doc/UNDOC/GEN/N04/477/64/PDF/N0447764.pdf? OpenElement.

核心议题即海洋遗传资源包括惠益分享问题、划区管理工具包括海洋保护区等措施、环境影响评估以及能力建设和海洋技术转让,[1]"BBNJ 国际协定"的论证工作迈出了关键一步。BBNJ 工作组于 2015 年最后一次工作会议中,基本达成共识,建议联合国大会在《海洋法公约》的框架下制定一份有法律约束力的国际文书,并就"BBNJ 国际协定"的谈判工作作了初步规划。[2]

2. 启动阶段

2015 年 6 月 19 日,联合国大会通过 69/292 号决议,设立筹备委员会(Preparatory Committee),就"BBNJ 国际协定"草案要点进行讨论并向联合国大会提出实质性建议,正式启动"BBNJ 国际协定"的谈判进程。[3] 2016 年至 2017 年,筹备委员会共召开 4 届会议,以 2011 年确立的四项核心议题为重点讨论"BBNJ 国际协定"的草案内容。其间,发达国家与发展中国关于"海洋遗传资源包括惠益分享问题"议题分歧严重,对于 ABNJ 海洋遗传资源的相关国际法律制度的谈判,几乎未取得实质性进展。[4] 2017 年 7 月 10 日至 21 日,筹备委员会第四届会议审议并通过了"BBNJ 国际协定"草案要点编写实质性建议方案,向联合国大会提交《关于根据〈联合国海洋法公约〉的规定就国家管辖范围以外区域海洋生物多样性的养护和可持续利用问题拟订一份具有法律约束力的国际文书的第 69/292 号决议所设筹备委员会的报告》(A/AC. 287/2017/PC. 4/2)[5],并建议在联合国的主持下尽快召开政府间会议。

---

[1] See Marine Biological Diversity of Areas beyond National Jurisdiction, Legal and Policy Framework, Paragraph 12 (b), UN, https://www. un. org/Depts/los/biodiversityworkinggroup/webpage_legal_and_policy. pdf.

[2] See Marine Biological Diversity of Areas beyond National Jurisdiction, Legal and Policy Framework, Paragraph 22.

[3] See Resolution Adopted by the General Assembly on 19 June 2015 (A/RES/69/292), UN (6 July 2015), https://undocs. org/en/A/RES/69/292.

[4] 参见郑苗壮:《国家管辖范围以外区域海洋生物多样性国际协定谈判与中国参与》,载《环境保护》2020 年第 Z2 期。

[5] Report of the Preparatory Committee Established by General Assembly Resolution 69/292: Development of an International Legally Binding Instrument under the United Nations Convention on the Law of the Sea on the Conservation and Sustainable Use of Marine Biological Diversity of Areas beyond National Jurisdiction (A/AC. 287/2017/PC. 4/2), UN (31 July 2017), http://www. un. org/ga/search/view_doc. asp? symbol=A/AC. 287/2017/PC. 4/2&Lang=E.

3. 实质阶段

2017 年 12 月 24 日,联合国大会通过 72/249 号决议,决定在联合国的主持下召开政府间会议(intergovernmental conference),审议筹备委员会关于草案要点编写实质性建议方案,“BBNJ 国际协定”进入实质性谈判阶段。2018 年 9 月 4 日至 17 日,“BBNJ 国际协定”第一届政府间会议在纽约召开。本次会议根据《主席对讨论的协助》(A/CONF. 232/2018/3),[1] 围绕“一揽子”事项的四项核心议题,以四个专题非正式工作组的形式进行了讨论。2019 年 3 月 25 日至 4 月 5 日,第二届政府间会议在纽约召开,根据《主席协助谈判文件》(A/CONF. 232/2019/1),[2] 在上述四个非正式工作组分组讨论四项核心议题的基础之上,新设“跨领域问题”非正式工作组,讨论四项核心议题的交叉问题。[3] 本次会议旨在缩小和确定备选案文,以便编写“BBNJ 国际协定”草案。[4] 随后,联合国于 2019 年 5 月 17 日发布了《根据〈联合国海洋法公约〉的规定就国家管辖范围以外区域海洋生物多样性的养护和可持续利用问题拟订的协定案文草案》(A/CONF. 232/2019/6,以下称《“BBNJ 国际协定”草案》)[5]。2019 年 8 月 19 日至 30 日,第三届政府间会议就“BBNJ 国际协定”草案文本进行了讨论、精简和修正。结合第三届政府间会议的谈判进展,联合国于 2019 年 11 月 18 日发布了《“BBNJ 国际协定”草案修改稿》

---

[1] President's Aid to Discussions (A/CONF. 232/2018/3), UN (25 June 2018), http://undocs. org/en/A/CONF. 232/2018/3.

[2] President's Aid to Negotiations (A/CONF. 232/2019/1), UN (3 December 2018), http://undocs. org/en/A/CONF. 232/2019/1.

[3] See Statement by the President of the Conference at the Closing of the Second Session (A/CONF. 232/2019/5), UN (18 April 2019), https://undocs. org/en/a/conf. 232/2019/5.

[4] See *Summary of the Second Session of the Intergovernmental Conference on an International Legally Binding Instrument under the UN Convention on the Law of the Sea on the Conservation and Sustainable Use of Marine Biodiversity of Areas beyond National Jurisdiction*: 25 *March*–5 *April* 2019, Earth Negotiations Bulletin Vol. 25 No. 195 (8 April 2019), http://enb. iisd. org/download/pdf/enb25195e. pdf.

[5] Draft Text of an Agreement under the United Nations Convention on the Law of the Sea on the Conservation and Sustainable Use of Marine Biological Diversity of Areas beyond National Jurisdiction (A/CONF. 232/2019/6), UN (17 May 2019), https://undocs. org/en/a/conf. 232/2019/6.

(A/CONF. 232/2020/3)[1],供第四届政府间会议讨论。2022 年 3 月 7 日至 18 日,第四届政府间会议就《"BBNJ 国际协定"草案修改稿》进行了讨论。会前,国际社会就该草案修改稿所设置的大部分案文存在许多分歧,[2]第四届政府间会议期间,各代表团也未能就此达成一致,参会代表提议召开第五届政府间会议继续讨论未尽事宜。[3]

遗传资源是生物多样性的核心组成部分,[4]"BBNJ 国际协定"作为《海洋法公约》的第三部执行协定,其不能与现有国际海洋法律框架重叠甚至冲突,现有公海渔业资源的养护和管理法律制度已经趋于成熟,BBNJ 国际协定的规制重点应放在 ABNJ 海洋遗传资源上。截至 2022 年,"BBNJ 国际协定"的谈判已历经 18 年,对于 ABNJ 海洋遗传资源获取与惠益分享制度的具体构建,在以 77 国集团为代表的发展中国家与以美国、日本等为代表的发达国家之间还存有许多分歧,比如:其一,在获取制度的构建问题上,发达国家主张自由获取,而发展中国家主张严格规制获取;其二,在惠益分享制度的构建问题上,发达国家坚持仅设置非货币惠益分享、主张自愿惠益分享模式,发展中国家则主张货币与非货币惠益分享均须设置,并强调强制惠益分享模式的必要性。[5] 我国在"BBNJ 国际协定"谈判过程中与其他发展中国家持有大体一致的立场,但与发达国家的立场也存有共同之处,形成了以"构建海洋命运

---

[1] Revised Draft Text of an Agreement under the United Nations Convention on the Law of the Sea on the Conservation and Sustainable Use of Marine Biological Diversity of Areas beyond National Jurisdiction (A/CONF. 232/2020/3), UN (18 November 2019), https://documents-dds-ny.un.org/doc/UNDOC/GEN/N19/372/88/DOC/N1937288.DOC.

[2] See Article-by-article Compilation of Textual Proposals for Consideration at the Fourth Session, UN (20 February 2020), https://www.un.org/bbnj/sites/www.un.org.bbnj/files/textual_proposals_compilation_article-by-article_-_15_april_2020.pdf.

[3] See *Summary of the Fourth Session of the Intergovernmental Conference on an International Legally Binding Instrument under the UN Convention on the Law of the Sea on the Conservation and Sustainable Use of Marine Biodiversity of Areas beyond National Jurisdiction*: 7-18 *March* 2022, Earth Negotiations Bulletin Vol. 25 No. 225 (21 March 2022), https://enb.iisd.org/sites/default/files/2022-03/enb25225e.pdf, p. 1.

[4] 参见刘惠荣、纪晓昕:《论公海生物多样性的人类共同遗产属性》,载《法治研究》2011 年第 7 期。

[5] 参见郑苗壮:《国家管辖范围以外区域海洋生物多样性国际协定谈判与中国参与》,载《环境保护》2020 年第 Z2 期。

共同体"为宗旨的特有立场,[1]在该项国际海洋法造法进程中担当着调和利益冲突、促进协定制定的角色。如何最大限度凝聚国际共识,促进"BBNJ 国际协定"的顺利制定?如何赋予 ABNJ 海洋遗传资源获取与惠益分享制度以良法属性,将代内公平和代际公平落实到该项国际海洋法造法进程之中,以实现资源的长期养护和可持续利用?这些问题将是本书重点探讨的内容。

为便于理解,特将"BBNJ 国际协定"谈判进程整理如下(见表 1):

表 1 "BBNJ 国际协定"谈判进程

阶段	会议类型	会议时间	主要进展
论证阶段	BBNJ 工作组工作会议(2004 年 11 月 17 日,第 59 届联合国大会通过 A/RES/59/24,设立 BBNJ 工作组)	第一次会议:2006 年 2 月 13 日—2 月 17 日	① 2011 年,商定"一揽子"事项解决方案,整体解决海洋遗传资源包括惠益分享问题、划区管理工具包括海洋保护区等措施、环境影响评估以及能力建设和海洋技术转让 ②2015 年,达成在《海洋法公约》框架下制定一份国际法律约束力文书的共识,就今后的谈判工作作了初步规划,并向联合国大会提交建议
		第二次会议:2008 年 4 月 28 日—5 月 2 日	
		第三次会议:2010 年 2 月 1 日—2 月 5 日	
		第四次会议:2011 年 5 月 31 日—6 月 3 日	
		第五次会议:2012 年 5 月 7 日—5 月 11 日	
		第六次会议:2013 年 8 月 19 日—8 月 23 日	
		第七次会议:2014 年 4 月 1 日—4 月 4 日	
		第八次会议:2014 年 6 月 16 日—6 月 19 日	
		第九次会议:2015 年 1 月 20 日—1 月 23 日	

[1] See Xu John Zhang, *China's Role in the Intergovernmental Conference on Marine Biodiversity in Areas beyond National Jurisdiction and "the Community of Shared Destiny for Humankind"*, 26 Journal of International Maritime Law 439 (2020).

续表

阶段	会议类型	会议时间	主要进展
启动阶段	筹备委员会会议（2015年6月19日，第69届联合国大会通过A/RES/69/292，设立筹备委员会）	第一届会议：2016年3月28日—4月8日	共举行15次会议，主要讨论"BBNJ国际协定"指导原则和四项核心议题
		第二届会议：2016年8月26日—9月9日	共举行13次会议，在四个核心议题基础上讨论了贯穿各领域的问题
		第三届会议：2017年3月27日—4月7日	共举行9次会议，继续讨论上述议题
		第四届会议：2017年7月10日—7月21日	共举行10次会议，审议并通过了草案要点编写实质性建议，提交联合国大会
实质阶段	政府间会议（2017年12月24日，第72届联合国大会通过A/RES/72/249，决定在联合国的主持下召开政府间会议）	第一届会议：2018年9月4日—9月17日	根据《主席对讨论的协助》，讨论了四项核心议题和跨领域问题
		第二届会议：2019年3月25日—4月5日	根据《主席协助谈判文件》，继续讨论上述议题，缩小和确定备选案文
		第三届会议：2019年8月19日—8月30日	讨论、精简和修正《"BBNJ国际协定"草案》
		第四届会议：2022年3月7日—3月18日	讨论和修正《"BBNJ国际协定"草案修改稿》

注：数据截至2022年6月22日。

（二）"BBNJ国际协定"中的ABNJ海洋遗传资源获取与惠益分享制度

如前文所述，目前有关ABNJ海洋遗传资源的具体法律制度处于空缺状态。《海洋法公约》虽然试图为所有的海洋活动构建起一个法律框架，但在BBNJ养护和可持续利用问题上仍存有未尽之处：其一，《海洋法公约》以及1994年《执行协定》、1995年《鱼类种群协定》关于ABNJ海洋资源的法律制度主要是就“区域”矿物资源以及公海渔业资源所设，[1]对于公约生效以来产生的诸如ABNJ海洋遗传资源开发利用过程的不公平、ABNJ海洋生态环境持续恶化等新问题力有不逮；其二，对于作为“区域”制度适用原则的人类共同继承财产原则界定不明晰，致使各国无法确定该原则的具体内涵和适用范围。[2] 鉴于此，正在谈判中的“BBNJ国际协定”作为《海洋法公约》的第三个执行协定，将就BBNJ的养护和可持续利用创立一个全面的海洋管理体制，其中ABNJ海洋遗传资源获取与惠益分享制度是其核心制度。目前“BBNJ国际协定”的谈判工作已从做“问答题”转到做“选择题”阶段，[3]下文结合“BBNJ国际协定”筹备委员会以及政府间会议阶段的谈判要点，梳理ABNJ海洋遗传资源获取与惠益分享制度的主要内容。

1. 国家管辖范围以外区域海洋遗传资源获取制度

迄今为止，发达国家与发展中国家就ABNJ海洋遗传资源获取制度的构建尚存有较大争议，主要内容包括：其一，是否确立ABNJ海洋遗传资源获取规制模式？即是采取自由获取模式还是规制模式。若采取规制模式，选择何种规制模式？[4] 是否区分获取类型进行不同规制？[5] 其二，获取条款和条件的设置，包括与划区管理工具、环境影响评估的衔接问题。其三，获取过程中相关知识的法律保护和知识产权制衡问题。在关涉ABNJ海洋遗传资源相关知识时，需要协调国家间的不同利益冲突，平衡公平和效率之间的张力。

2. 国家管辖范围以外区域海洋遗传资源惠益分享制度

关于ABNJ海洋遗传资源惠益分享制度，“BBNJ国际协定”谈判工作集

[1] See United Nations Convention on the Law of the Sea, Articles 133 (a), 116,119.

[2] See Rachel Tiller, Elizabeth De Santo, Elizabeth Mendenhall & Elizabeth Nyman, *The Once and Future Treaty: Towards a New Regime for Biodiversity in Areas beyond National Jurisdiction*, 99 Marine Policy 239 (2019).

[3] 第一届政府间会议《主席对讨论的协助》(A/CONF. 232/2018/3)完全以问答题的形式列出谈判要点，自第二届政府间会议起，供谈判的文本都具有大量的备选案文，供各国代表团进一步讨论。

[4] 《“BBNJ国际协定”草案修改稿》第10条第1款提供了“基于通知的模式”“基于许可证或执照模式”两种备选方案。

[5] ABNJ海洋遗传资源有原地获取(*in situ*)、异地获取(*ex situ*)以及由电脑模拟获取(*in silico*)三种获取类型。

中讨论的内容主要包括：其一，惠益分享基本规则的设置问题，包括惠益分享的主体范围界定；惠益的类型是仅包括非货币惠益，还是亦包括货币惠益？如何设置惠益分享的具体安排？其二，惠益分享实施机制的确立问题，主要包括选择何种惠益分享模式（benefit-sharing modalities）？[1] 其三，相关知识的法律保护和知识产权制衡问题，即如何保护 ABNJ 海洋遗传资源相关传统知识？如何将惠益分享制度与知识产权制度进行有效衔接？

3. 国家管辖范围以外区域海洋遗传资源利用监测机制

ABNJ 海洋遗传资源利用监测机制是获取与惠益分享制度有效实施的保障，"BBNJ 国际协定"的谈判工作将其单独作为一个问题进行讨论。[2] 梳理"BBNJ 国际协定"谈判文本有关内容，[3] 并结合现有遗传资源获取与惠益分享制度，有关 ABNJ 海洋遗传资源利用监测机制的主要内容有：信息交换机制（clearing-house mechanism）、跟踪与追踪制度（track and trace regime）和来源披露制度。

第三节　基于海洋善治理念的相关国际海洋法造法

国际规制是全球海洋治理的核心要素，而目前有关 ABNJ 海洋遗传资源的国际规制力有不逮，以致开发利用 ABNJ 海洋遗传资源引发了一系列法律问题，新的国际海洋法造法势在必行。在国际法领域，作为在国际社会对以往海洋治理模式反思过程中所形成的海洋善治理念，将会对 ABNJ 海洋遗传资源相关国际法律制度的构建起到指引作用。

一、海洋善治理念的国际法基础

海洋善治即良好的海洋治理，虽然目前尚未有国际法律文件明确提及海

---

[1] See UN, A/CONF. 232/2019/1, Part Two, Ⅲ. 3. 2. 2.

[2] See UN, A/CONF. 232/2019/1, Part Two, Ⅲ. 3. 3.

[3] See UN, A/CONF. 232/2020/3, Article 13, Part Ⅵ, Ⅷ.

洋善治的概念,海洋善治理念已经具备较为完备的国际法理论基础以及相对丰富的国际法律实践。

(一)国际法理论基础

在国际法领域,可持续发展原则、人类共同利益原则以及全球海洋治理理论为海洋善治理念的形成提供了理论基础。

1. 可持续发展原则的确立

可持续发展的思想早在1972年《斯德哥尔摩人类环境宣言》(Stockholm Declaration on Environment and Development)中就已有体现。[1] 世界环境与发展委员会在1987年《我们共同的未来》(Our Common Future)中明确提出"可持续发展"(sustainable development)的概念。"可持续发展"在国际环境法领域确立基础地位则是从得到1992年《里约环境与发展宣言》(Rio Declaration on Environment and Development)的确认开始。

可持续发展原则的要素可以从《里约环境与发展宣言》原则1、原则3至原则8中进行梳理、概括:其一,强调"代际公平",尊重和保障后代人的权利;其二,主张"代内公平",指出应当在当代人之间尤其是发达国家与发展中国家之间公平分配资源和环境;其三,促进以可持续的方式利用自然资源;坚持发展与环境相协调,追求不超过环境承载力的发展。[2]

可持续发展是海洋善治理念的核心要义,海洋善治意味着在法律、组织、政治、经济、社会并最终在文化层面上可持续地治理海洋环境,[3]可持续发展原则为海洋治理确立了规范准绳和伦理底线。

2. 人类共同利益原则的勃兴

从国际条约法产生原理来看,共同利益是条约产生的物质基础。[4] 在全球化趋势下,人类共同利益原则在现代国际法中呈现出勃兴态势。例如,"对一切的义务"(obligations *erga omnes*)作为一个国际法概念被提出,该概念体

---

〔1〕 See Stockholm Declaration on Environment and Development, Principles1, 2, 3, 5.

〔2〕 See Federico Lenzerini & Ana Filipa Vrdoljak eds., *International Law for Common Goods: Normative Perspectives on Human Rights, Culture and Nature*, Hart Publishing, 2014, p. 275.

〔3〕 参见张晏瑲:《海洋治理与海洋法》,台北,五南图书出版股份有限公司2010年版,第7页。

〔4〕 参见李赞:《建设人类命运共同体的国际法原理与路径》,载《国际法研究》2016年第6期。

现“对一切”“对国际社会整体”的价值观。再如,《生物多样性公约》前言部分指出生物多样性的保护是“全人类共同关切事项”(common concern of mankind),向各主权国家提出了共同分担环境保护责任和义务的问题,诸多全球性议题因此得以依据超越主权的国际规制得到解决。[1]

在国际海洋法领域,《海洋法公约》第十一部分以及1994年《执行协定》所确立的“人类共同继承财产”(common heritage of mankind)原则,则是发展中国家基于维护人类共同利益而进行不懈斗争的成果。人类共同利益原则主张建立一个国际组织来实现各国对全球公域(global commons)内资源的共同管理,[2]要求为全人类利益而利用这些资源,并特别考虑到发展中国家的利益和需要。[3]

人类共同利益是海洋善治理念的价值取向,海洋善治在海洋产业化、海洋生物多样性保护、应对海洋气候变化、海洋污染治理以及海洋安全治理等方面以维护全人类共同利益为依归,[4]人类共同利益原则为海洋治理确立了制度宗旨和治理目标。

3. 全球海洋治理理论的产生

20世纪60年代以来,随着全球化的深入推进和全球问题、全球风险的频繁出现,国际社会开始对以国家为中心的治理体系进行反思,多主体参与的全球治理理论应运而生。[5] 联合国全球治理委员会(Commission on Global Governance)在其1995年的报告《天涯成比邻》(Our Global Neighborhood)中首次正式提出全球治理(global governance)的概念。海洋约占地球表面积的71%,是全球治理的最大单元,随着人类的海洋活动不断深入,全球治理理论在海洋领域不断实践,逐渐形成了系统化的全球海洋治理理论。

---

〔1〕 参见韩雪晴、王义桅:《全球公域:思想渊源、概念谱系与学术反思》,载《中国社会科学》2014年第6期。

〔2〕 See United Nations Convention on the Law of the Sea, Article 137 (2).

〔3〕 See United Nations Convention on the Law of the Sea, Articles 140, 144, 149.

〔4〕 参见梁甲瑞、曲升:《全球海洋治理视域下的南太平洋地区海洋治理》,载《太平洋学报》2018年第4期。

〔5〕 参见杨雪冬:《全球治理:从理论到实践》,载杨雪冬、王浩主编:《全球治理》,中央编译出版社2015年版,第6-9页。

依学者定义,全球海洋治理是指国家、国际政府间组织、国际非政府组织、跨国企业及个人等多元主体依据国际规制,通过协商合作来共同解决全球性海洋问题,以促进海洋及其资源的可持续开发利用的持续过程。[1] 通过上述定义可解构全球海洋治理的四个基本构成要素:其一,主体要素为国家、国际政府间组织、国际非政府组织、跨国企业及个人等多元主体;其二,客体要素为各种全球性海洋问题;其三,目标要素为促进海洋及其资源的可持续开发利用,维护全人类共同利益;其四,国际规制要素为规范国际社会涉海行为、维持正常海洋秩序的国际规则体系。[2]

全球海洋治理是海洋善治理念的实践路径,海洋善治在全球海洋治理主体应对全球性海洋问题的进程中实现,全球海洋治理理论为海洋治理明确了治理方式和善治进路。

上述海洋善治理念的国际法理论基础,同时也揭示出了国际法视域下海洋善治理念的主要法律内涵:为实现良好的海洋治理,以可持续利用海洋及其资源为核心、以维护全人类共同利益为目标的全球海洋治理理念。

(二)国际法实践基础

在实定法层面,“海洋善治”虽尚未被国际法律实践所明确提出,但检视现有国际海洋法律文件,海洋善治理念的法律内涵均已一定程度地得到体现。[3] 在现有国际法律实践中,海洋善治理念不仅有软法基础,也有硬法支撑。

1. 软法性文件

1972 年 6 月 5 日至 16 日,联合国人类环境大会在斯德哥尔摩举行。会议通过了《斯德哥尔摩人类环境宣言》,反思社会、经济与环境三者间的关系,提出可持续发展的思想,呼吁各国为当代人及后代人的共同利益做出努力。其中,原则 7 特别指出要重视对海洋生态环境的保护,原则 25 强调须发

---

[1] 参见王琪、崔野:《将全球治理引入海洋领域——论全球海洋治理的基本问题与我国的应对策略》,载《太平洋学报》2015 年第 6 期。

[2] 参见王琪、崔野:《将全球治理引入海洋领域——论全球海洋治理的基本问题与我国的应对策略》,载《太平洋学报》2015 年第 6 期。

[3] See Yen-Chiang Chang, *Ocean Governance—A Way Forward*, Springer, 2012, p. 31-32.

挥国际组织在保护和改善环境方面的协调作用。在国际环境法领域,“善治”思想已经开始显现。

1992年6月3日至14日,联合国环境与发展大会在里约热内卢举行。会议通过的《里约环境与发展宣言》,确立了可持续发展原则在国际环境法中的原则地位,倡导治理生态环境中的国际合作义务以及共同但有区别责任,[1]鼓励公众参与环境决策,[2]主张解决全球性环境问题应以国际协调一致为基础,[3]《21世纪议程》(Agenda 21)第十七章专门处理海洋问题,提出在海洋管理和治理过程中融入更加整合性、可预见性以及预警手段。这些规定均不同程度地蕴含着“海洋善治”的思想。

2002年9月2日至4日,在约翰内斯堡举行的联合国可持续发展世界峰会,通过了《约翰内斯堡可持续发展宣言》(Johannesburg Declaration on Sustainable Development),也在落实可持续发展原则,强调国际合作、公众参与以及建立透明稳定的制度环境等方面阐释着“海洋善治”的内涵。从斯德哥尔摩会议到约翰内斯堡会议的30年间,“海洋善治”的理念逐渐为国际社会所接受并呈现在国家的环境治理中,为海洋善治理念提供了软法支撑。

2. 国际条约

体现海洋善治理念的国际条约不胜枚举,本部分仅择其要者而分析。经过160个与会国耗时九年所制定的《海洋法公约》,是迄今为止最复杂、最全面的国际协议,[4]其为海洋的使用与治理确立了基本海洋规则,为国际社会交流合作建立了平台。《海洋法公约》在序言中指出公约的目标,体现了全球海洋治理思路。《海洋法公约》以促进海洋及其资源的可持续利用为目标,维护全人类共同利益,并关注到发展中国家的特殊利益和需求,蕴含着海洋善治理念可持续利用海洋及其资源、维护全人类共同利益的基本法律内涵。

如前文所述,全球海洋治理的客体是全球海洋问题,海洋环境保护与海

---

[1] See Rio Declaration on Environment and Development, Principles 7, 11, 27.

[2] See Rio Declaration on Environment and Development, Principles 10, 20, 21.

[3] See Rio Declaration on Environment and Development, Principle 12.

[4] 参见[加]马克·撒加利亚:《海洋政策——海洋治理和国际海洋法导论》,邓云成、司慧译,海洋出版社2019年版,第66页。

洋资源开发利用问题是重中之重：

第一，在海洋环境保护领域，相关国际法律文件关于海洋治理理念的体现最为明显。《海洋法公约》第十二部分是关于“海洋环境的保护和保全”的内容，公约第192条为各缔约国设置了保护和保全海洋环境的一般国际法义务，为海洋治理的国家实践提供了法律框架。依据《海洋法公约》第194条第3款所划分的四种海洋污染类型，[1]皆有全球性法律文件予以规制：其一，1972年《防止倾倒废物及其他物质污染海洋的公约》（以下称《伦敦公约》）[2]及1996年《伦敦议定书》[3]旨在防止倾倒废物及其他物质污染海洋；其二，1985年《保护海洋环境免受陆地源污染的蒙特利尔准则》（Montreal Guidelines for the Protection of the Marine Environment against Pollution from Land-based Sources）主要规制陆地污染源污染；[4]其三，1973年《国际防止船舶造成污染公约》（MARPOL）[5]，经1978年《〈国际防止船舶造成污染公约〉的1978年议定书》（MARPOL73/78）[6]修订，应对除倾倒以外的海洋船舶污染；[7]其四，《海洋法公约》分别对国家管辖范围以内区域和以外区域的海底开发活动造成的污染进行了制度设置。上述国际法律文件充分贯彻可持续发展原则，促进海洋环境的保护和保全，均不同程度地体现了海洋善治理念。

第二，在海洋资源开发利用领域，以下国际法律文件虽未直接提及“海洋善治”的概念，却也在贯彻可持续发展原则、维护全人类共同利益，落实全球治理理念等方面阐释着海洋善治理念的内涵：《海洋法公约》为各国确立了养

[1] See United Nations Convention on the Law of the Sea, Article 194 (3).

[2] Convention on the Prevention of Marine Pollution by Dumping of Wastes and Other Matter, adopted on 29 December 1972, came into force on 30 August 1975.

[3] The 1996 Protocol to the Convention on the Prevention of Marine Pollution by Dumping of Wastes and Other Matter, adopted on 7 November 1996, came into force on 24 March 2006.

[4] 《保护海洋环境免受陆地源污染的蒙特利尔准则》“软法”性明显，但作为规制陆地源污染的主要国际法律文件，本章将其放在该部分分析。

[5] International Convention for the Prevention of Pollution from Ship, adopted on 2 November 1973, unenforced.

[6] Protocol relating to the Convention for the Prevention of Pollution from Ship, adopted on 17 February 1978, came into force on 2 October 1983.

[7] 参见张晏瑲：《国际海洋法》，清华大学出版社2015年版，第338页。

护和管理海洋生物资源的一般性国际法义务。1995年《鱼类种群协定》旨在实现对跨界鱼类种群和高度洄游鱼类种群的长期养护和可持续利用,重申了《海洋法公约》为各缔约国设定的养护和管理海洋生物资源的国际法义务。[1] 1992年《生物多样性公约》是第一个旨在促进养护和可持续利用生物多样性的全球性国际法律文件,虽然其并未直接规定海洋生物多样性问题,但已在序言中明确将海洋生物多样性作为生物多样性的重要组成部分。《生物多样性公约》还确立了遗传资源获取与惠益分享制度,《波恩准则》《名古屋议定书》对该制度予以细化,为养护和可持续利用国家管辖范围以内区域海洋遗传资源确立了国际法规则。

二、海洋善治理念的国际法意涵

前文已总结出海洋善治理念的主要法律内涵:"为实现良好的海洋治理,以可持续利用海洋及其资源为核心、以维护全人类共同利益为目标的全球海洋治理理念。"在国际法视域下分析海洋善治理念的意涵,还须解构其所要达成的"良好的海洋治理"即海洋善治的构成要素,并分析该理念在国际海洋法造法进程中的意义。

(一)海洋善治的构成要素

海洋善治即"良好的海洋治理",依学者梳理,海洋善治具有法治、公众参与、透明化、基于共识之决策、责任制、公平与兼容并蓄、回应性、一致性等核心要素。[2] 要注意的是,这些要素并非泾渭分明,在一定程度上存在重合之处。

1. 法治

法治(the rule of law)要素要求成文法律必须通过适当媒介公布,并且得

[1] See Oceans and the Law of the Sea: Report of the Secretary-General, A/72/70, Paragraph 38, UN (6 March 2017), http://undocs.org/A/72/70.

[2] See Yen-Chiang Chang, *Good Ocean Governance*, 23 Ocean Yearbook 89 (2009); Yen-Chiang Chang, *International Legal Obligations in Relation to Good Ocean Governance*, 9 Chinese Journal of International Law 589 (2010); Yen-Chiang Chang, *Ocean Governance—A Way Forward*, Springer, 2012, p. 4-29.

到公平、公正、有效的实施，决策者与治理者在制定与执行决策过程中亦应遵循法治的要求。[1] 国际法律实践已为如何适当颁布法律提供了范例，许多国际法律文件也在强调法律实施的公平、公正和有效性。法治要素涉及海洋治理的法律基础和依据，强调海洋法律制度的公平、公正和有效性以及对海洋权利、义务和责任界定的明确性。[2] "BBNJ 国际协定"的谈判要契合法治要素，以保障 ABNJ 海洋遗传资源获取与惠益分享制度的良法属性。

2. 公众参与

公众参与（civic participation）要素强调决策的开放性，使有关主体有机会参与到海洋环境治理的决策当中，表达自己的关切并能在最终的决策中体现其利益诉求。[3] 决策机关在政策决定过程中须考量各方面的意见，因为国际社会有其不同角色及立场。《21 世纪议程》亦指出公众广泛参与决策对于可持续发展的重要性。国际法律文件规定了确保公众参与的义务，使其不再仅仅是一种政治宣誓。作为未来的一项全球性国际法律文件，为确保"BBNJ 国际协定"的公平性和有效性，并关注到所有国家尤其是发展中国家对于 ABNJ 海洋遗传资源的利益诉求，需要落实公众参与要素。

3. 透明化

透明化（transparency）要素强调公布环境信息的必要性，其中包括关于制定决策的标准以及过程。同时，环境信息发布的形式亦非常重要。[4] 1998 年《在环境问题上获得信息、公众参与决策和诉诸法律的公约》（以下称《奥胡斯公约》）[5]确立了透明化的国际法义务。[6] 该要素与公众参与要素联系

---

[1] See Yen-Chiang Chang, *Ocean Governance—A Way Forward*, Springer, 2012, p. 36.

[2] 参见裘婉飞、郑苗壮、刘岩：《论依法治海：法律在实现海洋"善治"中的作用》，载《生态经济》2016 年第 7 期。

[3] See Yen-Chiang Chang, *Good Ocean Governance*, 23 Ocean Yearbook 89 (2009).

[4] See Yen-Chiang Chang, *Ocean Governance—A Way Forward*, Springer, 2012, p. 41.

[5] Convention on Access to Information, Public Participation in Decision-making and Access to Justice in Environmental Matters, adopted on 25 June 1998, came into force on 30 October 2001.

[6] See Convention on Access to Information, Public Participation in Decision-making and Access to Justice in Environmental Matters, Article 3 (1).

紧密，保障透明化，可以为公众参与海洋治理提供条件。[1] 构建 ABNJ 海洋遗传资源获取与惠益分享制度，须融入透明化要素，以保障公众的普遍参与，并推动整合现有碎片化的海洋治理模式。

4. 基于共识之决策

基于共识之决策（consensus-based decision making）要素要求在海洋治理决策的制定中，须考虑到各类主体的主张。[2] 虽然基于共识之决策被认为是海洋善治的核心要素之一，相关国际法律文件却未明确指出如何实现该要素。即便如此，该要素的核心理念却十分明确，即在海洋治理过程中，一方无权将其决定或观点强加给他方。[3] 一部协定的制定往往是国际社会妥协和折中的产物，但在国际造法进程中，由于发展中国家的法律文化、理论准备以及实际影响力与发达国家相比均存在一定差距，往往导致其利益诉求得不到应有关注。[4] 鉴于此，构建 ABNJ 海洋遗传资源获取与惠益分享制度进程中，须尊重各方的意见，在顾及效率的同时，最大限度地落实基于共识之决策要素。

5. 责任制

责任制（accountability）要素要求国家适当履行其所负担的国际法义务。绝大多数国际法律文件已充分体现了责任制要素，国家需要在行政组织上作出必要调整，以确保其政策、优先权以及资源使用等方面皆朝"海洋善治"的目标迈进。[5] 此外，该要素要求建立清晰的问责制度，赋予受政府决策影响的团体和公众能够依法履行其监督、督促的权利。[6] 构建 ABNJ 海洋遗传资

[1] 参见裘婉飞、郑苗壮、刘岩：《论依法治海：法律在实现海洋"善治"中的作用》，载《生态经济》2016 年第 7 期。

[2] See Yen-Chiang Chang, *Ocean Governance—A Way Forward*, Springer, 2012, p. 44.

[3] See Yen-Chiang Chang, *International Legal Obligations in Relation to Good Ocean Governance*, 9 Chinese Journal of International Law 589 (2010).

[4] 参见罗欢欣：《国家在国际造法进程中的角色与功能——以国际海洋法的形成和运作为例》，载《法学研究》2018 年第 4 期。

[5] See Yen-Chiang Chang, *International Legal Obligations in Relation to Good Ocean Governance*, 9 Chinese Journal of International Law 589 (2010).

[6] 参见裘婉飞、郑苗壮、刘岩：《论依法治海：法律在实现海洋"善治"中的作用》，载《生态经济》2016 年第 7 期。

源获取与惠益分享制度,应落实责任制要素,强调专为和平利用的目的,促进ABNJ 海洋遗传资源的长期养护和可持续利用,保障代内公平和代际公平。

6. 公平与兼容并蓄

公平与兼容并蓄(equity and inclusiveness)要素要求尊重每一个体的权利与利益,公正公平地分配海洋权益,同时关注并保障弱势群体的利益。[1] 国际法律文件都强调法律人格与能力的平等将可以确保不受歧视地参与环境司法的可能性,而这些条约义务将可以相当程度提供国内决策时之参考。[2] 构建 ABNJ 海洋遗传资源获取与惠益分享制度,要坚持公平与兼容并蓄要素,在保障代内公平和代际公平的基础上提高资源开发利用的效率。同时,还要合理关切到弱势方的正当利益诉求。

7. 回应性

回应性(responsiveness)要素强调缔约国或国际社会应在特定时间内做出决策,亦要求其采取有效措施以回应公众或海洋环境的需要。[3] 该要素是责任制要素的延伸,[4]国家有义务对公众或环境的需要及时做出合理的回应。ABNJ 海洋遗传资源获取与惠益分享制度的构建,是对开发利用 ABNJ 海洋遗传资源所引发一系列法律问题的回应。在该制度的内容设置上,亦要及时回应海洋治理实践的需求。

8. 一致性

一致性(coherence)要素强调公权力机关之间决策相互一致,且在不同时代及机构中均具合理性。为达此目的,需要一个横向协调机构去推动整合性海洋治理,协调不同公权力机关的职能,[5]亦需要调节国际社会不同层面利益,寻求共同之最佳利益,其最终目的在于达成国际社会对国家海洋政策与

---

[1] 参见裘婉飞、郑苗壮、刘岩:《论依法治海:法律在实现海洋"善治"中的作用》,载《生态经济》2016 年第 7 期。

[2] See Yen-Chiang Chang, *Ocean Governance—A Way Forward*, Springer, 2012, p. 49-50.

[3] See Yen-Chiang Chang, *International Legal Obligations in Relation to Good Ocean Governance*, 9 Chinese Journal of International Law, 589 (2010).

[4] 参见俞可平:《全球治理引论》,载杨雪冬、王浩主编:《全球治理》,中央编译出版社 2015 年版,第 35 页。

[5] See Yen-Chiang Chang, *Ocean Governance—A Way Forward*, Springer, 2012, p. 52-53.

海洋治理目标的一致性。[1] 在“BBNJ 国际协定”体制安排问题上，建立一个国际管理机构以监督并协调 ABNJ 海洋遗传资源获取与惠益分享活动，是化解目前全球海洋治理机制碎片化的需要。[2]

(二)海洋善治理念的国际海洋法造法意义

ABNJ 海洋遗传资源获取与惠益分享制度是国际海洋法造法的最新进展。目前，海洋善治理念相关理论还处于发展阶段，但其在该项海洋法造法进程中具有深远意义。

1. 目的性意义：维护全人类共同利益

如前所述，维护全人类共同利益是海洋善治理念的主要法律内涵之一。在国际海洋法领域，全人类共同利益的价值形成以“人类共同继承财产”概念的提出为标志，[3]《海洋法公约》第十一部分以及 1994 年《执行协定》以人类共同继承财产原则为制度内核建立了“区域”制度。

蕴含海洋善治理念的现代海洋法，越发关注和维护全人类共同利益：其一，海洋是全人类共同利益之载体，现代海洋法的进展，整体是朝着海洋资源的养护和可持续利用以及维护全人类共同利益的方向进行的；其二，“和平、发展、公平、正义、民主、自由”是全人类的共同价值，体现了全人类共同利益诉求，这些价值追求均蕴含在海洋善治理念中，并体现在具体的海洋法律制度中；其三，当今全球性海洋问题频发，是国际社会所面对的共同问题并关系到人类共同命运，仅凭一己之力无法应对和解决。因此，现代海洋法越发重视海洋环境保护和保全义务的设置，并强调国际合作义务。同时，现代海洋法不仅关切当代人的共同利益，而且落实可持续发展原则，维护后代人的利益，以实现代际公平。[4] ABNJ 海洋遗传资源获取与惠益分享制度作为现代海洋法的最近进展，需要契合海洋善治理念以维护全人类共同利益的法律

[1] 参见张晏瑲：《海洋治理与海洋法》，台北，五南图书出版股份有限公司 2010 年版，第 19 页。

[2] 参见杨泽伟：《新时代中国深度参与全球海洋治理体系的变革：理念与路径》，载《法律科学（西北政法大学学报）》2019 年第 6 期。

[3] 参见高岚君：《国际法的价值论》，武汉大学出版社 2006 年版，第 121 页。

[4] See Yen-Chiang Chang, *On Legal Implementation Approaches toward a Maritime Community with a Shared Future*, 8 China Legal Science 3 (2020).

内涵。

2. 工具性意义：指导海洋法新制度的设置

良法是善治之前提，健全、科学的海洋法律体系为海洋治理确立基本秩序并合理分配海洋权益，是实现海洋善治的前提条件。在构建海洋法律体系问题上，海洋善治理念涉及国际法和国内法两个层面，前者确定国际法义务，后者要求相关国际法律制度的国内法化以及本国海洋法律体系的完善。

在国际法层面，构建 ABNJ 海洋遗传资源获取与惠益分享制度，须遵循海洋善治理念促进可持续利用海洋及其资源、维护全人类共同利益的主要内涵。此外，海洋善治的"法治、普遍参与、透明化、基于共识之决策、责任制、公平与兼容并蓄、回应性、一致性"八个核心要素是构建该海洋法律制度的指导要素。

在国内法层面，由于海洋善治理念已体现在部分国际法律文件中，缔约国负有条约义务，将相关国际法律制度国内法化。而且，海洋善治理念要求各国积极参与全球海洋治理，国内海洋治理是其组成部分。

3. 现实性意义：合理配置海洋权利与义务

海洋善治理念的落脚点在于促进海洋及其资源的可持续利用、维护全人类共同利益。现阶段驱动国家开发利用海洋的动机仍然是本国利益的考量要素，但这并不妨碍增进人类共同福祉，即人类依然需要将各国的"私益"作为全人类"公益"的基础。[1] 海洋善治理念旨在平衡不同层面的利益，寻求整体最佳利益，最终实现国际社会对国家海洋政策与海洋治理目标的一致性。这种对利益的平衡反映到 ABNJ 海洋遗传资源获取与惠益分享制度设置上来，就是要合理分配 ABNJ 海洋遗传资源，合理设置开发、利用权利，养护、管理义务，实现国际法的分配正义。此外，该分配正义不仅体现在代内之间，还要拓展到代际之间。

由于 ABNJ 海洋遗传资源的稀缺性以及发达国家资金和技术的优势地位，其所涉及的海洋法剩余权利初始分配目前出现不公平的状况，这就需要

---

〔1〕 参见杨泽伟、刘丹、王冠雄、张磊：《〈联合国海洋法公约〉与中国（圆桌会议）》，载《中国海洋大学学报（社会科学版）》2019 年第 5 期。

根据各国人口、经济结构与社会需求等标准进行利益的再分配。以海洋善治理念为指导理念，在国际社会中通过构建海洋法新规则来配置权利义务，需要考虑到养护和可持续利用海洋及其资源、保障各国开发机会均等、维护合理竞争等因素。

三、海洋善治理念下国家管辖范围以外区域海洋遗传资源获取与惠益分享制度的构建

关于ABNJ海洋遗传资源的国际规制，目前最大的问题是缺乏具体的国际法律制度。在ABNJ海洋遗传资源的开发利用问题上，为实现代内公平与代际公平，促进“海洋善治”的实现，不仅需要各国在开发利用该资源时的自律性约束，而且还需要国际社会恰如其分的他律性管理。[1] 他律性管理要求合理界定ABNJ海洋遗传资源的法律地位，基于此来构建获取与惠益分享制度，并考虑到相关知识的法律保护与知识产权制衡。作为一项新的国际海洋法造法，“BBNJ国际协定”核心内容之一即构建ABNJ海洋遗传资源获取与惠益分享制度。如前文分析，海洋善治理念已经在现代海洋法发展进程中起着指导作用，“BBNJ国际协定”的制定亦不例外。一套蕴含海洋善治理念的ABNJ海洋遗传资源获取与惠益分享制度，是实现该资源长期养护和可持续利用的制度基础。要充分发挥海洋善治理念的工具性意义，在“BBNJ国际协定”谈判中融进其主要内涵，并体现海洋善治的核心要素，建立具有良法属性的ABNJ海洋遗传资源获取与惠益分享法律制度。

（一）基于人类共同继承财产原则立场界定国家管辖范围以外区域海洋遗传资源的法律地位

ABNJ海洋法律制度有两项适用原则：其一，公海自由原则。公海自由意味着先到先得（first come，first served），允许ABNJ海洋遗传资源的自由获取、各自受益。其二，人类共同继承财产原则。该原则要求规制获取行为，并

〔1〕 参见杨泽伟、刘丹、王冠雄、张磊：《〈联合国海洋法公约〉与中国（圆桌会议）》，载《中国海洋大学学报（社会科学版）》2019年第5期。

主张确立管理机制,[1]公正公平分享因利用 ABNJ 海洋遗传资源所产生的惠益。人类共同继承财产原则的立场更为符合海洋善治理念可持续利用海洋及其资源、维护全人类共同利益的核心内涵。

以海洋善治理念为理论基础,基于人类共同继承财产原则的立场,在“BBNJ 国际协定”中界定 ABNJ 海洋遗传资源的法律地位,主要考量如下:

第一,明确有关 ABNJ 海洋遗传资源的体制安排,坚持海洋善治一致性要素,设置一个横向协调的管理机构去推动整合性海洋治理。同时,明晰 ABNJ 海洋遗传资源的活动主体。

第二,基于海洋善治的法治要素,合理界定“BBNJ 国际协定”所规范的 ABNJ 海洋遗传资源的时间范围、地域范围和实质范围。

第三,根据人类共同继承财产原则的国际法内涵,基于海洋善治的法治、透明化、责任制、公平与兼容并蓄、一致性等要素,明确 ABNJ 海洋遗传资源开发利用过程中各主体的权利、义务。具体而言:首先,坚持 ABNJ 海洋遗传资源为全人类利益而利用,重视公平与兼容并蓄要素,确保公正公平分享因利用 ABNJ 海洋遗传资源所产生的惠益,并充分考虑到发展中国家,特别是最不发达国家、内陆发展中国家、地理不利国家、小岛屿发展中国家、非洲沿海国家和中等收入发展中国家的利益和需要。其次,突出责任制要素,强调应专为和平的目的利用 ABNJ 海洋遗传资源,在开发利用 ABNJ 海洋遗传资源时,尊重并顾及《海洋法公约》所载的其他国家的权利、义务和利益,善意履行依“BBNJ 国际协定”所承担的义务,并以不构成权利滥用的方式行使“BBNJ 国际协定”所承认的权利。最后,落实责任制要素,促进 ABNJ 海洋遗传资源的长期养护和可持续利用,确保代际公平,规定各缔约国在养护和可持续利用 ABNJ 海洋遗传资源方面的合作义务。

(二)构建宽松的国家管辖范围以外区域海洋遗传资源获取制度

ABNJ 是开放的空间,开发利用 ABNJ 海洋遗传资源的权利应由各国平

---

〔1〕 See Malcolm N. Shaw, *International Law*, 8th edition, Cambridge University Press, 2017, p. 1206-1207.

等地享有。但鉴于各国开发利用能力的差异，若采取 ABNJ 海洋遗传资源自由获取模式，则容易滋生垄断和海洋霸权。公海自由原则立场下的单纯自律性约束无法保障发展中国家乃至后代人的开发机会，故需要国际社会的他律性管理，构建 ABNJ 海洋遗传资源获取制度，对获取活动进行适当的规制。

利用他律性管理来规制获取，并非旨在限制 ABNJ 海洋遗传资源的开发利用，而是将其作为维护全人类共同利益的手段。以海洋善治理念为指导，基于人类共同继承财产原则的立场构建 ABNJ 海洋遗传资源获取制度，需要从以下几个方面进行：

第一，在设置 ABNJ 海洋遗传资源获取程序规则方面，落实海洋善治的法治要素，选择 ABNJ 海洋遗传资源获取规制模式，以保障开发机会均等；同时要兼顾增进人类共同福祉，适度为开发者松绑，激发其开发热情，以促进有关 ABNJ 海洋遗传资源新知识的生成和创新；还要兼顾到透明化要素，以实现获取制度与惠益分享制度的顺畅衔接，并促进监测机制效用的有效发挥。

第二，在确定 ABNJ 海洋遗传资源获取实体规则的问题上，设置融入海洋善治公平与兼容并蓄、责任制要素的获取条款和条件，并与“BBNJ 国际协定”另外的两个核心议题即“划区管理工具”和“环境影响评估”进行制度衔接，以在获取与养护 ABNJ 海洋遗传资源之间取得平衡。

第三，对于 ABNJ 海洋遗传资源获取过程中所涉及相关知识的法律保护和知识产权制衡，以突出海洋善治公众参与、透明化和公平与兼容并蓄要素的制度设计来设置 ABNJ 海洋遗传资源相关传统知识的获取制度，并将 ABNJ 海洋遗传资源获取制度与相关知识产权制度进行有效衔接，以协调发达国家与发展中国家间的利益冲突，平衡资源开发中公平与效率间的张力。

（三）构建公正合理的国家管辖范围以外区域海洋遗传资源惠益分享制度

海洋善治理念的目的性意义在于维护全人类共同利益，ABNJ 海洋遗传资源惠益分享制度则集中体现了这一目的。如前所述，ABNJ 海洋遗传资源作为全球公域内的一种自然资源，承载着全人类的共同利益。关于 ABNJ 海洋遗传资源的利益分配包含初始分配与再分配两个层次，一国的开发利用能力影响着初始分配的实然状态，虽然“公海自由”原则顾及了形式正义，但技术和资金指向性的开发利用特点和各国的能力差异决定了初始分配的实质不正义,[1]需要构建合理的 ABNJ 海洋遗传资源惠益分享制度来矫正正义,进行利益的合理再分配。

以海洋善治理念为理论基础,基于人类共同继承财产原则的立场,构建 ABNJ 海洋遗传资源惠益分享制度,需要从以下几方面进行:

第一,设置 ABNJ 海洋遗传资源惠益分享的基本规则。应从现有国际法律文件中汲取国际造法经验,从惠益分享主体、惠益范围以及惠益分享安排等几个方面进行:其一,以维护全人类共同利益的目的来界定惠益分享的提供者和受益者。其二,确立以非货币惠益分享为主、货币惠益分享为辅的方式。ABNJ 海洋遗传资源惠益分享制度的目的在于矫正因各国开发能力不均衡所引发的实质不正义,促进发展中国家开发能力和技术发展,保障开发机会均等才是惠益分享制度的目的所在,[2]故应以非货币惠益分享为主。同时,管理机构的运转经费、传统知识的使用对价以及发展中国家及小岛国家、地理不利国特殊的利益诉求等因素又要求设置货币惠益分享方式。其三,在惠益分享的程序和内容等安排问题上,亦须坚持以海洋善治理念为指导。

第二,构建 ABNJ 海洋遗传资源惠益分享的实施机制:其一,基于海洋善治公平及兼容并蓄要素,设置自愿模式与强制模式相结合的惠益分享模式,弥补发达国家与发展中国家资金、技术与信息的不均衡性,以法治要素、一致性要素促进公正公平惠益分享的实现。其二,构建相关的 ABNJ 海洋遗传资源利用监测机制。亚里士多德提出了一个得到广泛认可的法治公式:"法治=良法+守法",即法治包含两层含义:已制定的法律得到普遍的遵从,而人们所遵从的法律又是优良的法律。[3] 这里的"守法"其实是广义上的,指的是法律的运行。为促进海洋善治的实现,在 ABNJ 海洋遗传资源获取

[1] 参见李志文:《国家管辖外海域遗传资源分配的国际法秩序——以人类命运共同体理念为视阈》,载《吉林大学社会科学学报》2018 年第 6 期。

[2] 参见高建勋、欧任贵:《公海生物基因资源的惠益分享机制初探——以人类命运共同体为视角》,载《海南热带海洋学院学报》2019 年第 4 期。

[3] 参见[古希腊]亚里士多德:《政治学》,颜一、秦典华译,中国人民大学出版社 2003 年版,第 132 页。

与惠益分享制度具备良法属性的假定条件下,监测机制则是其有效实施的保障。根据《"BBNJ 国际协定"草案修改稿》的规定,结合现有谈判成果,ABNJ 海洋遗传资源利用监测机制包括信息交换机制、跟踪和追踪制度以及来源披露制度等。首先,监测机制最能体现海洋善治的透明化要素,如何构建 ABNJ 海洋遗传资源利用监测机制,《名古屋议定书》的相关经验具有很好的借鉴意义。其次,突出责任制要素,强调各国的国际法义务,建立国内监督机制。最后,监测机制的灵活性和机动性又决定了其需要体现海洋善治的回应性要素。ABNJ 海洋遗传资源是一种新型海洋资源,科技性因素明显,要注重法律与科技的及时互动。

第三,构建 ABNJ 海洋遗传资源惠益分享制度时,应注重相关知识的法律保护和知识产权制衡:设置 ABNJ 海洋遗传资源相关传统知识惠益分享制度;针对现代知识的保护和知识产权制衡,融入透明化要素,设置强制来源披露程序,及时公布惠益分享的相关信息。建立公共信托基金,用于 ABNJ 海洋遗传资源的养护或资助相关研究项目。[1] 此外,针对非货币惠益分享方式,需要与"BBNJ 国际协定"另一核心议题即"能力建设和海洋技术转让"进行制度衔接。

第四节　本章小结

海洋善治理念在国际社会对以往海洋治理经验的总结和反思中形成,其以可持续利用海洋及其资源为核心,以维护全人类共同利益为目的,以全球海洋治理为路径。海洋善治具有法治、公众参与、透明化、基于共识之决策、责任制、公平与兼容并蓄、回应性、一致性等核心要素。对于一项国际海洋法新制度的构建,各国基于本国利益往往持有不同立场,海洋善治理念可以在

[1] See Eve Heafey, *Access and Benefit Sharing of Marine Genetic Resources from Areas beyond National Jurisdiction: Intellectual Property—Friend, not Foe*, 14 Chicago Journal of International Law 493 (2014).

国际海洋法造法进程中凝聚共识,并赋予其良法属性。

由于现有国际规制力有不逮,开发利用ABNJ海洋遗传资源引发了秩序危机和代内公平、代际公平等法律问题。作为"BBNJ国际协定"的核心议题之一,构建ABNJ海洋遗传资源获取与惠益分享制度,有迫切的现实需求。该制度的构建要融入海洋善治理念,合理界定ABNJ海洋遗传资源的法律地位,构建宽松的获取制度和公平公正的惠益分享制度,在激发发达国家的开发热情和促进技术创新的同时,通过公正公平的惠益分享促进发展中国家能力建设和技术进步,增进人类共同福祉,并更好地促进ABNJ海洋遗传资源的长期养护和可持续利用。

根据上述制度构建目的和宗旨,应作以下制度设置:其一,获取制度是ABNJ海洋遗传资源初始分配的安排,为保障获取机会均等,要对获取进行适当规制,这也是与惠益分享制度有效衔接的前提。同时,为促进相关科技的进步以及新知识的形成,须设置宽松的获取制度。其二,惠益分享制度则是对ABNJ海洋遗传资源再分配的安排,在各国获取能力不均的情况下起着矫正正义的作用,以海洋善治理念为指导,设置公正合理的惠益分享制度,以保障公正公平的惠益分享,维护全人类共同利益。其三,在构建ABNJ海洋遗传资源获取与惠益分享制度过程中,要注重相关知识的法律保护与知识产权制衡,以协调发达国家与发展中国家之间的利益冲突,平衡资源开发利用过程中公平与效率间的张力。

第二章

国家管辖范围以外区域海洋遗传资源的法律地位

ABNJ 海洋遗传资源获取与惠益分享制度应适用人类共同继承财产原则还是公海自由原则，一直是“BBNJ 国际协定”谈判中的争论焦点。目前，仅有少数发达国家具备开发利用 ABNJ 海洋遗传资源的资金、技术条件，其以公海自由原则为主张，从中获取利益，并以知识产权作为制度工具固化既得利益。ABNJ 海洋遗传资源的价值潜力巨大，公海自由的主张看似不设置开发障碍，实则会引发无序竞争，继而产生海洋霸权、机会不均、“公地的悲剧”和代际不公平等问题。应对伦理困境和现实追问，这就需要新的海洋法律制度来保障 ABNJ 海洋遗传资源分配的公平性、稳定性与可预见性。制度设置的前提是要合理界定 ABNJ 海洋遗传资源的法律地位。选择何种立场来界定 ABNJ 海洋遗传资源的法律地位并以此构建获取与惠益分享制度，是“BBNJ 国际协定”谈判的核心问题。[1]

目前国际社会就 ABNJ 海洋遗传资源的法律地位认识存在四种立场：其一，发达国家认为应该适用公海自由原则，将 ABNJ 海洋遗传资源视为“共有物”（*res communis*），主张先到先得；其二，发展中国家主张适用人类共同继承财产原则，将其视为“人类共同继承财产”（common heritage of mankind，亦译作“人类共同遗产”），由各国共同管理、惠益分享；其三，南非等一些国家则主张采取“分而治之”的路径，按照地理位置分别适用公海自由原则与人类共同

〔1〕 参见王秀芬、檀畅：《国际海洋立法新动向与中国应对——以〈国家管辖范围以外海域生物多样性国际协定〉为视角》，载《吉首大学学报（社会科学版）》2018 年第 5 期。

继承财产原则;[1]其四,以欧盟为代表的其他国家和国际组织则主张回避海洋遗传资源法律地位的争议,从实效出发,获取自由但要惠益分享。[2]

界定ABNJ海洋遗传资源法律地位是国际社会博弈的过程,上述四种不同立场,反映了不同国家之间的利益分歧。从海洋善治理念的目的性意义出发,站在维护全人类共同利益的立场,ABNJ海洋遗传资源获取与惠益分享制度的构建,既要鼓励发达国家的资金投入和激发其技术研发热情,使全人类因此受益,又要确保各国开发机会均等、惠益分享、利益平衡;既要促进代内公平,又要顾及代际公平。检视现有的四种不同立场,人类共同继承财产原则的本质是通过实现海洋善治来维护全人类共同利益,[3]最为符合上述国际造法思想。人类共同继承财产原则在现代海洋法中已有制度基础,[4]并且其法律内涵在海洋法律实践中不断得到更新和发展,有成为"BBNJ国际协定"制度内核的理论和现实基础。

第一节　国家管辖范围以外区域海洋遗传资源法律地位的前提问题

在国际法领域研究ABNJ海洋遗传资源的法律地位,须先检视以下问题:首先,要论证界定其法律地位的必要性;其次,由于ABNJ包括公海和"区域"两部分海域,需要分析是否赋予两类海域内海洋遗传资源统一的法律地位;

[1] See *Summary of the First Session of the Intergovernmental Conference on an International Legally Binding Instrument under the UN Convention on the Law of the Sea on the Conservation and Sustainable Use of Marine Biodiversity of Areas beyond National Jurisdiction*: 4-17 September 2018, Earth Negotiations Bulletin Vol. 25 No. 179 (20 September 2018), http://enb.iisd.org/download/pdf/enb25179e.pdf.

[2] See Elizabeth M. De Santo, Elizabeth Mendenhall, Elizabeth Nyman & Rachel Tiller, *Stuck in the Middle with You (and not Much Time Left): The Third Intergovernmental Conference on Biodiversity beyond National Jurisdiction*, 117 Marine Policy 1 (2020).

[3] 参见杨泽伟、刘丹、王冠雄、张磊:《〈联合国海洋法公约〉与中国(圆桌会议)》,载《中国海洋大学学报(社会科学版)》2019年第5期。

[4] See United Nations Convention on the Law of the Sea, Part XI.

最后，由于本书选择人类共同继承财产原则的立场，作为论证前提，需要分析该原则的法律内涵。

一、界定国家管辖范围以外区域海洋遗传资源法律地位的必要性

有关ABNJ海洋遗传资源的国际法律制度缺位，现实中又需要新的海洋法律制度确立秩序、配置权利和义务。将ABNJ海洋遗传资源包括惠益分享问题作为核心议题之一的“BBNJ国际协定”便是对这一现实需要的制度回应。基于海洋善治的法治要素，合理界定ABNJ海洋遗传资源的法律地位，不仅关涉该项海洋法律制度的构建方向和ABNJ海洋新秩序的形成，也是国际海洋法思潮演变和分配海洋法剩余权利价值取向的反映。

（一）制定“BBNJ国际协定”的前提工作

海洋遗传资源包括惠益分享是“BBNJ国际协定”谈判的核心议题之一，[1]而合理界定ABNJ海洋遗传资源的法律地位将是构建相关制度的前提。作为“BBNJ国际协定”其他三项核心议题，划区管理工具、环境影响评估与ABNJ海洋遗传资源获取制度联系密切；能力建设和海洋技术转让本身就是ABNJ海洋遗传资源非货币惠益分享的重要内容。如何界定ABNJ海洋遗传资源法律地位，将是牵一发而动全身的工作，会对其他三项核心议题的制度构建产生决定性影响。

（二）确立国家管辖范围以外区域海洋新秩序的内在基础

就目前的国际实践来看，国际社会开发利用的ABNJ海洋资源主要有三类：其一，公海渔业资源；其二，“区域”矿物资源；其三，ABNJ海洋遗传资源。对前两者的国际规制已具备成熟的海洋法律制度，已形成比较稳固、确定以及可预见的海洋秩序，而有关ABNJ海洋遗传资源的法律制度还处于空缺状态。实践中，凭借技术和资金优势，部分发达国家已经在开发利用ABNJ海洋遗传资源，这些国家以公海自由原则为主张，使ABNJ海洋遗传资源的开发利用活动处于无序竞争状态。

---

〔1〕 See UN, A/RES/72/249, Paragraph 2.

作为法律的价值之一,人类社会交往中,秩序总是在压倒无序,这源于人们对生活安排的连续性诉求以及将社会交往置于规则支配下的心理倾向。[1]在 ABNJ 海洋遗传资源开发利用领域,目前的无序竞争已引发海洋霸权、“公地的悲剧”、机会不均和代际不公平等现实问题,需要新的海洋法律制度来确立新秩序,保证 ABNJ 海洋遗传资源国际规制的连续性和确定性。合理界定 ABNJ 海洋遗传资源法律地位,以此为制度内核构建 ABNJ 海洋遗传资源获取与惠益分享制度,将是确立这种 ABNJ 海洋新秩序的内在基础。

(三)分配海洋法剩余权利的价值取向

界定 ABNJ 海洋遗传资源的法律地位,不同立场代表着不同的利益追求,由此所设计出来的获取与惠益分享制度或许有相似之处,但其所维护的利益和体现的价值相去甚远。[2] 由于目前的具体制度缺位,ABNJ 海洋遗传资源是海洋法剩余权利的一项客体,为确保现代海洋法分配海洋法剩余权利的正确价值取向,需要合理界定 ABNJ 海洋遗传资源的法律地位,并以此为内核构建相应的国际法律制度。

在分配机会、利益和权利等问题上,法律以正义为价值,即实现各得其所的分配状态,并且这种正义状态体现在代内和代际两个层面。[3] ABNJ 海洋遗传资源获取与惠益分享制度作为一项国际法律制度,在分配该项海洋法剩余权利的问题上亦应坚持法律的正义价值,以维系代内公平与代际公平,使发达国家与发展中国家、当代人与后代人各得其所,而合理界定 ABNJ 海洋遗传资源的法律地位将是实现该项分配正义的保障。

二、国家管辖范围以外区域海洋遗传资源法律地位的统一性

既然有必要界定 ABNJ 海洋遗传资源的法律地位,而 ABNJ 在地域范围

---

〔1〕 参见[美]E. 博登海默:《法理学:法律哲学与法律方法》,邓正来译,中国政法大学出版社 2004 年版,第 236-240 页。

〔2〕 参见秦天宝:《遗传资源获取与惠益分享的法律问题研究》,武汉大学出版社 2006 年版,第 31 页。

〔3〕 参见[美]约翰·罗尔斯:《正义论》(修订版),何怀宏、何包钢、廖申白译,中国社会科学出版社 2009 年版,第 216-230 页。

上涵盖公海及“区域”两部分，那么需要分析是走《海洋法公约》分而治之的路径，还是赋予 ABNJ 海洋遗传资源统一的法律地位？本书选择后者，理由如下：

（一）国家管辖范围以外区域海洋遗传资源的整体性

《海洋法公约》将海洋划分为各种类型的海域，并将不同海域内的生物资源置于不同的法律制度之下，在一定程度上忽视了海洋生态系统的整体性和海洋生物的移动性。实践中，《海洋法公约》对海洋生物资源分而治之的制度设计缺陷，已经在跨界鱼类种群的养护和管理中显现。作为《海洋法公约》的第二部执行协定，1995 年《鱼类种群协定》即对该问题的回应。[1]

对于 ABNJ 海洋遗传资源而言，这种整体性更为明显。实践中一般很难从地理位置上界分海洋遗传资源是来自深海还是“区域”，[2]因为很多海洋生物资源即便长时间待在深海，也与“区域”环境联系密切，彼此不可分离。“BBNJ 国际协定”作为现代海洋法的最新制度进展，应总结以往经验，消弭制度与现实间的裂痕，充分考虑到 ABNJ 海洋遗传资源的整体性，赋予其统一的法律地位。

（二）国际海洋法造法的可行性

若走《海洋法公约》分而治之的路径，将 ABNJ 海洋遗传资源分别置于公海和“区域”两种不同制度框架之下，不但会将上述海域类型划分与海洋生物资源养护与管理的矛盾延伸到 ABNJ，[3]而且因为要根据公海与“区域”两个不同的海域来构建两套不同的获取与惠益分享制度，除了徒增法律适用的难度，也会给原本费时耗力的“BBNJ 国际协定”谈判工作增加难度。

美国法学家博登海默提到，建构一项法律制度，除了“正义”这一内在要

---

〔1〕 1995 年《鱼类种群协定》对洄游于专属经济区和公海的跨界鱼类种群、生命周期内远距离迁徙的高度洄游种群的捕捞、养护和管理，进行了统一规定。

〔2〕 See Erica Wales, *Marine Genetic Resources: The Clash between Patent Law and Marine Law*, 29 Natural Resources & Environment 44 (2015).

〔3〕 参见张磊：《论国家管辖范围以外区域海洋遗传资源的法律地位》，载《法商研究》2018 年第 3 期。

求,还须依据权宜、功利和可行性等标准。[1] 国际海洋法新制度的构建是一个国际社会博弈的过程,从"BBNJ 国际协定"谈判进程来看,赋予 ABNJ 海洋遗传资源统一的法律地位,更有利于国际社会间达成合意。

三、国际海洋法视域下人类共同继承财产原则的历史沿革和法律内涵

既然有必要在"BBNJ 国际协定"中界定且应当赋予 ABNJ 海洋遗传资源统一的法律地位,那么就要在既有主张之中或之外寻找最佳方案,本书选择人类共同继承财产原则的立场。[2] 人类共同继承财产原则在国际空间法与国际海洋法领域具备国际法基础,其先后为 1979 年《月球协定》与 1982 年《海洋法公约》所确认,[3] 但是该两个条约均未对人类共同继承财产原则进行定义,国际社会亦尚未就该原则的法律内涵形成统一认识。鉴于国际空间法与国际海洋法的规范对象明显不同,作为本章的论证理论基础,本部分在国际海洋法视域下梳理并归纳人类共同继承财产原则的历史沿革和法律内涵。[4]

(一) 人类共同继承财产原则纳入国际海洋法的历史沿革

在国际海洋法领域,有关"人类共同继承财产"的概念由来已久。早在 19 世纪,拉美法学家安德烈斯·贝约(Andrés Bello)就主张海洋中的资源可作为人类的"承袭财产"来考虑;19 世纪末,法国法学家 A. G. 拉帕瑞德(A. G. de Lapradelle)提出了海洋是"人类的遗产"的思想,并主张由国际社会管理海洋及其资源;20 世纪 20 年代,阿根廷法学家何塞·里恩·苏亚雷斯(José León Suárez)亦主张将海洋视为"全人类的遗产";联合国第一次海洋法会议期间,会议主席泰国的外塔亚孔亲王(Prince Wan Waithayakon)提出:"海洋是全

---

[1] 参见[美]E. 博登海默:《法理学:法律哲学与法律方法》,邓正来译,中国政法大学出版社 2004 年版,第 285 页。

[2] 论证理由见本章第二节。

[3] See Agreement Governing the Activities of States on the Moon and Other Celestial Bodies, Article 11; United Nations Convention on the Law of the Sea, Article 136.

[4] 更为详细的论述请参见 Chuanliang Wang & Yen-Chiang Chang, *A New Interpretation of Common Heritage of Mankind in the Context of International Law of the Sea*, 191 Ocean and Coastal Management 1 (2020)。

人类的共同继承财产,海洋法应确保为所有人的福祉保全该继承财产"。[1]上述学者秉持美好的愿景,将海洋作为一个整体视为人类共同继承财产,而并未将人类共同继承财产原则的适用范围仅限定在ABNJ。

人类共同继承财产原则在国际海洋法领域制度化的直接推动力来自发展中国家在国际海底制度构建中的努力和争取。[2] 20世纪60年代,国际海底多金属结核的开发问题备受国际社会关注,为防止少数海洋大国利用其资金和技术优势对国际海底资源进行掠夺性开发,确保国际海底及其资源的开发有益于人类整体,形成公平合理的资源开发新秩序,发展中国家主张设置不同于公海制度的国际海底区域制度。1967年8月17日,马耳他常驻联合国大使阿维德·帕多(Arvid Pardo)向第22届联合国大会提交了著名的帕多提案,建议将位于国家管辖范围以外区域的海床和底土作为人类共同继承财产,[3]主张各国不得据为己有,应基于和平目的利用,并通过有效的国际制度进行合作开发。该项建议引发了国际社会的普遍关注,并促成了1970年第25届联合国大会《关于各国管辖范围以外海床洋底及其底土的原则宣言》[以下称联合国大会第2749(XXV)号决议]的通过。联合国大会第2749(XXV)号决议宣布国际海底区域及其资源为人类共同继承财产,并进一步对其法律地位作了界定。该决议虽不具备法律约束力,但其对人类共同继承财产原则纳入国际海洋法并以该原则为基础构建和完善"区域"制度具有重要意义。

经过联合国第三次海洋法会议"一揽子"交易(a package deal)的谈判,《海洋法公约》前言部分和第十一部分将人类共同继承财产原则法定化。《海

〔1〕［斐济］萨切雅·南丹主编、毛彬中译本主编:《1982年〈联合国海洋法公约〉评注》,海洋出版社2009年版,第5-8页。

〔2〕在"区域"制度建立之前,国家管辖范围外的海底区域属于公海制度的规范范畴。参见黄异、周怡良:《人类共同继承遗产原则的性质及其在区域制度中的落实新论:一个自然法的观点》,载《中国地质大学学报(社会科学版)》2015年第3期。

〔3〕See Michael W. Lodge, *The Common Heritage of Mankind*, 27 International Journal of Marine and Coastal Law 735 (2012).

洋法公约》以联合国大会第 2749(XXV)号决议为蓝本,规定“区域”及其资源[1]的法律属性为人类共同继承财产,[2]并以此界定其法律地位,[3]但这些规定因部分发达国家的反对而在实践中难以推进。[4] 为使《海洋法公约》得到国际社会的普遍接受,1994 年《执行协定》对“区域”制度进行了修改,削弱国际海底管理局(International Sea-bed Authority)企业部(以下简称企业部)的地位,减轻发达国家的义务,满足发达国家在技术和财政方面的主张,推进了“区域”制度的顺利实施。[5] 之后,国际海底管理局先后制定 2000 年《“区域”内多金属结核探矿和勘探规章》[6]、2010 年《“区域”内多金属硫化物探矿和勘探规章》[7]、2012 年《“区域”内富钴铁锰结壳探矿和勘探规章》[8],在一定程度上细化并修正了“区域”制度,进一步丰富了人类共同继承财产原则的法律内涵。

在“BBNJ 国际协定”谈判进程中,为保障开发机会均等、公正公平分享因利用 ABNJ 海洋遗传资源所产生的惠益,发展中国家一致力促将人类共同继承财产原则明确规定为该协定的一般原则,但受到了发达国家的反对。[9] 为

[1] 对《联合国海洋法公约》第 133 条第 a 项进行文义解释,此处的资源仅指“矿产资源”,不包括海洋遗传资源在内的海洋生物资源。但《海洋法公约》谈判过程中,有部分代表认为“区域”内资源应包括生物资源,至少包括“区域”定居种生物资源,最终却未体现在该条文中。参见 Margaret F. Hayes:《迷人的微型动物群:海洋基因资源与海洋法》,王玉婷译,载傅崐成等编译:《弗吉尼亚大学海洋法论文三十年精选集(1977—2007)》,厦门大学出版社 2010 年版,第 1853 页。

[2] See United Nations Convention on the Law of the Sea, Article 136.

[3] See United Nations Convention on the Law of the Sea, Articles 137, 140, 141, 143, 144, 145, 146, 147, 149, 151, 155 etc.

[4] See Michael W. Lodge, *The Common Heritage of Mankind*, 27 International Journal of Marine and Coastal Law 735 (2012).

[5] See Aline L. Jaeckel, *The International Seabed Authority and the Precautionary Principle: Balancing Deep Seabed Mineral Mining and Marine Environmental Protection*, Brill Nijhoff, 2017, p. 85-87.

[6] Regulations on Prospecting and Exploration for Polymetallic Nodules in the Area, 13 July 2000.

[7] Regulations on Prospecting and Exploration for Polymetallic Sulfides in the Area, 7 May 2010.

[8] Regulations on Prospecting and Exploration for Cobalt-rich Ferromanganese Crusts in the Area, 27 July 2012.

[9] See Elizabeth M. De Santo, Elizabeth Mendenhall, Elizabeth Nyman & Rachel Tiller, *Stuck in the Middle with You (and not Much Time Left): The Third Intergovernmental Conference on Biodiversity beyond National Jurisdiction*, 117 Marine Policy 1 (2020).

此，联合国 2019 年 5 月 17 日发布的《"BBNJ 国际协定"草案》(A/CONF. 232/2019/6)，将之前历次谈判文本中"人类共同继承财产原则"的备选案文删掉，不过有许多案文仍然体现了人类共同继承财产原则的立场。[1] 经过第三届政府间会议谈判，联合国发布了供第四届政府间会议讨论的《"BBNJ 国际协定"草案修改稿》(A/CONF. 232/2020/3)，第 5 条第 c 项又重新将"人类共同继承财产原则"规定为"BBNJ 国际协定"的一般原则。

(二)人类共同继承财产原则的法律内涵

在国际海洋法视域下分析人类共同继承财产原则的法律内涵，是论证 ABNJ 海洋遗传资源具有"人类共同继承财产"法律属性，继而界定其法律地位的前提工作。法律以社会关系为调整对象，该社会关系经法律调整或披上法律外衣或被创设出来而成为法律关系；[2] 从另一个角度来看，静态的法律规范亦要在法律关系中被"激活"。将法律关系作为分析工具，从法律属性为"人类共同继承财产"的国际法客体所处的法律关系中分析该原则的法律内涵，是较为周延的分析思路。《海洋法公约》及 1994 年《执行协定》已经就"区域"及其资源所关涉的法律关系进行了立法表达，[3] 本书即从法律关系的构成要素即主体、客体及内容三方面[4] 来检视相关国际海洋法律文件，在理论上对人类共同继承财产原则的法律内涵作如下梳理和归纳：

1. 主体要素

法律关系的主体，是指在法律关系中享有权利和履行义务的主体。[5] 先来分析人类共同继承财产原则所指称的"人类"是否具有国际法主体意义？是否包括当代人与后代人？对此，理论界一直存有争论。其实，该概念所指

---

[1] See UN, A/CONF. 232/2019/6, Articles 7, 9, 11 (4), etc.

[2] 参见张文显主编：《法理学》(第 4 版)，高等教育出版社、北京大学出版社 2011 年版，第 112－113 页。

[3] 对于我国以及其他部分国家关于"区域"资源的立法介绍，参见 Yen-Chiang Chang, Chuanliang Wang, Mehran Idris Khan & Nannan Wang, *The Legal System for Environmental Protection during Exploration and Exploitation of Marine Mineral Resources in China*, 67 Resources Policy 1 (2020)。

[4] 参见张文显主编：《法理学》(第 3 版)，法律出版社 2007 年版，第 186 页。

[5] 参见张文显主编：《法理学》(第 4 版)，高等教育出版社、北京大学出版社 2011 年版，第 113 页。

称的“人类”，旨在从理论上要求无差别、无歧视地对待每一个人。[1] 从国际法适格主体的角度考虑，“人类”不具有确切的国际法内涵，也并非国际法主体。国家作为最主要的国际法主体，为“全人类”的媒介，人类共同继承财产是全人类的共享资源，应将其主体理解为“所有国家的集合”，对其开发和管理须交由国家来间接实现。[2] 此外，将主体理解为“所有国家的集合”，也表明了任何国家均不能采取单边行动从人类共同继承财产中获取利益。通过梳理《海洋法公约》的相关规定，对于人类共同继承财产所处的国际法律关系而言，其主体要素涉及管理机构和活动主体。

第一，关于管理机构，《海洋法公约》是通过建立一个国际组织来实现各国的共同参与管理。《海洋法公约》第 137 条第 2 款规定，对“区域”内资源的一切权利属于全人类，由国际海底管理局代表全人类行使；第 156 条规定，所有缔约国都是国际海底管理局的当然成员；第 157 条规定，国际海底管理局是缔约国组织和控制“区域”内活动，特别是管理“区域”内资源的组织。为保障国际海底管理局管理权的实施，确保“区域”内资源造福于全人类，《海洋法公约》在第十一部分第三节、第四节以及附件二、附件三对相关运行机制作了详细规定。

第二，关于活动主体，《海洋法公约》亦进行了详细规定。《海洋法公约》第 153 条第 1 款规定，“区域”内的活动由国际海底管理局予以安排、进行和控制；《海洋法公约》附件三第 3 条第 1 款规定，“区域”内的活动主体包括企业部、缔约国以及由缔约国或国营企业或在缔约国担保下的具有缔约国国籍或由这类国家或其国民有效控制的自然人或法人或法定条件的上述各方的任何组合。

2. 客体要素

法律关系的客体，是指权利和义务所指向、影响和作用的对象。[3] 区别于私法意义上的财产，作为“人类共同继承财产”的海洋资源是人类的财产来

[1] 参见李志文：《国际海底资源之人类共同继承财产的证成》，载《社会科学》2017 年第 6 期。
[2] 参见李志文：《国际海底资源之人类共同继承财产的证成》，载《社会科学》2017 年第 6 期。
[3] 参见张文显主编：《法理学》（第 4 版），高等教育出版社、北京大学出版社 2011 年版，第 116 页。

源，是国际法上的客体，但不是所有权客体，国家不得主张对该客体的所有权，[1]也不得以“无主物”的主张而予以先占。[2] 回溯人类共同继承财产原则在国际海洋法领域的制度化历史，结合《海洋法公约》的规定，该概念所指称的“财产”在地域范围上被限定在 ABNJ。通过梳理相关国际法律文件和理论学说，作为“人类共同继承财产”的海洋资源在客体要素方面至少有以下内容：

第一，域外性。随着《领海与毗连区公约》（Convention on the Territorial Sea and the Contiguous Zone）、《公海公约》（Convention on the High Seas）、《捕鱼与养护公海生物资源公约》（Convention on Fishing and Conservation of Living Resources of the High Seas）、《大陆架公约》（Convention on the Continental Shelf）（以下统称 1958 年日内瓦海洋法四公约）以及 1982 年《海洋法公约》确立起各类海域制度，先前将海洋作为一个整体统视为人类共同继承财产的观点已无制度基础。[3] 在国家管辖范围以内的海域，基于国家主权、主权权利的考量，很难再具备该原则的适用空间。联合国大会第 2749（XXV）号决议和《海洋法公约》第十一部分均是在“区域”内适用人类共同继承财产原则。目前，极地、深远海、“区域”等 ABNJ 已成为各国拓展战略资源、谋求竞争优势的海洋新疆域，且大多属于人类的共同财产，[4]其中“区域”及其资源已被《海洋法公约》明确规定为人类共同继承财产。站在代内公平与代际公平的角度，将 ABNJ 部分资源赋予“人类共同继承财产”的法律属性有其历史必要性。[5]

---

[1] See Waseem Ahmad Qureshi, *Protecting the Common Heritage of Mankind beyond National Jurisdiction*, 36 Arizona Journal of International and Comparative Law 79 (2019).

[2] 参见王传良、张晏瑲：《论海洋渔业资源的法律地位——以 1982 年〈联合国海洋公约〉为中心》，载《国际法研究》2019 年第 1 期。

[3] 目前此观点又出现了回潮：鉴于 21 世纪的海洋世界仍为海洋强国所主宰，无法达到真正的公平正义，难以实现海洋资源共享，部分学者呼吁把人类共同继承财产原则的适用范围从“区域”扩展到整个海洋。但该观点近期内还站不住脚，21 世纪海洋分割的基本格局仍不会改变。参见薛桂芳主编：《海洋法学》，海洋出版社 2018 年版，第 7-8 页。

[4] 参见刘惠荣：《海洋战略新疆域的法治思考》，载《亚太安全与海洋研究》2018 年第 4 期。

[5] See Waseem Ahmad Qureshi, *Protecting the Common Heritage of Mankind beyond National Jurisdiction*, 36 Arizona Journal of International and Comparative Law 79 (2019).

第二,共享性。作为题中之义,人类共同继承财产具有共享性,要保障所有国家的开发利用机会,并实现惠益分享,这也是发展中国家为争取海洋利益,主张在国际海洋法领域适用人类共同继承财产原则的直接动因。依据《海洋法公约》第141条,“区域”应开放给所有国家;依据第150条,要为全人类的利益而开发人类共同继承财产,增进缔约国参与开发“区域”内资源的机会,防止垄断活动。此外,由于这部分资源的开发依赖于部分发达国家的科技和资金条件,平衡资源开发(效率)和资源共享(公平)间的矛盾亦是相关国际法律制度设置的考量重点,这在《海洋法公约》第150条第2款第f项等规定中有所体现。

第三,法定性。法律属性为“人类共同继承财产”的海洋资源,受国际海洋法的规范和调整,属于国际海洋法的客体,需要国际法律文件明确规定该类资源的类型和法律地位,或者就此形成国际习惯法,〔1〕且不允许被修改或减损。〔2〕 目前,仅有“区域”及其资源和月球及其自然资源被《海洋法公约》第136条与《月球协定》第11条确认为“人类共同继承财产”。同时,《海洋法公约》第311条第6款指出缔约国对于公约第136条规定的人类共同继承财产原则不应有任何修正,也不应参加任何减损该原则的协定。

3. 内容要素

法律关系以权利、义务为核心内容要素,权利为享受特定利益的法律之力,义务系法律上的当为要求。〔3〕 检视现有相关国际海洋法律制度,可对人类共同继承财产原则在内容要素方面的内涵作以下梳理:

第一,不得主张主权或主权权利,也不得据为己有。《海洋法公约》第137条第1款、第137条第3款明确规定了不得对作为“人类共同继承财产”的海洋资源主张主权或主权权利,亦不得据为己有,并指出违反该规定,所有的权利主张、取得或行使将不获承认。

第二,为全人类利益而利用,并特别考虑到发展中国家的利益和需要。

---

〔1〕 See Kudirat Magaji W. Owolabi, *The Principle of the Common Heritage of Mankind*, 4 Nnamdi Azikiwe University Journal of International Law and Jurisprudence 51 (2013).

〔2〕 See United Nations Convention on the Law of the Sea, Article 311(6).

〔3〕 参见王泽鉴:《民法总则》,北京大学出版社2009年版,第66-68页。

人类共同继承财产原则纳入国际海洋法旨在实现资源的共享,避免机会不均,确保实质公平,并优先顾及发展中国家的利益诉求。为此,《海洋法公约》第 140 条第 1 款规定:"区域"内活动应为全人类的利益而进行,并特别考虑到发展中国家的利益和需要。依据《海洋法公约》第 140 条第 2 款的规定,国际海底管理局应当在无歧视的基础上公平分配从"区域"内活动取得的财政及其他经济利益。此外,《海洋法公约》第 144 条关于"技术转让"的规定、第 149 条关于"考古和历史文物"的规定皆体现出此要素。

第三,专为和平目的而利用。《海洋法公约》第 141 条规定:"'区域'应开放给所有国家,不论是沿海国或内陆国,专为和平目的利用,不加歧视,也不得妨害本部分其他规定。"《海洋法公约》第 143 条第 1 款规定:"'区域'内海洋科学研究,应按照(公约)第十三部分专为和平目的并为谋全人类利益进行。"此外,《海洋法公约》第 146 条、第 147 条、第 155 条第 2 款均有所体现此要素。对于"和平目的"的含义要结合第 301 条来理解,即应不对任何国家的领土完整或政治独立进行任何武力威胁或使用武力,或者以任何其他与《联合国宪章》所载国际法原则不符的方式进行武力威胁或使用武力,而不是完全禁止所有军事活动。[1]

第四,长期养护和可持续利用。有关"人类共同继承财产"的开发利用活动要考虑到海洋环境的保护和海洋资源的养护和可持续利用。[2]《海洋法公约》虽未明确提及该要素,但从公约精神来看,[3]人类共同继承财产原则不仅关注当代人的权益,也关注后代人的权益,后代人开发利用作为"人类共同继承财产"的海洋资源的权利也要受到尊重。[4] 要注意的是,这里非指后代人是国际法主体,而是主张维护代际公平。

[1] See Michael W. Lodge, *The Common Heritage of Mankind*, 27 International Journal of Marine and Coastal Law 735 (2012).

[2] See Louise Angelique de la Fayette, *A New Regime for the Conservation and Sustainable Use of Marine Biodiversity and Genetic Resources beyond the Limits of National Jurisdiction*, 24 International Journal of Marine and Coastal Law 221 (2009).

[3] See the United Nations Convention on the Law of the Sea, Articles 145, 162, 165, etc.

[4] See John E. Noyes, *The Common Heritage of Mankind: Past, Present, and Future*, 40 Denver Journal of International Law and Policy 447 (2011).

《海洋法公约》对人类共同继承财产原则进行了立法确认，并基于该原则设置了"区域"制度。但由于《海洋法公约》这部分规定触及了发达国家的既得利益，部分发达国家拒绝签署或批准《海洋法公约》，从而导致即使公约已经生效，也难以有效落实人类共同继承财产原则。为打破该僵局，在发达国家与发展中国家博弈基础之上，1994 年《执行协定》以及国际海底管理局制定的三个勘探规章对《海洋法公约》第十一部分所确立的"区域"制度做出修改，使人类共同继承财产的内涵已经在很大程度上不同于帕多提出之时，但是该原则的前述核心要素并没有发生变化。[1] 目前，人类共同继承财产的法律内涵还在发展当中，早期国际社会对该概念的阐释集中在其所体现的公共利益方面，在《海洋法公约》将其制度化后，该概念在调和资源开发过程中公平与效率之间张力的作用则越发受到关注。

第二节　国家管辖范围以外区域海洋遗传资源的人类共同继承财产法律属性之证成

ABNJ 海洋遗传资源法律地位的界定，须围绕其法律属性进行，这将是国际社会博弈的结果。在国际法赋予 ABNJ 海洋遗传资源以何种法律属性的问题上，须融入海洋善治理念的法律内涵，并考虑到促进和平、可持续利用 ABNJ 海洋遗传资源，维护全人类共同利益，协调发达国家与发展中国家间的利益冲突，平衡资源开发利用过程中公平与效率的张力等因素。鉴于此，本书主张赋予 ABNJ 海洋遗传资源以"人类共同继承财产"法律属性。

一、否定其他立场的理由

（一）公海自由原则立场的不合理性

格劳秀斯在其 1609 年匿名发表的《海洋自由论》中，主张海洋不能被占

〔1〕 See Waseem Ahmad Qureshi, *Protecting the Common Heritage of Mankind beyond National Jurisdiction*, 36 Arizona Journal of International and Comparative Law 79 (2019).

有且应该向所有国家开放，[1]为公海自由原则奠定理论基础。[2] 该项原则业已构成一项国际习惯法，且成为公海制度的构建基础。在公海制度下，海洋资源的法律属性为“共有物”（亦称“人类共同财产”）。目前实践中，发达国家以公海自由原则为主张，进行 ABNJ 海洋遗传资源的开发和利用活动。[3] 在“BBNJ 国际协定”谈判过程中，发达国家也是持公海自由原则的立场。欲否定该立场，需要先检视一下发达国家声称的这种公海自由能否归入《海洋法公约》第七部分的六种自由类型。根据《海洋法公约》第 87 条所列举的公海六大自由，除去明显不符合的“航行自由”、“飞越自由”、“铺设海底电缆和管道的自由”以及“建造国际法所容许的人工岛屿和其他设施的自由”，此处须分析其是否属于“捕鱼自由”或者“科学研究自由”；若不属于这两种自由类型，鉴于《海洋法公约》第 87 条对公海自由的类型是非穷尽式列举，还须分析这种“新自由类型”在现代海洋法中是否具有合理性。

1. 不属于“捕鱼自由”

第一，“捕鱼自由”适用于公海渔业资源这种传统海洋生物资源。海洋渔业资源的经济价值在一定程度上以捕获量为体现。ABNJ 海洋遗传资源价值在于生物本体所携带的遗传信息，且具有可复制性。基于这种明显的区别，《海洋法公约》等国际法律文件乃至国际习惯法中的“捕鱼自由”都无法将 ABNJ 海洋遗传资源涵摄进去。

第二，作为一种新型海洋资源，ABNJ 海洋遗传资源的开发利用需要以资金和科技条件为支撑。目前仅有少数发达国家具备这些条件，若适用“捕鱼自由”，势必会剥夺大多数发展中国家的开发机会，这与公海自由原则为“打破少数海洋强国对海洋垄断”的设置初衷是背道而驰的。[4]

---

[1] 参见［荷］雨果·格劳秀斯：《论海洋自由或荷兰参与东印度贸易的权利》（第 2 版），马忠法译，张乃根校，世纪出版集团、上海人民出版社 2013 年版，第 31、35 页。

[2] 确切地说，格劳秀斯所主张的是海洋自由，不限于公海自由。

[3] See Gulardi Nurbintoro & Haryo Budi Nugroho, *Biodiversity beyond National Jurisdiction Current Debate and Indonesia's Interest*, 6 Indonesia Law Review 283 (2016).

[4] See Kudirat Magaji W. Owolabi, *The Principle of the Common Heritage of Mankind*, 4 Nnamdi Azikiwe University Journal of International Law and Jurisprudence 51 (2013).

2. 不属于"科学研究自由"

有学者认为开发利用 ABNJ 海洋遗传资源的活动属于海洋科学研究,应适用公海自由原则中的"科学研究自由",[1]两者实则是不同的海洋活动。

第一,从目的上区分,生物勘探是为了开发新型商业产品,从具有商业价值的遗传资源分子结构生物圈中收集信息的过程。[2] 虽然现实中很难将生物勘探和纯粹的海洋科学研究划分清楚,但从目的上观察,前者以商业利用为目的,后者则是以促进公共利益的实现为宗旨。[3]

第二,从法律效果上区分,依据《海洋法公约》第 241 条的规定:"海洋科学研究活动不应构成对海洋环境任何部分或其资源的任何权利主张的法律依据。"而获取 ABNJ 海洋遗传资源并取得部分排他性的权利,恰恰是生物勘探的动机所在。

3. 作为新自由类型的不合理性

现代海洋法的一个发展趋势是"海洋自由"正被日益精密的"海洋治理"所取代,随着海洋法理论和制度进展的一次次冲击,现已无完整意义上的公海自由。当然目前以公海自由原则为基础的公海制度仍然不会发生根本性动摇,[4]但对于海洋法新制度的构建须总结经验,选择更为合理的构建理念。ABNJ 海洋遗传资源法律制度的构建不宜采取公海自由原则的立场,理由如下:

第一,不符合可持续发展原则。可持续利用海洋及其资源是海洋善治理念的核心。海洋资源曾被认为"取之不尽、用之不竭",基于这种认识以公海自由原则构建的公海制度,强调自由而忽视了对权利的限制,导致"公地的悲剧"频繁上演,表现为渔业资源的枯竭、海洋环境污染的加剧等全球性海洋问题。"BBNJ 国际协定"作为现代海洋法的最新制度进展,应以促进 BBNJ 养

[1] See Erica Wales, *Marine Genetic Resources: The Clash between Patent Law and Marine Law*, 29 Natural Resources & Environment 44 (2015).

[2] 参见张湘兰、李洁:《国家管辖外海域遗传资源惠益分享机制的构建——以知识产权保护为视角》,载《武大国际法评论》2017 年第 4 期。

[3] See Friederike Lehmann, *The Legal Status of Genetic Resources of the Deep Seabed*, 11 New Zealand Journal of Environmental Law 33 (2007).

[4] 参见薛桂芳主编:《海洋法学》,海洋出版社 2018 年版,第 8 页。

护和可持续利用为目的,而公海自由原则与该制度目的不符。

第二,不符合“海洋资源公平而有效地利用”原则。[1] 若选择公海自由原则立场,理论上 ABNJ 海洋遗传资源对所有国家开放,但实际上现阶段仅有少数发达国家具备开发利用条件。发达国家主张适用公海自由,是为了维护其既有利益,以便不受限制地开发利用 ABNJ 海洋遗传资源,这无疑会剥夺广大发展中国家的开发机会,导致国际社会间利益失衡。

第三,公海自由原则覆盖不了“区域”生物资源。如前所述,《海洋法公约》在 ABNJ 分别设置了公海制度与“区域”制度。依据《海洋法公约》第七部分的规定,公海自由原则仅适用于由 ABNJ 海洋水体(water column)构成的公海,其无法解决“区域”内海洋遗传资源的国际规制问题。

(二)“分而治之”立场的不合理性

在筹备委员会阶段,南非等国家提出按照《海洋法公约》分而治之的模式来确定适用原则,即公海遗传资源适用公海自由原则,“区域”内的遗传资源适用人类共同继承财产原则。[2] 这种观点看似严格贯彻《海洋法公约》,但如前文分析,分而治之的立场在实践中不具可操作性;此外,构建两套获取和与惠益分享制度,也会增加“BBNJ 国际协定”的谈判难度。从总结海洋法律制度的历史经验和考虑到国际造法可行性上来看,应赋予 ABNJ 海洋遗传资源统一的法律地位。

(三)“回避分歧”立场的不合理性

以欧盟为代表的国家和国际组织,主张回避 ABNJ 海洋遗传资源法律地位问题的探讨,以更具实效性的态度解决海洋生物多样性的养护和可持续利用问题。此观点因注重“实效性”而颇具迷惑性,法律地位的悬而未决只会增加新制度制定和适用的争议。合理界定 ABNJ 海洋遗传资源的法律地位,是构建 ABNJ 海洋遗传资源获取与惠益分享制度的前提,也是“BBNJ 国际协定”谈判中不可回避的问题。

---

[1] See the United Nations Convention on the Law of the Sea, Preamble.

[2] 参见张小勇、郑苗壮:《论国家管辖范围以外区域海洋遗传资源适用的法律制度——以海洋科学研究制度的可适用性为中心》,载《国际法研究》2018 年第 5 期。

二、“人类共同继承财产原则”立场的合理性

(一)具备国际海洋法律制度基础

人类共同继承财产原则作为“区域”制度的构建基础,已被《海洋法公约》法定化,其在国际海洋法中的适用分析属于实证法解释问题。依据《维也纳条约法公约》[1]第31、32条所确定的条约解释方法,结合前文在国际海洋法视域下对“人类共同继承财产”的内涵梳理,分析如下:

1. 文义解释

《海洋法公约》第136条规定:“‘区域’及其资源属于人类的共同继承财产。”对该条文进行文义解释,人类共同继承财产原则的适用范围不仅包括空间意义上的“区域”,也包括“区域”内资源,至少未明确将源自“区域”的海洋遗传资源排除在外。通过文义解释,所得的结论在两可之间,需要借助条约解释的其他方法进一步论证。

2. 体系解释

依据《海洋法公约》第77条第4款规定,大陆架的自然资源包括生物资源和非生物资源。“区域”与大陆架除了地理位置外,在自然结构上没有本质差别,[2]考虑到法律的内在一致性,宜将“区域”内的自然资源解释为包括生物资源和非生物资源,前者亦包括源自“区域”的海洋遗传资源。通过体系解释,虽然仍无法得出赋予ABNJ海洋遗传资源以人类共同继承财产法律属性的结论,但在一定程度上为该法律属性的证成提供了法律制度支持。

3. 目的解释

《海洋法公约》引入人类共同继承财产原则,是为了防止各国对海洋资源进行无序争夺,尤其是避免少数发达国家依靠科技和资金优势而独享利益,造成机会不均和代际不公问题,而人类共同继承财产原则的宗旨是通过海洋善治来实现全人类的共同利益。

---

[1] Vienna Convention on the Law of Treaty, signed on 23 May 1969, came into force on 27 January 1980.

[2] 参见许健:《国际海底区域生物资源的法律属性探析》,载《东南学术》2017年第4期。

第一,《海洋法公约》在前言部分指出公约的目的是“促进海洋和平用途,海洋资源公平而有效地利用”。结合前文对“人类共同继承财产”法律内涵的梳理,将 ABNJ 海洋遗传资源法律属性界定为人类共同继承财产,能够促进资源的和平利用,保障开发机会均等、公正和公平分享惠益,符合公约上述目的。

第二,《海洋法公约》在前言部分强调促进“海洋生物资源的养护以及研究、保护和保全海洋环境”。人类共同继承财产原则在高效开发利用 ABNJ 海洋遗传资源和预防公地悲剧之间寻求平衡,[1]并旨在维护代际公平,关注后代人对资源的需求和权利,与公约该目的相契合。

4. 历史解释

联合国第三次海洋法会议期间,国际社会对于公海渔业资源之外的其他 ABNJ 生物资源了解甚少。即便 1977 年热液喷口海洋生物群落被发现之后,ABNJ 海洋遗传资源的经济潜力也未引起当时国际社会的普遍重视,当时国际社会对“区域”内资源关注焦点为矿物资源。[2] 为回应现实需要,《海洋法公约》在第七部分设置了公海生物资源养护和管理制度;在第十一部分设置了“区域”矿物资源开发和管理制度,而未将 ABNJ 海洋遗传资源法律制度考虑在内。

国际海洋法造法的留白,并不意味着对 ABNJ 海洋遗传资源人类共同继承财产法律属性的否定。帕多向联合国大会提出将人类共同继承财产原则制度化的建议时,所主张的适用范围也并非限于“区域”矿物资源,检视联合国大会第 2749(XXV)号决议的内容,亦能得出同样结论。《海洋法公约》前言部分也重申联合国大会第 2749(XXV)号决议,并主张发展该决议所确立的各项原则。虽然《海洋法公约》第 133 条将“区域”资源限定为矿物资源,但这有其历史原因,不构成将 ABNJ 海洋遗传资源的法律属性界定为人类共同

[1] See Kudirat Magaji W. Owolabi, *The Principle of the Common Heritage of Mankind*, 4 Nnamdi Azikiwe University Journal of International Law and Jurisprudence 51 (2013).

[2] See Petra Drankier, Alex G. Oude Elferink, Bert Visser & Tamara Takacs, *Marine Genetic Resources in Areas beyond National Jurisdiction: Access and Benefit-sharing*, 27 International Journal of Marine and Coastal Law 375 (2012).

继承财产的制度障碍,人类共同继承财产原则的适用范围不局限于《海洋法公约》的现有规定。[1]

(二)应对全球性海洋问题的经验总结

赋予ABNJ海洋遗传资源以人类共同继承财产的法律属性,亦是应对全球性海洋问题的经验总结。

1."公地的悲剧"的频繁上演

渔业资源枯竭、海洋环境污染等"公地的悲剧"正在ABNJ频繁上演。[2]目前,发达国家以公海自由原则为主张,进行ABNJ海洋遗传资源开发利用活动,而公海自由原则注重权利而相对忽视义务,有可能导致"公地的悲剧"在ABNJ再次发生。

在相互依存的全球化中,应树立长远的国家利益观,着眼于全人类的长期可持续发展。[3] 基于海洋善治的回应性要素,将ABNJ海洋遗传资源的法律属性界定为人类共同继承财产,在保障和维护各国权利的同时,通过合理设定义务来限制资源的开发利用行为,有利于实现ABNJ海洋遗传资源长期养护和可持续利用。

2."BBNJ国际协定"谈判的艰难性

"BBNJ国际协定"的谈判是基于海洋善治的回应性要素来解决BBNJ的养护和可持续利用问题。回顾国际海洋法造法进程,一项公约或协定的制定是在复杂国际关系中妥协、折中的产物,新的国际海洋法律制度需要长期的历史沉淀和国家博弈。经过15年的谈判,联合国于2019年11月18日发布的《"BBNJ国际协定"草案修改稿》仍然存在大量的方括号条款,这意味着"BBNJ国际协定"谈判的长期性和艰巨性。

目前,在"BBNJ国际协定"谈判中主要有发达国家和发展中国家基于各

---

[1] See Waseem Ahmad Qureshi, *Protecting the Common Heritage of Mankind beyond National Jurisdiction*, 36 Arizona Journal of International and Comparative Law 79 (2019).

[2] See Thea Lowry, *Protecting the Mysteries of the Deep: Conserving Biodiversity in Marine Areas beyond National Jurisdiction*, 16 Dalhousie Journal of Legal Studies 113 (2007).

[3] 参见刘惠荣、胡小明:《主权要素在BBNJ环境影响评价制度形成中的作用》,载《太平洋学报》2017年第10期。

自利益所形成的两大阵营。人类共同继承财产原则旨在维护全人类共同利益,并强调可持续发展,基于该原则进行如下制度设计可以有效调和发达国家与发展中国家的利益冲突,有利于"BBNJ 国际协定"谈判的顺利进行:其一,通过设置相对宽松的获取制度,在确保开发机会均等的基础上,尽可能地为发达国家松绑;其二,通过构建公正公平的惠益分享制度,保障发展中国家分享因利用 ABNJ 海洋遗传资源产生的惠益,满足其合理诉求;其三,注重 ABNJ 海洋遗传资源相关知识的保护和知识产权制衡,调和资源开发过程中公平与效率的张力。

(三)国家管辖范围以外区域海洋遗传资源的特征使然

ABNJ 海洋遗传资源所具有的自身特征也决定了赋予其人类共同继承财产法律属性的合理性。

第一,依据《海洋法公约》确立的 ABNJ 海洋法律制度,各国不能对 ABNJ 海洋遗传资源主张主权、主权权利,这种域外性决定着 ABNJ 海洋遗传资源的开发利用存在着"囚徒困境"与"搭便车"的现象。将 ABNJ 海洋遗传资源法律属性确定为"人类共同继承财产",可以唤起国际社会的共同利益意识,在利己取向的同时能考虑其他国家的权益。

第二,作为一种全球公域内的资源,ABNJ 海洋遗传资源具有共享性,这意味着各国开发利用 ABNJ 海洋遗传资源,需要其他国际社会成员的明示或默示同意,[1]且旨在实现和增进全人类共同福祉。[2] 相较于公海自由原则,人类共同继承财产原则的立场更加契合该资源的共享性特征。

第三,ABNJ 海洋遗传资源的价值集中体现在其所携带的无形的遗传信息。与传统海洋生物资源关注数量和规模不同,这种无形的生物信息仅需对 ABNJ 海洋生物资源少量取样,且具有可复制性,对于科技和资金条件要求较高。鉴于各国实力不均衡,将 ABNJ 海洋遗传资源的法律属性界定为人类共

[1] 参见李志文:《国家管辖外海域遗传资源分配的国际法秩序——以人类命运共同体理念为视阈》,载《吉林大学社会科学学报》2018 年第 6 期。

[2] See Waseem Ahmad Qureshi, *Protecting the Common Heritage of Mankind beyond National Jurisdiction*, 36 Arizona Journal of International and Comparative Law 79 (2019).

同继承财产，对获取与惠益分享活动进行统一管理，有利于保障各国开发机会均等、促进和平利用、实现公正公平的惠益分享。

（四）人类共同继承财产原则在构建国家管辖范围以外区域海洋遗传资源获取与惠益分享制度进程中的意义

自人类共同继承财产原则为《海洋法公约》第十一部分所确认以来，该原则并未在国际实践中得到预期落实。为应对这一实践困境，近期的国际海洋法造法已经修正和发展了人类共同继承财产原则的内涵。回顾现代海洋法的发展历程，该原则不仅是国际海洋法思潮演变的体现，而且将会在 ABNJ 海洋遗传资源获取与惠益分享制度的构建进程中发挥指导作用。

1. 国际海洋法思潮演变的体现

现代国际法之父荷兰人雨果·格劳秀斯（Hugo Grotius）于 1609 年匿名发表的《海洋自由论》（*Mare Liberum*），在国际海洋法领域为“公海自由”奠定了理论基础。尔后，陆地统治之风吹向海洋，渐次塑造了现代海洋法的许多原则性特征，[1] 公海自由已受到国际条约法和国际习惯法越来越多的限制。[2] 国际海洋法思潮演变对国际海洋法造法有以下影响：其一，现代海洋法关于 ABNJ 海洋新秩序的重建，从绝对自由转向合理限制；其二，现代海洋法关于分配海洋权益的价值取向，从先到先得、各自受益转向统一管理、共同受益。在 ABNJ，人类共同继承财产原则已经渐渐取代长期被奉为圭臬的公海自由原则。[3] 《海洋法公约》第十一部分与 1994 年《执行协定》以人类共同继承财产原则为制度内核所确立的“区域”制度，正是该国际海洋法思潮演变的例证之一。

在“BBNJ 国际协定”谈判进程中，赋予 ABNJ 海洋遗传资源以“人类共同继承财产”的法律属性，并基于人类共同继承财产原则的立场来构建 ABNJ 海洋遗传资源获取与惠益分享制度，是对国际海洋法的发展历程和全球海洋治

---

〔1〕 See R. P. Anand, *Origin and Development of the Law of the Sea: History of International Law Revisited*, Martinus Nijhoff Publishers, 1983, p. 89-91.

〔2〕 参见黄异：《海洋秩序与国际法》，台北，学林文化事业有限公司 2000 年版，第 7-12 页。

〔3〕 See Malcolm N. Shaw, *International Law*, 8th edition, Cambridge University Press, 2017, p. 1125-1126.

理经验的总结,亦顺应了现代海洋法从公海自由到公海治理来规范 ABNJ 海洋活动的思潮演变。

2. 国际海洋法新制度的内核

从国际造法进程看,一个法律术语的提出,即便其起始含义是模糊和概括的,但随着内涵的成熟,有演变为一个法律概念乃至一项法律原则的可能。"人类共同继承财产"的提出,不仅在国际海洋法领域增添了一个新的法律概念,而且对国际法律关系和国际经济秩序日益产生影响。[1] 为此,《海洋法公约》以及 1994 年《执行协定》以人类共同继承财产原则为制度内核确立了"区域"制度。在国际社会的博弈中,人类共同继承财产原则的法律内涵不断发展,虽尚未成为国际习惯法,但因其具备《海洋法公约》制度基础,已经获得国际社会的普遍接受和认可,[2]其为国际社会提供了摒弃"先到先得"、倡导和平合作开发的良好范例。[3] 基于人类共同继承财产原则在 ABNJ 的地位和作用,其有成为 ABNJ 海洋法新制度构建内核的合理性和正当性。

检视目前最新的国际海洋法造法进程,《"BBNJ 国际协定"草案修改稿》第 5 条第 c 项将人类共同继承财产原则规定为"BBNJ 国际协定"的一般原则,而 ABNJ 海洋遗传资源获取与惠益分享制度是"BBNJ 国际协定"的重要制度内容。作为制度内核,在"BBNJ 国际协定"一般原则中确立人类共同继承财产原则至关重要。要明确的是人类共同继承财产不是 ABNJ 海洋遗传资源的自然属性,而是需要经过国际造法选择而呈现出来的法律属性。一方面,"BBNJ 国际协定"要吸收 "区域"制度的实践经验,以发展的人类共同继承财产原则内涵来界定 ABNJ 海洋遗传资源法律地位;另一方面,"BBNJ 国际协定"的制定也会在国际海洋法领域赋予人类共同继承财产原则以新的时代内涵。

---

[1] 参见屈广清、曲波主编:《海洋法》(第 4 版),中国人民大学出版社 2017 年版,第 158 页。

[2] 截至目前,已有 168 个国家或地区批准或加入《联合国海洋法公约》。See Table Recapitulating the Status of the Convention (United Nations Convention on the Law of the Sea) and of the Related Agreements, UN (31 July 2019), https://www. un. org/Depts/los/reference_files/UNCLOS%20Status%20table_ENG. pdf.

[3] 参见廖凡:《全球治理背景下人类命运共同体的阐释与构建》,载《中国法学》2018 年第 5 期。

第三节　国家管辖范围以外区域海洋遗传资源法律地位的界定

前文论证了赋予 ABNJ 海洋遗传资源以“人类共同继承财产”法律属性的合理性,界定其法律地位,需要围绕人类共同继承财产原则的内涵进行,还要注意该原则在现代海洋法中的实践困境,及时总结全球海洋治理经验,并结合 ABNJ 海洋遗传资源开发利用特点,融入海洋善治理念,在构建 ABNJ 海洋遗传资源获取与惠益分享制度进程中,对于该原则的法律内涵有所修正和发展。

一、主体要素:明确国际管理机构和活动主体范围

在“人类共同继承财产”所处的国际法律关系中,其主体要素涉及国际管理机构和实际活动主体,下文据此分析。

(一)国家管辖范围以外区域海洋遗传资源的国际管理机构

鉴于《海洋法公约》框架下现有 ABNJ 管理机制碎片化带来的海洋治理的低效率和冲突性,在如何实现有效管理有关 ABNJ 海洋遗传资源活动的问题上,“BBNJ 国际协定”需以海洋善治的一致性要素为指导,设置一个横向协调的国际管理机构去推动整合性海洋治理。此外,该国际管理机构的决策须遵循海洋善治的法治、透明化、基于共识之决策、回应性等要素。

关于 BBNJ 国际管理机构的设置模式,在“BBNJ 国际协定”谈判过程中,有四种关注度较高的模式:缔约国会议模式、现有机构联合模式、新设国际组织模式以及国际海底管理局职权扩张模式,[1]《“BBNJ 国际协定”草案修改稿》第六部分选择了缔约方会议模式的体制安排:其一,设立缔约方会议,作为处理 BBNJ 养护和可持续利用事务的国际管理机构,并由其通过关于

〔1〕 参见崔皓:《国际海底管理局管理生物多样性问题可行性研究》,载《武大国际法评论》2019 年第1期。

利用 ABNJ 海洋遗传资源的规则、准则或行为守则。[1] 缔约方会议的决策应基于共识做出，并且由秘书处及时公开。[2] 其二，在缔约方会议的授权和指导下，设立科学和技术机构，为缔约方会议提供科学和技术咨询意见，监测 ABNJ 海洋遗传资源的利用，履行缔约方会议或“BBNJ 国际协定”确定的其他职能。[3] 其三，设立秘书处，为召开缔约方会议以及缔约方会议可能设立的任何其他机构的会议并为会议提供服务，履行缔约方会议或“BBNJ 国际协定”确定的其他职能。[4] 其四，作为 ABNJ 海洋遗传资源利用监测机制之一，设立信息交换机制，其具体运作模式由缔约方会议确定。[5]

（二）国家管辖范围以外区域海洋遗传资源的活动主体

《“BBNJ 国际协定”草案修改稿》第 9 条第 1 款规定 ABNJ 海洋遗传资源的活动主体包括缔约国及其自然人或法人，并于第 56 条指出缔约方应鼓励非缔约方成为缔约方。这两个条款的规定与前文关于人类共同继承财产的主体为“所有国家的集合”的分析基本一致。

将 ABNJ 海洋遗传资源活动主体界定为缔约国及其自然人或法人，与《海洋法公约》附件三第 3 条第 1 款关于“区域”内活动主体的规定也基本一致，但是需要继续明晰的是活动主体与国际管理机构之间的关系。对此，《海洋法公约》第 153 条第 1 款的规定值得借鉴，即由缔约方会议按照“BBNJ 国际协定”的有关规定，统一进行安排和控制。当然，这并不意味着与《海洋法公约》保持基本一致，需要按照“BBNJ 国际协定”的宗旨和目标以及 ABNJ 海洋遗传资源开发利用特点，进行具体的制度设计。

二、客体要素：界定时间、地域和实质范围

前文对人类共同继承财产法律内涵的客体要素进行归纳时，指出其具有

[1] See UN, A/CONF. 232/2020/3, Articles 48, 13.

[2] See UN, A/CONF. 232/2020/3, Article 48 (3) bis, (3) ter.

[3] See UN, A/CONF. 232/2020/3, Article 49.

[4] See UN, A/CONF. 232/2020/3, Article 50.

[5] See UN, A/CONF. 232/2020/3, Article 51.

法定性的特点，作为国际海洋法的客体，"BBNJ 国际协定"亦须明确界定其所调整的 ABNJ 海洋遗传资源的时间、地域和实质范围。[1]

（一）时间范围

《维也纳条约法公约》第 28 条确立了"条约不溯及既往"原则。为维护已经形成的国际关系的稳定性，尊重既定状态，同时减少发达国家的反对阻力，对于"BBNJ 国际协定"所调整 ABNJ 海洋遗传资源的时间范围（temporal scope），应坚持"条约不溯及既往"原则。

"BBNJ 国际协定"的谈判工作一直都强调该原则，《"BBNJ 国际协定"草案修改稿》第 8 条第 3 款进行了如下规定："BBNJ 国际协定"原则上适用于其生效后原地、异地、由电脑模拟获取和利用的 ABNJ 海洋遗传资源；同时，为实现公正公平的惠益分享，"BBNJ 国际协定"亦适用于其生效前原地获取，生效后异地、由电脑模拟获取或使用的海洋遗传资源。

（二）地域范围

《海洋法公约》虽未直接提及"国家管辖范围以外区域"，但从其规定内容来看，ABNJ 包括公海和"区域"两类海域。对此，《"BBNJ 国际协定"草案修改稿》第 1 条第 4 款对 ABNJ 进行了界定："'国家管辖范围以外区域'指公海和'区域'。"《"BBNJ 国际协定"草案修改稿》第 3 条第 1 款亦明确了协定的适用范围包括公海和"区域"。目前，国际社会对于"BBNJ 国际协定"所调整 ABNJ 海洋遗传资源的地域范围（geographical scope）包括公海和"区域"，已基本上达成共识，但就如何处理 ABNJ 与国家管辖范围以内区域形成跨界、重叠的海洋遗传资源问题，尚需进一步讨论。

"BBNJ 国际协定"第二届政府间会议期间，对上述问题进行了讨论，《主席协助谈判文件》（A/CONF. 232/2019/1）指出：其一，不应损害各国按照《海洋法公约》所享有的权利、管辖权和义务。其二，为确保养护和可持续利用在国家管辖范围以内区域和 ABNJ 发现的海洋遗传资源，两者所采取的措施应

[1] See David Leary, *Agreeing to Disagree on What We have or have not Agreed on: The Current State of Play of the BBNJ Negotiations on the Status of Marine Genetic Resources in Areas beyond National Jurisdiction*, 99 Marine Policy 21 (2019).

协调一致。其三,在开展与国家管辖范围以内区域发现的 ABNJ 海洋遗传资源有关的活动时,应适当顾及相关沿海国的权利及合法利益。应与有关国家进行协商,包括建立预先通知制度,以避免侵犯此种权利和利益。如果与 ABNJ 海洋遗传资源有关的活动可能会导致开发在国家管辖范围以内和以外区域发现的海洋遗传资源,须征得有关沿海国事先同意。其四,应咨询已向大陆架界限委员会提交划界案的毗邻沿海国的意见。[1]

《"BBNJ 国际协定"草案修改稿》对于上述谈判成果予以吸收,第 9 条第 2 款规定,如果在一国管辖范围以内区域发现了 ABNJ 海洋遗传资源,关于该资源的活动应当适当顾及该沿海国的权利和合法权益。《"BBNJ 国际协定"草案修改稿》第 10 条第 5 款规定,缔约国应酌情采取必要的立法、行政或政策措施,确保可能导致利用在国家管辖范围以内和以外区域发现的海洋遗传资源,且与 ABNJ 海洋遗传资源有关的活动与关沿海国和任何其他相关国家进行事先通知和协商,以避免侵犯上述国家的权利和合法利益。

(三)实质范围

关于"BBNJ 国际协定"所规制的 ABNJ 海洋遗传资源实质范围(material scope),"BBNJ 国际协定"第一届政府间会议期间,与会者趋向一致主张区分将鱼类和其他生物资源用于其遗传特性研究与将之用作一种商品,并主张"BBNJ 国际协定"仅适用于前者。对此,与会者还建议制定一个追踪制度,以便在用途发生改变的情况下也能够分享惠益。[2] "BBNJ 国际协定"第二届政府间会议又有所拓展,《主席协助谈判文件》提出两项备选案文:其一,收集的鱼类和其他生物资源如超过门槛数量,[3]则应被视为商品;其二,如果一种鱼类因其遗传材料而被认定具有价值,该鱼类应被当作海洋遗传资源,不论

[1] See UN, A/CONF. 232/2019/1, Part Two, Ⅲ. 3. 1 (2).

[2] See Statement by the President of the Conference at the Closing of the First Session (A/CONF. 232/2018/7), UN (20 September 2018), http://undocs. org/en/A/CONF. 232/2018/7.

[3] 《主席协助谈判文件》第二部分 3. 1 (4) (a) 指出,"门槛数量"由"BBNJ 国际协定"所规定的机构确定。

渔获量如何。[1] 这些观点最终都体现在《"BBNJ 国际协定"草案修改稿》中。[2]

此外,"BBNJ 国际协定"第一届、第二届政府间会议期间,与会者还提出一个问题,即除了在原地收集的海洋遗传资源外,"BBNJ 国际协定"是否也将适用于异地获取和电脑模拟的海洋遗传资源、数字序列数据以及衍生物。《"BBNJ 国际协定"草案修改稿》第 10 条第 3、4 款对于异地获取与由电脑模拟获取海洋遗传资源作出了规定。对于 ABNJ 海洋遗传资源是否包含衍生物,仍保留了第 8 条第 1 款第 c 项及第 2 款第 c 项两个意见相反的方括号条款,还需进一步谈判。

三、内容要素:明确开发利用过程中的权利、义务

依据前文对人类共同继承财产法律内涵的内容要素分析,结合海洋善治理念的国际法内涵,"BBNJ 国际协定"对于 ABNJ 海洋遗传资源的法律地位界定,在内容要素方面应包括且不限于以下内容:

(一)不得主张主权或主权权利,也不得据为己有

根据《"BBNJ 国际协定"草案修改稿》第 9 条第 3 款,任何国家不得对 ABNJ 海洋遗传资源主张主权或主权权利,任何国家或自然人或法人也不应将 ABNJ 海洋遗传资源的任何部分据为己有。任何这种主权或主权权利的主张和行使,或任何据为己有的行为,均不应予以承认。

基于海洋善治的法治要素,在 ABNJ 海洋遗传资源法律制度构建进程中,需要通过设置获取制度来落实该内容要素。选择合理的获取规制模式来保障各国的开发机会均等。同时,还应认识到 ABNJ 海洋遗传资源的开发利用具有阶段性,初始获取是投入阶段,商业化利用还需历经比较久的研发周期。为鼓励有能力的国家投入资金和技术,促进有关 ABNJ 海洋遗传资源新知识的生成和创新,增进全人类共同福祉,需要构建相对宽松的 ABNJ 海洋遗

[1] See UN, A/CONF. 232/2019/1, Part Two, Ⅲ. 3. 1 (4) (a).

[2] See UN, A/CONF. 232/2020/3, Articles 8 (1) (a), 8 (2) (a).

传资源获取制度。

(二)为全人类利益而利用

根据《“BBNJ 国际协定”草案修改稿》第 9 条第 4 款的规定,ABNJ 海洋遗传资源的利用应造福于全人类。同时,基于海洋善治的公平与兼容并蓄要素,为求实质公平,要考虑到发展中国家,特别是最不发达国家(least developed countries)、内陆发展中国家(landlocked developing countries)、地理不利国家(geographically disadvantaged states)、小岛屿发展中国家(small island developing states)、非洲沿海国家(coastal African states)和中等收入发展中国家(developing middle-income countries)的利益和需要。

为全人类利益而利用 ABNJ 海洋遗传资源,需要设置公正合理的惠益分享制度。此外,保障开发利用者的权益也应是 ABNJ 海洋遗传资源惠益分享制度的考虑重点。公正地说,对于 ABNJ 海洋遗传资源的开发和科学研究,拥有尖端技术和雄厚资力的发达国家发挥了主要作用。ABNJ 海洋遗传资源的经济收益多来自后续的科研产品,但是科研过程费时耗财,还不一定能保证预期收益,[1]并且在 ABNJ,由于不存在来源国与利用国,ABNJ 海洋遗传资源的获取与惠益分享之间并非等价交换,而是在矫正因技术和资金不对称而引发的利益失衡。进行惠益分享制度设计时,要认识到该制度的宗旨在于利益的普惠而非利益的交换,并需要通过激励手段,促进 ABNJ 海洋遗传资源开发利用活动的良性循环。

(三)专为和平目的而利用

《“BBNJ 国际协定”草案修改稿》第 9 条第 5 款规定,所有缔约国应专为和平的目的而利用 ABNJ 海洋遗传资源。不和平地利用 ABNJ 海洋遗传资源,在一定程度上意味着非为全人类利益而利用。

贯彻海洋善治的责任制要素,为确保开发利用 ABNJ 海洋遗传资源时能尊重并适当顾及《海洋法公约》所载的其他国家的权益,《“BBNJ 国际协定”

〔1〕 See Anja Morris, *Marine Genetic Resources in Areas beyond National Jurisdiction: How should the Exploitation of the Resources be Regulated?*, 22 New Zealand Journal of Environmental Law 57 (2018).

草案修改稿》第57条还规定缔约国善意履行依据"BBNJ 国际协定"所承担的义务，并以不构成权利滥用的方式行使"BBNJ 国际协定"所承认的权利。该规定有利于促成各国专为和平目的利用 ABNJ 海洋遗传资源。

（四）长期养护和可持续利用

ABNJ 海洋遗传资源法律制度旨在促进该新型海洋资源的长期养护和可持续利用，以保障后代人的利用权利，实现代际公平。[1] ABNJ 海洋遗传资源为一种全球公域内的资源，具有域外性，基于海洋善治的责任制要素，需要为各缔约国设置养护和可持续利用的合作义务。另外，基于预防原则和生态系统方法，划区管理工具包括海洋保护区等措施以及环境影响评估，作为"BBNJ 国际协定"的另外两个核心议题，也是保障后代人利用的权利、实现 ABNJ 海洋遗传资源长期养护和可持续利用的制度工具。

第四节　本章小结

目前，"BBNJ 国际协定"的谈判工作已进入政府间会议尾声阶段，作为目前谈判工作的争论焦点，合理界定 ABNJ 海洋遗传资源的法律地位是确保"BBNJ 国际协定"良法属性、实现海洋善治的先决条件，有其必要性：ABNJ 海洋遗传资源的法律地位是"BBNJ 国际协定"的制度内核，决定着 ABNJ 海洋新秩序的形成，也是分配"海洋法剩余权利"价值取向在 ABNJ 的反映。鉴于 ABNJ 海洋遗传资源的整体性和国际造法的可行性，应赋予 ABNJ 海洋遗传资源统一的法律地位。关于如何界定 ABNJ 海洋遗传资源的法律地位，目前国际社会存在四种立场：发达国家所持的公海自由原则立场，在《海洋法公约》中找不到制度依据；南非等一些国家"分而治之"的立场，因 ABNJ 海洋遗传资源的整体性和国际造法的可行性而面临质疑；以欧盟为代表的其他国家和国际组织"回避分歧"的立场，也因回避国际造法前提而不具合理性；通过

[1] See Waseem Ahmad Qureshi, *Protecting the Common Heritage of Mankind beyond National Jurisdiction*, 36 Arizona Journal of International and Comparative Law 79 (2019).

梳理人类共同继承财产原则纳入国际海洋法的历史、归纳其在国际海洋法视域下的法律内涵，以海洋善治理念为论证基础，以法解释学和法律关系理论为分析工具，结合国际社会应对全球性海洋问题的经验以及 ABNJ 海洋遗传资源的自身特征，本书支持发展中国家的人类共同继承财产原则的立场。

基于人类共同继承财产原则的立场，本书认为在“BBNJ 国际协定”中应如下界定 ABNJ 海洋遗传资源的法律地位：首先，主体要素方面要融入海洋善治的一致性要素，在体制安排模式方面，选择缔约国会议模式，并根据情况设立科学和技术机构、秘书处以及信息交换机制，以期推动整合性全球海洋治理。同时，界定 ABNJ 海洋遗传资源的活动主体范围，明晰其与上述国际管理机构的关系。其次，客体要素方面要契合 ABNJ 海洋遗传资源的法定性特点，基于海洋善治的法治要素，合理界定其时间范围、地域范围和实质范围。最后，内容要素方面要根据人类共同继承财产原则的国际法内涵，基于海洋善治的法治、透明化、责任制、公平与兼容并蓄、一致性等要素，明确 ABNJ 海洋遗传资源开发利用过程中各主体的权利、义务，规定不得主张主权或主权权利，应为全人类利益利用、专为和平目的利用以及养护和可持续利用 ABNJ 海洋遗传资源。

第三章

国家管辖范围以外区域海洋遗传资源获取制度

ABNJ 海洋遗传资源获取与惠益分享制度是一项待构建的国际海洋法律制度,具有整体性。作为理论上的解构手段,在注重关联性和一致性的基础上,本书拟依次研究 ABNJ 海洋遗传资源获取制度与惠益分享制度。本章以海洋善治理念为论证基础,以人类共同继承财产原则为制度内核,研究"BBNJ 国际协定"中的 ABNJ 海洋遗传资源获取制度设置问题。

作为论证前提,首先要界定 ABNJ 海洋遗传资源"获取"(access)的定义。《生物多样性公约》、《波恩准则》以及《名古屋议定书》均未对遗传资源"获取"给出定义。《"BBNJ 国际协定"草案修改稿》第 1 条第 1 款以方括号条款的形式对"获取"作出了定义,指收集海洋遗传资源,包括原地、异地以及通过电脑模拟的方式获取 ABNJ 海洋遗传资源。[1]

一项法律制度包含程序规则和实体规则,ABNJ 海洋遗传资源获取制度还关涉相关知识的法律保护和知识产权制衡。本章将从以下三个方面研究 ABNJ 海洋遗传资源获取制度:其一,分析 ABNJ 海洋遗传资源获取规制模式(regulation modalities),解决获取程序上的准入问题;其二,分析 ABNJ 海洋遗传资源获取条款和条件(terms and conditions),解决获取实体规则的确定问题;其三,分析 ABNJ 海洋遗传资源获取制度构建过程中相关知识的法律保护和知识产权制衡,解决公平与效率的平衡以及发达国家与发展中国家利益的协调问题。

---

〔1〕 本书的论述基于该理解进行。

第一节　国家管辖范围以外区域海洋遗传资源获取规制模式

应否以及如何设置ABNJ海洋遗传资源获取规制模式，在“BBNJ国际协定”谈判中存在较大争议。各国代表团基于本国利益诉求，有自由获取、事先通知以及许可证制度三种立场。[1] 本节主要研究并试图解决以下问题：其一，要不要确立ABNJ海洋遗传资源获取规制模式，即是采取自由获取还是规制模式？其二，若采取规制模式，应选取何种规制模式？现有遗传资源规制模式有何借鉴？其三，选择何种制度适用原则以及确立何种制度宗旨、目标？要不要区分获取类型进行规制？如何设置具体程序规定？

一、确立国家管辖范围以外区域海洋遗传资源获取规制模式的必要性

ABNJ海洋遗传资源属于全球公域的一种资源，其承载着全人类共同利益，蕴含着代内公平和代际公平的国际法义务。本书第二章亦已分析，ABNJ海洋遗传资源具有“人类共同继承财产”的法律属性，有进行他律性管理的必要。鉴于此，须摒弃现有国际实践中的自由获取模式，对ABNJ海洋遗传资源的获取行为进行规制，确保国际社会的开发机会均等；合理分配“海洋法剩余权利”，保障公正公平的惠益分享，实现代内公平；促进ABNJ海洋遗传资源的长期养护和可持续利用，维护后代人的利用权利，实现代际公平。

（一）保障开发机会均等

ABNJ海洋遗传资源作为一种新型海洋资源被开发利用，需要以先进的科技水平和雄厚的资金条件为支撑。目前，仅有部分发达国家有条件进行

---

〔1〕 See *Summary of the Third Session of the Intergovernmental Conference* (*IGC*) *on the Conservation and Sustainable Use of Marine Biodiversity of Areas beyond National Jurisdiction*: 19–30 *August* 2019, Earth Negotiations Bulletin Vol. 25 No. 218 (2 September 2019), http://enb.iisd.org/download/pdf/enb25218e.pdf, p. 7.

ABNJ 海洋遗传资源的开发利用活动,[1] 他们以公海自由原则为"依据",主张"自由获取""先到先得"。该国际实践带来的最大现实问题是,至少在一段时期内,只有发达国家才能开发利用这种资源。同时,他们将知识产权作为制度工具,排他性地固化既得利益,这实际上剥夺了广大发展中国家的开发机会。

海洋善治理念、人类共同继承财产原则的国际法内涵都包含对"全人类共同利益"的关切。以人类共同继承财产原则为制度内核、融入海洋善治理念的 ABNJ 海洋遗传资源获取制度,亦应强调对"全人类共同利益"的维护。采取自由获取模式会导致发达国家独占开发机会和独享利益,[2] 与上述理念相悖。故应摒弃自由获取模式,对 ABNJ 海洋遗传资源获取进行规制。虽然短时期内,发展中国家仍不具备开发利用条件,但站在维护全人类共同利益的立场,对 ABNJ 海洋遗传资源获取进行规制,可以保障其今后的开发机会,亦能顾及后代人的开发机会。

同时,也要注意到 ABNJ 海洋遗传资源的非一次用尽、可复制等自身特点,其不像矿物资源那样存在过度开发的问题,对于获取的规制要求不那么严格,并且适度宽松获取的初始分配代价可以通过合理设置惠益分享制度来弥补。故应与时俱进地修正和发展人类共同继承财产原则的法律内涵,采取相对宽松的获取规制模式,将制度构建的重点放到惠益分享制度上来。

(二)促进公正公平的惠益分享

ABNJ 海洋遗传资源获取与惠益分享制度是一个整体,但各有相对独立的制度设计空间。确立合理的获取规制模式是实现公正公平惠益分享的前提。若基于公海自由原则的立场,采取自由获取模式,将无法掌握哪些惠益

---

〔1〕 See Arianna Broggiato, *Marine Genetic Resources beyond National Jurisdiction—Coordination and Harmonisation of Governance Regimes*, 41 Environmental Policy and Law 5 (2011).

〔2〕 See Rachel Tiller, Elizabeth De Santo, Elizabeth Mendenhall & Elizabeth Nyman, *The Once and Future Treaty: Towards a New Regime for Biodiversity in Areas beyond National Jurisdiction*, 99 Marine Policy 239 (2019).

是来自 ABNJ 海洋遗传资源,使惠益分享制度难以落实。[1] 为此,应将人类共同继承财产原则作为“BBNJ 国际协定”的一般原则,并以此确立 ABNJ 海洋遗传资源获取规制模式。

目前,由于缺乏具体的国际海洋法律制度,国际社会对于 ABNJ 海洋遗传资源所享有的权利属于一种“海洋法剩余权利”。国际法如何规制该资源的获取,属于“海洋法剩余权利”的初始分配问题,而如何分享因利用该资源所产生的惠益,则是再分配的问题。以海洋善治理念为理论基础,基于促进有关 ABNJ 海洋遗传资源知识的生成、技术创新和增进人类共同福祉的制度考量,须采取相对宽松的获取规制模式。同时,摒弃自由获取的模式,将海洋善治的法治、透明化等要素融入该项“海洋法剩余权利”的初始分配之中,以保障权利、义务和责任的明确性、获取信息的透明化以及实现全过程的监测,避免开发者独享利益,为“海洋法剩余权利”的合理再分配奠定基础,以实现公正公平的惠益分享。

(三)实现长期养护和可持续利用

以“公地的悲剧”理论为鉴,在开发 ABNJ 海洋遗传资源这种全球公域内的资源时,受利益的驱动,开发者一般很少顾及该资源的养护和可持续利用。由于 ABNJ 生态环境相对封闭,其生态系统较为脆弱和敏感。目前,发达国家以公海自由原则为主张,进行 ABNJ 海洋遗传资源的开发利用活动。若不加以规制,任其自由获取,有可能会对 ABNJ 海洋生物多样性造成不可逆的影响,而一种消失的物种可能永远带走了今天还不为人知却对生态平衡非常重要的遗传品质。[2]

为防止“公地的悲剧”再次发生,维护全人类共同利益,需要国际法对 ABNJ 海洋遗传资源的获取进行适当限制,采取获取规制模式,而非公海自由原则下的自由获取模式,这也是海洋善治理念的可持续利用海洋及其资源、

---

〔1〕 See Dire Tladi, *An Institutional Framework for Addressing Marine Genetic Resources under the Proposed Treaty for Marine Biodiversity in Areas beyond National Jurisdiction*, 19 International Environmental Agreements: Politics, Law and Economics 485 (2019).

〔2〕 参见林灿铃、吴汶燕主编:《国际环境法》,科学出版社 2018 年版,第 209 页。

保障全人类共同利益的内涵要求。通过确立 ABNJ 海洋遗传资源获取规制模式，设置合理的获取条款和条件，利用环境影响评估以及区划管理工具等制度工具，对利用行为进行持续监测，促进 ABNJ 海洋遗传资源的长期养护和可持续利用。此外，养护和可持续利用目标的实现，需要国际社会的共同努力，而采取 ABNJ 海洋遗传资源获取规制模式，可使这种国际合作义务更加有章可循。

二、相关国际法律制度的经验借鉴

确立 ABNJ 海洋遗传资源获取规制模式，须在现有国际造法经验的基础之上进行。梳理相关国际法律文件，海洋自然资源获取规制模式大致有三种：其一，基于通知的模式；其二，基于许可证或执照的模式；其三，便利获取模式。[1]

（一）基于通知的模式

在现有获取规制模式中，“基于通知的模式”的制度体现为《生物多样性公约》体系所确立的“事前知情同意”以及南极条约体系下的“事先通知”。此外，“区域”制度中的“事先通知备案”，虽然是针对“区域”矿物资源所设，但是 ABNJ 海洋遗传资源与“区域”矿物资源均处于 ABNJ，加之“区域”制度亦以人类共同继承财产原则为基础，对于 ABNJ 海洋遗传资源获取制度的构建具有重要借鉴意义，本部分也予以分析。

1.《生物多样性公约》体系下的“事前知情同意”

关于遗传资源的获取规制模式，《生物多样性公约》创立了“事前知情同意”(prior informed consent)程序：第 15 条第 1 款确认各国享有对其国家管辖范围内遗传资源获取的准许权，并指出这种权利源自各国对其自然资源所拥有的主权；第 15 条第 5 款规定遗传资源获取的事先知情同意程序。[2] 上述规定虽较为原则且抽象，但公约首次创立事前知情同意程序，为《波恩准则》

---

〔1〕 需要注意的是，这三种模式并不是非此即彼，存在联合适用的情形。

〔2〕 依据《生物多样性公约》第 15 条第 3 款的规定，提供遗传资源的缔约国，既包括遗传资源的原产国，也包括提供按照公约取得的遗传资源的缔约国。

《名古屋议定书》细化事前知情同意制度奠定了基础。

《波恩准则》第 26 条确立了事前知情同意制度的基本原则，第 27～40 条规定了事前知情同意制度的基本组成部分。作为自愿性准则，《波恩准则》虽然不具有法律约束力，但经 180 多个国家一致性通过，其所确立的事先知情同意制度具有权威指导意义。[1]

作为实施《生物多样性公约》关于遗传资源获取与惠益分享制度的国际法律文书，《名古屋议定书》对该制度进行了细化。《名古屋议定书》第 6 条是关于遗传资源获取的规定：其一，第 6 条第 1 款延续了《生物多样性公约》第 15 条第 1 款的规定，并将国家立法或制定监管要求作为提供国事先知情同意的前提；其二，第 6 条第 3 款对缔约方国内立法和监管要求中的获取规则进行了规定。

归纳起来，《生物多样性公约》体系下的“事先知情同意”，是指在获取遗传资源之前，获取方应按照提供国确立的法定程序，提供获取方以及拟获取遗传资源的相关信息和惠益分享安排，提供国据此决定是否准许的程序。此外，《生物多样性公约》第 15 条第 5 款、《名古屋议定书》第 6 条第 1 款都用了一个但书：“除非该缔约国另有决定”，这说明“事先知情同意”并非强制性规定，这亦是国家主权原则的体现。另外，《名古屋议定书》第 10 条还提出了在跨境的情况下或无法准予或获得事先知情同意的情况下，设置多边惠益分享机制，这属于事前知情同意制度的适用例外。

《生物多样性公约》体系将“事前知情同意”确定为规制国家管辖范围以内区域遗传资源获取的基本原则与核心程序，以提供国对遗传资源享有主权为基础，且限于双边范畴，这是与 ABNJ 海洋遗传资源获取制度最为明显的区别。并且，该制度的落实主要依赖于缔约国的国内立法和制定规范性要求。[2] 但是，该制度能为 ABNJ 海洋遗传资源获取规制模式提供以下借鉴：其一，事前知情同意制度的宗旨在于平衡发展中国家与发达国家在信息获取

---

[1] 参见张小勇：《遗传资源国际法问题研究》，知识产权出版社 2017 年版，第 62-63 页。

[2] 参见纪晓昕：《国家管辖范围外深海底生物多样性法律规制研究——以人类共同遗产属性为基础》，中国海洋大学 2011 年博士学位论文，第 59 页。

和谈判协商过程中的实力悬殊,是为处于劣势地位的一方提供的一种程序性保障。[1] 该制度宗旨应为ABNJ海洋遗传资源获取制度所借鉴,确保ABNJ海洋遗传资源开发过程中的机会均等,契合海洋善治的法治要素、公平与兼容并蓄要素。其二,《生物多样性公约》体系确立了相对完备的事前知情同意制度,并具备丰富的国际法律实践,可为ABNJ海洋遗传资源获取规制的具体规则设置提供制度模型。

2. 南极条约体系下的“事先通知”

南极条约体系确立了事先通知(prior notification)制度。依据《南极条约》第7条第5款的规定,各缔约国需将其拟在《南极条约》所规范区域内获取资源的活动通知其他缔约国。2005年,南极条约协商会议第10号决议进一步明确,从《南极条约》规制区域收集生物样本用作生物勘探的,需要通过电子信息交换系统(electronic information exchange system)进行事先通知。[2]

作为一个区域性国际法律文件,南极条约体系下的事先通知制度并不适用于所有ABNJ海域,且不具备直接规制海洋遗传资源获取的明确性规定。但是,该制度可为ABNJ海洋遗传资源获取制度提供以下借鉴:其一,事先通知制度为信息和资源的共享奠定了基础,通过电子信息交换系统进行事先通知的形式,为落实海洋善治的透明化和公众参与要素提供制度参考;其二,贯彻预防原则,对于可能影响和破坏海洋环境及其依附的生态系统的行为,通过事先通知制度可以及时予以修改、中止或取消。[3]

3. “区域”制度中的“事先通知备案”

“区域”制度就“区域”内探矿确立了事先通知备案程序。作为“区域”矿物资源勘探和开发的准备活动,探矿并非自由进行。为此,《海洋法公约》附

[1] 参见秦天宝:《遗传资源获取与惠益分享的法律问题研究》,武汉大学出版社2006年版,第368-369页。

[2] See Petra Drankier, Alex G. Oude Elferink, Bert Visser & Tamara Takacs, *Marine Genetic Resources in Areas beyond National Jurisdiction: Access and Benefit-sharing*, 27 International Journal of Marine and Coastal Law 375 (2012).

[3] 参见刘秀:《南极生物遗传资源利用与保护的法律规制研究》,中国海洋大学2013年法学博士学位论文,第337页。

件三第2条第1款第b项规定："探矿只有在管理局收到一项令人满意的书面承诺以后才可进行。"国际海底管理局三个勘探规章的第2条第1款、第3条第1款、第4条第2款，就"区域"内探矿设置了具体的事先通知备案程序。[1]

事先通知备案程序关于"区域"内探矿的事先通知备案程序，属于较为宽松的资源获取模式，并不含有国际海底管理局"同意"或"许可"因素，事先通知备案仅作为"区域"探矿的前置性程序。该模式既体现了海洋善治的透明化要素，便于与惠益分享制度衔接并可以保障监测机制效用的有效发挥，同时又能提高资源获取的效率，对于确立ABNJ海洋遗传资源获取规制模式具有很好的借鉴意义。

（二）基于许可证或执照模式

关于"基于许可证或执照模式"，南极条约体系下的许可证制度比较完备。1964年《保护南极动植物议定措施》(Agreed Measures for the Conservation of Antarctic Fauna and Flora)第6条确立了许可证制度，在南极进行生物勘探时，如果收集的生物及其遗传资源是源于第6条第1款和第8条第2款中规定的南极动植物时，需要取得许可证；第8条第3、4款规定根据第6条发放的许可证在特别保护区内无效；第6条第4款进一步作出限制，为保障南极生物多样性和生态平衡，需要限制发放许可证的数量。

1991年《关于环境保护的南极条约议定书》附件二第3条就本地动植物的保护设置了许可证制度。第3条第1款规定："除非依照许可证的规定，应禁止获取或有害的干扰。"第2款规定许可证应指明已获准的活动，并且对发放条件进行了限制。第5款规定不应对附件二中附录A所列举的"特别保护物种"发放许可证，除非该种获得："(a)是为了紧急的科学目的；(b)不会危害物种或本地种群的生存或恢复；(c)适当时使用非致死性技术"。

南极条约体系下的许可证制度，并不涵盖所有生物资源，即便是对生物

[1] 国际海底管理局所先后制定的三个勘探规章，其各自的第2条第1款、第3条第1款、第4条第2款，规定内容大体相同。

勘探有重大意义的生物资源。[1] 例如,依据《关于环境保护的南极条约议定书》附件二的规定,获取微生物和海洋生物资源不需要许可证。但在规制ABNJ海洋遗传资源获取具体制度设计方面,南极条约体系下的许可证制度存在借鉴之处,比如在具有重要生态和生物意义区域内获取海洋遗传资源时,基于维系生态系统平衡和养护生物多样性的考量,有必要引入许可证制度来适当限制获取。

(三)便利获取模式

鉴于《生物多样性公约》体系下的遗传资源获取与惠益分享制度基本排除了粮食和农业植物遗传资源(以下简称粮农植物遗传资源)的适用,[2]《粮农条约》建立了粮农植物遗传资源获取和惠益分享的多边系统(multilateral system)。[3] 本部分仅分析多边系统中的便利获取规则。

便利获取不等同于自由获取,而是基于粮农植物遗传资源的特殊地位,[4]放宽对获取活动的限制。为促进粮农植物遗传资源的便利获取,《粮农条约》第10条在确认各国对本国粮农植物遗传资源的主权基础之上,提出建立一个高效、透明的多边系统。但多边系统中便利获取规则并非适用于所有的粮农植物遗传资源,《粮农条约》第11条规定了"多边系统的范围",并在附件一中按粮食安全和相互依存两个标准列出多边系统所涵盖的粮农植物遗传资源清单。

《粮农条约》第12条是关于多边系统中便利获取规则的具体规定:其一,指出多边系统中的便利获取以缔约方采取必要的法律措施或其他适当措施为前提;其二,在提供便利获取的目的、时间和费用、例外情况,提供的内容,获取与知识产权保护的关系等方面,规定提供粮农植物遗传资源的缔约

[1] See Petra Drankier, Alex G. Oude Elferink, Bert Visser & Tamara Takacs, *Marine Genetic Resources in Areas beyond National Jurisdiction: Access and Benefit-sharing*, 27 International Journal of Marine and Coastal Law 375 (2012).

[2] 参见张小勇:《遗传资源国际法问题研究》,知识产权出版社2017年版,第213页。

[3] See International Treaty on Plant Genetic Resources for Food and Agriculture, Articles 10-13.

[4] 目前,几乎没有国家在主要粮食作物的遗传资源上是完全自给自足的,国家对于粮农植物遗传资源的获取具有相互依赖性。

方提供便利获取的条件；其三，规定多边系统中便利获取的途径和方式，即依据由《粮农条约》管理机构通过的一份标准化“材料转让协定”（material transter agreement）予以提供；其四，规定在材料转让协定出现纠纷的情况下，各缔约方应确保在其法律体系内按照适用的司法要求有寻求追索权的机会；其五，规定在紧急灾害情况下，旨在帮助重建农业系统的便利获取规则。

《粮农条约》多边系统内的便利获取规则，亦以承认国家主权为基础，[1]且仅适用于附件一所列出的64种粮农植物遗传资源。但是，对ABNJ海洋遗传资源获取制度的构建存在以下借鉴意义：其一，ABNJ海洋遗传资源获取制度属于多边机制，《粮农条约》所确立的多边系统框架和程序，可为同属多边机制的ABNJ海洋遗传资源获取制度提供经验借鉴。其二，便利获取规则的制度目的是维护公共利益，无须经过事先知情同意程序。[2] ABNJ海洋遗传资源的开发和利用，虽是基于商业目的，但该活动同时能增进全人类共同福祉，尤其是在具备公正合理的惠益分享制度前提下，能够保障全人类共同利益的实现。因此，可借鉴便利获取规则，设定相对宽松的获取制度，适当给开发者松绑。其三，在关涉公共利益以及紧急灾害的情况下，需要考虑设置符合国际社会共同利益的获取规则。

三、国家管辖范围以外区域海洋遗传资源获取规制模式的确立

“BBNJ国际协定”第一届政府间会议期间，部分与会者主张对ABNJ海洋遗传资源的获取加以规制，并提出“基于执照或许可证的模式”（licensing or permit-based model）与“基于通知的模式”（notification-based model）两种获取规制模式。[3] 第二届政府间会议期间，与会者主张区分获取类型，对原地获取提出“基于通知的模式”与“基于执照或许可证的模式”的建议；认为异地获取应当是自由、开放的；主张为由电脑模拟获取提供便利。[4]《“BBNJ国际

〔1〕 See International Treaty on Plant Genetic Resources for Food and Agriculture, Article 10. 1.

〔2〕 参见赵富伟、蔡蕾、臧春鑫：《遗传资源获取与惠益分享相关国际制度新进展》，载《生物多样性》2017年第11期。

〔3〕 See UN, A/CONF. 232/2018/7.

〔4〕 See UN, A/CONF. 232/2019/1, Part two, Ⅲ. 3. 2. 1 (5) (a), (6), (7).

协定"草案修改稿》吸收上述谈判成果，于第 10 条第 1 款以方括号条款的形式对原地获取 ABNJ 海洋遗传资源确立了"基于通知的模式"和"基于许可证或执照的模式"两种备选规制模式；第 10 条第 3 款规定异地获取 ABNJ 海洋遗传资源是自由、开放的；第 10 条第 4 款规定为获取由电脑模拟的信息和数据以及数字遗传序列数据和信息提供便利。从目前"BBNJ 国际协定"谈判进程来看，国际社会对于是否规制 ABNJ 海洋遗传资源获取还存有争论，但普遍认同的是，若对 ABNJ 海洋遗传资源获取进行规制，则该规制模式不能阻碍海洋科学研究。

（一）国家管辖范围以外区域海洋遗传资源获取规制模式的理论思考

基于前文分析，确立 ABNJ 海洋遗传资源获取规制模式有其必要性。作为具体制度的构建基础和国际造法方向，该部分分析确立 ABNJ 海洋遗传资源获取规制模式的制度适用原则以及宗旨、目标；同时，分析是否应区分 ABNJ 海洋遗传资源的获取类型来设置不同的规制模式。

1. 选择何种制度适用原则

作为制度构建基础，要明确 ABNJ 海洋遗传资源获取制度适用何种原则。本书第二章已就 ABNJ 海洋遗传资源具有"人类共同继承财产"法律属性进行了论证，故 ABNJ 海洋遗传资源获取与惠益分享制度应以人类共同继承财产原则为适用原则。这意味着要对 ABNJ 海洋遗传资源获取进行规制，以保障各国开发机会均等，促进公正公平地分享因利用 ABNJ 海洋遗传资源所产生的惠益，最终实现 ABNJ 海洋遗传资源的养护和可持续利用。〔1〕目前，发达国家与发展中国家对于 ABNJ 海洋遗传资源获取制度的构建仍然存有较大的分歧，在"需不需要规制"、"选择何种规制模式"以及"是否仅规制原地获取"等问题上还未形成共识。为避免"BBNJ 国际协定"的难产，甚至成为国际社会妥协下的畸形产物，〔2〕要及时总结全球海洋治理经验，在国际海洋法领

〔1〕参见杨泽伟、刘丹、王冠雄、张磊：《〈联合国海洋法公约〉与中国（圆桌会议）》，载《中国海洋大学学报（社会科学版）》2019 年第 5 期。

〔2〕参见袁雪、廖宇程：《国家管辖范围外区域海洋遗传资源的获取和惠益分享：机制选择与中国方案》，载《中国海洋大学学报（社会科学版）》2019 年第 5 期。

域赋予人类共同继承财产原则新的法律内涵，并体现在国际海洋法造法进程之中。

确立ABNJ海洋遗传资源获取规制模式，要明确规制获取仅为手段而非目的。为此，结合前文对人类共同继承财产原则的内涵梳理，应当构建相对宽松的ABNJ海洋遗传资源获取制度；同时要重视海洋善治的透明化和公平与兼容并蓄等要素，将制度构建重心放在公正合理的惠益分享制度上来，并通过惠益分享制度来促进ABNJ海洋遗传资源的养护和可持续利用。

2. 确立何种制度宗旨、目标

作为该项国际海洋法造法方向，须明晰ABNJ海洋遗传资源获取律制度的宗旨和目标：

第一，《“BBNJ国际协定”草案修改稿》第2条规定了协定的宗旨：“通过有效执行《海洋法公约》的相关条款以及进一步的国际合作和协调，确保国家管辖范围以外区域海洋生物多样性的长期养护和可持续利用。”一般认为，生物多样性包括物种多样性、遗传资源多样性以及生态系统多样性三个层次，[1]作为“BBNJ国际协定”核心议题之一，确定ABNJ海洋遗传资源的获取规制模式，亦应以促进ABNJ海洋遗传资源的长期养护和可持续利用为宗旨。

第二，《“BBNJ国际协定”草案修改稿》第7条以方括号条款的形式规定了ABNJ海洋遗传资源获取与惠益分享制度的目标：“(a)促进公正和公平分享利用国家管辖范围以外区域海洋遗传资源所产生的惠益；(b)培养发展中缔约国，特别是最不发达国家、内陆发展中国家、地理不利国家、小岛屿发展中国家、非洲沿海国家和中等收入发展中国家获取和利用国家管辖范围以外区域海洋遗传资源的能力；(c)促进知识生成和技术创新，包括根据《公约》促进和便利在国家管辖范围以外区域开展和进行海洋科学研究；(d)促进海洋技术的开发和转让，前提是保障一切合法利益，除其他外包括海洋技术拥有者、供应者和接受者的权利和义务。”“BBNJ国际协定”第三届政府间会议期

---

[1] 参见史学瀛：《生物多样性法律问题研究》，人民出版社2007年版，第3页。

间,上述大部分目标已趋于一致。[1] 因此,确定 ABNJ 海洋遗传资源获取规制模式,要在保障获取机会均等和促进开发效率、促进公正公平的惠益分享和关注发展中国家的利益间寻求平衡。

3. 是否区分获取类型

依据获取来源,ABNJ 海洋遗传资源存在三种获取类型:其一,原地获取,亦称原生境获取,指在 ABNJ 海洋环境中通过采集海洋生物样品来获取海洋遗传资源;[2]其二,异地获取,亦称非原生境获取,是指在海洋生物自然栖息地以外获取海洋遗传资源,包括在 ABNJ 采集并储存在各国海洋遗传资源保存中心的海洋生物样品;[3]其三,由电脑模拟获取,是指对在 ABNJ 采集的海洋生物样品进行选择、培育和电脑模拟分析,从中获取有用的数据、信息。[4] 关于 ABNJ 海洋遗传资源获取规制模式,是仅适用于原地获取,还是也包括异地获取、由电脑模拟获取,国际社会对此存在不同认识。发展中国家基于惠益分享的利益诉求,主张 ABNJ 海洋遗传资源获取的规制模式亦适用于异地获取和由电脑模拟获取;而发达国家反对将获取规制扩展到原地获取以外。[5]

从"BBNJ 国际协定"的谈判过程中观察,区分 ABNJ 海洋遗传资源获取

---

[1] See Statement by the President of the Conference at the Closing of the Third Session (A/CONF. 232/2019/10), UN (13 September 2019), https://undocs. org/en/a/conf. 232/2019/10.

[2] 参见郑苗壮、裘婉飞:《国家管辖范围以外区域海洋遗传资源获取与惠益分享制度研究》,载胡学东、郑苗壮编著:《国家管辖范围以外区域海洋生物多样性问题研究》,中国书籍出版社 2019 年版,第 87 页。

[3] See Rachel Tiller, Elizabeth De Santo, Elizabeth Mendenhall & Elizabeth Nyman, *The Once and Future Treaty: Towards a New Regime for Biodiversity in Areas beyond National Jurisdiction*, 99 Marine Policy 239 (2019).

[4] See David Leary, *Agreeing to Disagree on What We have or have not Agreed on: The Current State of Play of the BBNJ Negotiations on the Status of Marine Genetic Resources in Areas beyond National Jurisdiction*, 99 Marine Policy 21 (2019).

[5] See Fran Humphries, Hiroko Muraki Gottlieb, Sarah Laird, Rachel Wynberg, Charles Lawson, Michelle Rourke, Morten Walløe Tvedt, Maria Julia Oliva & Marcel Jaspars, *A Tiered Approach to the Marine Genetic Resource Governance Framework under the Proposed UNCLOS Agreement for Biodiversity beyond National Jurisdiction (BBNJ)*, 122 Marine Policy 1 (2020).

类型确定不同规制模式自第一届政府间会议起就已体现在谈判文本中。〔1〕《“BBNJ 国际协定”草案修改稿》区分“原地获取”“异地获取”“由电脑模拟获取”三种不同获取类型，以方括号条款的形式进行了不同规定：其一，对于原地获取，《“BBNJ 国际协定”草案修改稿》第 10 条第 1 款提出了“事先通知模式”和“许可证或执照模式”两种备选规制模式；其二，对于异地获取，《“BBNJ 国际协定”草案修改稿》第 10 条第 3 款规定应确保异地获取 ABNJ 海洋遗传资源是自由、开放的，同时强调遵循该协定的其他规定；其三，对于由电脑模拟获取，《“BBNJ 国际协定”草案修改稿》第 10 条第 4 款规定应确保为由电脑模拟获取的 ABNJ 海洋遗传资源提供便利，亦同时强调遵循该协定的其他规定。

（二）国家管辖范围以外区域海洋遗传资源获取规制模式的具体设置

本部分结合 ABNJ 海洋遗传资源获取制度宗旨、目标以及不同获取类型的各自特点，基于海洋善治理念的视角，融入海洋善治的法治、透明化等要素，来论述 ABNJ 海洋遗传资源获取规制模式的具体设置。

1. 原地获取：以基于通知的模式为主，辅之以许可证制度

基于海洋善治理念的视角，对于原地获取 ABNJ 海洋遗传资源的规制，重点在于保障当代人之间、当代人与后代人之间的开发机会均等，同时考虑到增进人类共同福祉。对此，《“BBNJ 国际协定”草案修改稿》第 10 条第 1 款以方括号条款的形式提出了两种备选规制模式：

第一，基于通知的模式。如前文梳理，该模式现有制度实践有《生物多样性公约》体系下的“事先知情同意”、南极条约体系下的“事先通知”以及“区域”制度中的“事先通知备案”。由于各国对 ABNJ 海洋遗传资源均不享有任何主权和主权权利，故无法适用建基于主权承认基础之上的“事先知情同意”制度；“BBNJ 国际协定”所确立的 ABNJ 海洋遗传资源获取与惠益分享制度，是一项全球性海洋法新规则，该特点决定了区域性的南极条约体系“事先

〔1〕 See President's Aid to Discussions（A/CONF. 232/2018/3）, UN（25 June 2018）, http://undocs.org/en/A/CONF. 232/2018/3.

通知”的不兼容性;“区域”制度中的“事先通知备案”虽是针对矿物资源而设,但基于人类共同继承财产原则的立场,其与 ABNJ 海洋遗传资源法律制度有着共同的制度内核。“事先通知备案”作为一种宽松的获取规制模式,不含有国际海底管理局“同意”或“许可”的因素,[1]能够兼顾到海洋善治透明化要素和资源开发的效率性。在国际造法层面借鉴该模式,有利于促进国际社会达成共识,从而尽快确立 ABNJ 海洋新秩序,保障 ABNJ 海洋遗传资源的长期养护和可持续利用。在法律价值层面,能够协调资源开发利用的公平与效率、平衡发达国家与发展中国家的利益诉求,有助于全人类共同利益的实现。

第二,基于许可证或执照的模式。如前文梳理,该模式的现有制度实践主要体现为南极条约体系下的许可证制度。除了区域性海洋法律制度在全球性海洋法新制度构建中的不兼容性因素外,该获取模式较为严格,若对于原地获取 ABNJ 海洋遗传资源一律实行许可证制度,将会增加国际管理机构的运行成本,甚至其可操作性在实践中存疑,可能会阻碍 ABNJ 海洋遗传资源的开发利用,继而影响相关新知识的生成、技术的创新和全人类的共同福祉。但是,考虑到 ABNJ 划区管理工具这一制度工具,在特别保护区内获取 ABNJ 海洋遗传资源时,又有许可证制度的适用余地。

综上所述,对于原地获取 ABNJ 海洋遗传资源,本书主张原则上适用基于通知的模式;同时,结合划区管理工具,如获取具有重要生态和生物意义区域和其他特别保护区的海洋遗传资源时,辅之以许可证制度。

2. 异地获取和由电脑模拟获取:基于通知的模式

对于异地获取 ABNJ 海洋遗传资源,基于海洋善治理念维护全人类共同利益的内涵,自由、开放地获取储存在各国海洋遗传资源保存中心的海洋生物样品,可以减少重复采样的成本投入,避免无意义的重复劳动,又能为欠缺原地获取能力的广大发展中国家提供开发利用 ABNJ 海洋遗传资源的机会。为此,《“BBNJ 国际协定”草案修改稿》第 10 条第 3 款规定缔约国应酌情采取

[1] See Regulations on Prospecting and Exploration for Polymetallic Nodules in the Area, Aticles 2 (1), 3 (1), 4 (2); Regulations on Prospecting and Exploration for Polymetallic Sulfides in the Area, Aticles 2 (1), 3 (1), 4(2); Regulations on Prospecting and Exploration for Cobalt-rich Ferromanganese Crusts in the Area, Aticles 2 (1), 3 (1), 4(2).

必要的立法、行政或政策措施，以确保异地获取 ABNJ 海洋遗传资源是自由、开放的。

对于由电脑模拟获取 ABNJ 海洋遗传资源，基于促进与 ABNJ 海洋遗传资源有关的知识生成和技术创新、增进人类共同福祉的目的，应对该类型的获取提供便利。[1] 为此，《"BBNJ 国际协定"草案修改稿》第 10 条第 4 款规定缔约国应酌情采取必要的立法、行政或政策措施，为由电脑模拟获取 ABNJ 海洋遗传资源提供便利。

支持异地获取的自由、开放性和为由电脑模拟获取提供便利，并不意味着绝对地自由获取。异地获取和由电脑模拟获取，本质上属于分享因利用 ABNJ 海洋遗传资源所产生惠益的内容，[2]《"BBNJ 国际协定"草案修改稿》第 10 条第 3、4 款均强调异地获取和由电脑模拟获取要遵循"BBNJ 国际协定"关于 ABNJ 海洋遗传资源惠益分享制度和利用监测机制的规定。鉴于此，在 ABNJ 海洋遗传资源获取制度中落实海洋善治的法治、透明化要素，为异地获取和由电脑模拟获取确立基于通知的模式，可以有效解决上述制度的衔接问题。

（三）国家管辖范围以外区域海洋遗传资源获取的程序规则

ABNJ 海洋遗传资源获取的程序规则亦是该资源获取规制模式的制度内容，下文基于海洋善治理念的视角，结合现有规制海洋资源获取的相关国际造法经验，从主体界定、时间要求以及通知规则三方面进行探析。

1. 主体界定

检视"BBNJ 国际协定"谈判内容，ABNJ 海洋遗传资源获取的程序规则主要涉及以下三方主体：其一，国际管理机构，即向谁发出通知；其二，活动主体，即谁来获取、由谁发出通知；其三，ABNJ 海洋遗传资源开发利用过程中的

---

[1] See Rachel Tiller, Elizabeth De Santo, Elizabeth Mendenhall & Elizabeth Nyman, *The Once and Future Treaty: Towards a New Regime for Biodiversity in Areas beyond National Jurisdiction*, 99 Marine Policy 239 (2019).

[2] 参见郑苗壮、裘婉飞：《国家管辖范围以外区域海洋遗传资源获取与惠益分享制度研究》，载胡学东、郑苗壮编著：《国家管辖范围以外区域海洋生物多样性问题研究》，中国书籍出版社 2019 年版，第 88 页。

利益相关者。

(1)国际管理机构

ABNJ 海洋遗传资源为全球公域内的资源,依据《海洋法公约》第 89 条、第 137 条,各国均无权赋予他国以获取 ABNJ 海洋遗传资源的权利。[1] 基于人类共同继承财产原则的立场,并依据海洋善治的一致性要素,须构建统一的国际管理机构来管理 ABNJ 海洋遗传资源的开发利用活动。为此,《"BBNJ 国际协定"草案修改稿》在第六部分"体制安排"中设立缔约方会议、科学和技术机构、秘书处,并于第 10 条第 1 款规定原地获取 ABNJ 海洋遗传资源,须事先或出海考察后通知秘书处。基于海洋善治一致性的要素,异地获取、由电脑模拟获取,亦应通知秘书处。作为 ABNJ 国际管理机构,国际海底管理局的设立和运行机制在实践中已积累了丰富的经验,在 ABNJ 海洋遗传资源国际管理机构的设置问题上,前者的经验值得借鉴。

(2)活动主体

本书选择人类共同继承财产原则的立场,"区域"制度亦以该原则为制度基础,其关于矿物资源活动主体的规定值得借鉴。依据《海洋法公约》附件三第 3 条第 1 款规定,"区域"内的活动主体包括企业部、缔约国以及由缔约国或国营企业或在缔约国担保下的具有缔约国国籍或由这类国家或其国民有效控制的自然人或法人或法定条件的上述各方的任何组合。

《"BBNJ 国际协定"草案修改稿》就 ABNJ 海洋遗传资源的活动主体也进行了界定,第 9 条第 1 款规定,与 ABNJ 海洋遗传资源有关的活动可由所有缔约国家及其自然人或法人开展。相较之下,《"BBNJ 国际协定"草案修改稿》关于 ABNJ 海洋遗传资源活动主体的规定较为简单,但该规定基本上契合了人类共同继承财产原则的主体要素内涵;承认所有缔约国及其自然人和法人的活动主体资格,亦体现了海洋善治的公平与兼容并蓄要素。

---

[1] See Anja Morris, *Marine Genetic Resources in Areas beyond National Jurisdiction: How should the Exploitation of the Resources be Regulated?*, 22 New Zealand Journal of Environmental Law 57 (2018).

(3)利益相关者

ABNJ海洋遗传资源为全球公域内的资源,关涉全人类共同利益。作为海洋善治理念的实践路径,全球海洋治理要求多元化治理,除了国际管理机构和国家之外,ABNJ海洋遗传资源的长期养护和可持续利用也需要利益相关者的参与。[1] 虽然绝大多数民众无法直接参与该过程,但梳理目前影响ABNJ海洋遗传资源的长期养护和可持续利用的海洋活动,其主要包括渔业、"区域"矿物资源勘探开发以及海洋科学研究等活动。秉持海洋善治的公众参与要素,应赋予其中相关的非政府间组织、企业等相应的权利、义务。

2. 时间要求

在以往的遗传资源获取规制模式中,为制订"共同商定条件"或实现事先管控,基于通知模式的制度实践均强调活动主体的"事先"通知义务。与之不同的是,ABNJ海洋遗传资源具有域外性的特点,收集、获取难度较大,且商业化的不确定性更为明显,如果一律要求"事先"通知,将会为开发利用活动设置过多阻碍。

如前文分析,选择获取规制模式的目的在于保障获取制度与惠益分享制度的顺畅衔接,实现信息透明化,以对ABNJ海洋遗传资源的利用进行有效监测,促进公正公平的惠益分享。故关键是落实海洋善治的透明化要素,而非过分关注活动主体通知义务的事先性。上述制度考量已体现在"BBNJ国际协定"的谈判进程中,《"BBNJ国际协定"草案修改稿》第10条第1款关于基于通知的模式,在时间要求上包括事先通知或出海考察后通知(post-cruise),较之以往规定,放宽了一律"事先"的要求。

3. 通知规则

梳理"BBNJ国际协定"的谈判文本,结合相关国际造法经验,获取ABNJ海洋遗传资源的通知规则包括内容和形式要求两方面:

第一,内容要求,即需要通知哪些事项。对此,《"BBNJ国际协定"草案修改稿》第10条第1款规定,向秘书处发出的通知中应说明活动主体、获取地点

[1] See Catherine Blancharda, Carole Durusselb & Ben Boteler, *Socio-ecological Resilience and the Law: Exploring the Adaptive Capacity of the BBNJ Agreement*, 108 Marine Policy 1 (2019).

和日期、将要获取的资源、资源将用于哪些目的等内容。

第二，形式要求，即如何通知。该规则设计须最大限度融入海洋善治的透明化要素，南极条约协商会议第10号决议所确立的“电子信息交换系统”值得借鉴。对此，《“BBNJ国际协定”草案修改稿》第13条提出了“强制性事先电子通知系统”。

（四）相关的国家管辖范围以外区域海洋遗传资源利用监测机制

目前，有关ABNJ海洋活动的监测机制仍处于空白状态。[1] “BBNJ国际协定”政府间会议第二届、第三届谈判文本，都将ABNJ海洋遗传资源利用监测机制作为谈判内容之一，其主要包括信息交换机制、追踪跟踪制度以及来源披露制度等。系统合理的ABNJ海洋遗传资源利用监测机制，可以促进活动主体履行获取ABNJ海洋遗传资源前或出海考察后通知的通知义务，以保障惠益分享的顺利进行。本部分以海洋善治理念为理论基础，依据《“BBNJ国际协定”草案修改稿》关于ABNJ海洋遗传资源利用监测机制的规定，借鉴《生物多样性公约》体系、《粮农条约》关于遗传资源利用监测机制的国际造法经验，梳理与ABNJ海洋遗传资源获取相关的信息交换机制与追踪跟踪制度；来源披露制度是知识产权制度的一项内容，本书将其放在ABNJ海洋遗传资源获取制度与相关知识产权制度衔接中分析。

1. 信息交换机制

信息交换机制落实海洋善治的公众参与、透明化、责任制等要素，集中体现了海洋善治理念维护全人类共同利益的内涵，可促使各国履行其有关ABNJ海洋遗传资源获取的通知义务：其一，通过设立信息交换平台以实现对ABNJ海洋遗传资源获取的监测，同时使各国获悉其他国家的获取情况；[2] 其二，通过与各国海洋遗传资源保存中心相连接，可以将提供高质量的获取信息作为异地获取或电脑模拟获取的对价，激励ABNJ海洋遗传资源的开发

〔1〕 See Waseem Ahmad Qureshi, *Marine Biodiversity Conservation: The International Legal Framework and Challenges*, 40 Houston Journal of International Law 845 (2018).

〔2〕 参见袁雪、廖宇程：《国家管辖范围外区域海洋遗传资源获取和惠益分享的制度化建构》，载《南昌大学学报（人文社会科学版）》2019年第5期。

利用,同时又促进相关知识的创新和积累。

“BBNJ 国际协定”政府间会议将信息交换机制作为一项重要的谈判内容,《“BBNJ 国际协定”草案修改稿》设置了与 ABNJ 海洋遗传资源获取相关的信息交换机制相应条款:

其一,依据第 13 条第 2 款的规定,对 ABNJ 海洋遗传资源利用情况的监测应通过信息交换机制、科学和技术机构以及秘书处和法定国际机构所管理的强制性事先电子通知系统进行。

其二,依据第 13 条第 3 款的规定,缔约国应酌情采取必要的立法、行政或政策措施以确保:(a)向原地获取的海洋遗传资源分配一个标识符。如果是异地获取、电脑模拟获取的海洋遗传资源,应当在数据库、储存库和基因库向信息交换机制提交协定第 51 条第 3 款第 b 项提及的清单时分配此类标识符。(b)在获取 ABNJ 海洋遗传资源时,应要求其管辖范围内的数据库、储存库和基因库通知信息交换机制、科学和技术机构,通过秘书处法定现有国际机构管理的强制性事先电子通知系统发出通知。(c)ABNJ 海洋科学研究的提议者向信息交换机制、科学和技术机构,通过秘书处和法定现有国际机构管理的强制性事先电子通知系统提交定期状况报告,以及研究结果,包括收集的数据和所有相关文件。

其三,第 13 条第 4 款规定:“缔约国应向信息交换机制提供关于根据本部分规定采取的立法、行政和政策措施的信息。”

其四,第 13 条第 5 款规定:“缔约国应向缔约方会议提交报告,说明它们利用国家管辖范围以外区域海洋遗传资源的情况。缔约方会议应审查此类报告,并提出建议。”

2. 追踪跟踪制度

追踪跟踪制度反映了海洋善治的透明化、责任制等要素。《名古屋议定书》第 17 条建立了追踪制度,以对开发利用活动进行监管,可以为 ABNJ 海洋遗传资源利用监测机制的构建提供有效的国际造法经验。

“BBNJ 国际协定”第一届政府间会议期间,大多数与会者主张对将鱼类和其他生物资源用于遗传特性研究与将之用作一种商品做出区分,并主张

“BBNJ 国际协定”仅适用于前者。对此，与会者还建议制定一个追踪制度，以便在这些海洋生物资源用途发生改变的情况下也能够分享惠益。[1]

第二节 国家管辖范围以外区域海洋遗传资源获取条款和条件

在解决 ABNJ 海洋遗传资源获取规制模式问题之后，接下来分析获取实体规则。本节探析 ABNJ 海洋遗传资源获取条款和条件，并与“BBNJ 国际协定”另外两个核心议题即“划区管理工具”“环境影响评估”进行制度衔接。

一、遗传资源获取条款和条件现有国际法律规则借鉴

梳理现有关于遗产资源获取条款和条件的国际法规则，主要包括《生物多样性公约》体系所确立的“共同商定条件”和《粮农条约》多边系统下的标准化材料转让协定。

（一）《生物多样性公约》体系下的共同商定条件

《生物多样性公约》体系确立了双边机制下的“共同商定条件”（mutually agreed terms），本部分仅分析与遗传资源获取有关的内容。

第一，《生物多样性公约》第 15 条第 4 款是关于遗传资源获取的共同商定条件的规定。根据该条款规定，遗传资源的提供方与获取方须就获取遗传资源的条款和条件进行谈判，达成一个获取协议（access agreement）。[2] 作为框架性公约，《生物多样性公约》未就如何制订共同商定条件作出具体规定，但这并不意味着双方可以毫无约束地谈判商定，每一项条款和条件的确定都要符合《生物多样性公约》体系的一般原则和要求。[3]

第二，为协助遗传资源提供方与获取方制订共同商定条件，《波恩准则》

---

〔1〕 See UN, A/CONF. 232/2018/7, Annex.

〔2〕 参见史学瀛：《生物多样性法律问题研究》，人民出版社 2007 年版，第 136 页。

〔3〕 See Pabulo H. Rampelotto & Antonio Trincone, *Grand Challenges in Marine Biotechnology*, Springer International Publishing, 2018, p. 585-586.

作出了指导性规定:其一,第 42 条提出制订共同商定条件的原则或基本要求;其二,第 43 条提出既可以作为合同式协定中的指导性参数,又可以作为共同商定条件的基本组成部分;其三,第 44 条提出一份典型共同商定条件的指示性清单。

第三,《名古屋议定书》第 6 条第 3 款第 g 项规定缔约方应当就要求和订立共同商定条件确立规则和程序,共同商定条件要以书面形式拟定,并就关键的内容列举出指示性清单。

"共同商定条件"是双边机制下遗传资源获取和惠益分享制度的核心,其以承认提供方对遗传资源享有主权为基础,获取条款和条件在符合《生物多样性公约》体系原则性规定的前提下由提供方和获取方共同商定。对于原地获取 ABNJ 海洋遗传资源而言,由于不存在遗传资源的提供方,上述制度考量不适用于 ABNJ 海洋遗传资源获取制度。

"共同商定条件"亦存在值得 ABNJ 海洋遗传资源获取制度借鉴的地方:其一,作为准许获取的对价,获取方须在共同商定的条件下与遗传资源提供方制订惠益分享协议,与其共同分享因利用遗传资源所产生的惠益,[1]共同商定条件作为确定遗传资源获取的条款和条件的制度,可以有效衔接获取制度与惠益分享制度。其二,鉴于遗传资源提供方大都是发展中国家,在谈判中往往处于劣势地位,《名古屋议定书》要求以书面形式制订共同商定条件,能保证获取条款和条件的确定性和透明化。[2]《波恩准则》《名古屋议定书》就共同商定条件的关键内容而提供指示性清单,可保证将不可或缺的核心内容纳入到获取条款和条件中。这些规定以法定条款和条件的形式,增强了遗传资源提供方的谈判实力,[3]有利于促进全人类共同利益的实现。

(二)《粮农条约》中的标准化材料转让协定

根据《粮农条约》第 12 条第 4 款的规定,多边系统中的便利获取应当根

---

〔1〕参见袁雪、廖宇程:《国家管辖范围外区域海洋遗传资源的获取和惠益分享:机制选择与中国方案》,载《中国海洋大学学报(社会科学版)》2019 年第 5 期。

〔2〕参见张小勇:《遗传资源国际法问题研究》,知识产权出版社 2017 年版,第 102 页。

〔3〕参见秦天宝:《遗传资源获取与惠益分享的法律问题研究》,武汉大学出版社 2006 年版,第 404-405 页。

据由《粮农条约》管理机构通过的标准化材料转让协定予以提供。标准化材料转让协定实质上是一份格式合同，针对粮农植物遗传资源的转让由提供方和获取方签订，包含获取和利用《粮农条约》附件一所列 64 种粮农植物遗传资源固定的条款和条件。其实体条款和条件均已事先经国际谈判协商确立下来，故无须再逐案确定共同商定条件，当事方仅须填写各自信息和拟提供材料的清单和相关信息。材料转让协定的作用是将多边基础上商定的关于便利获取的条款和条件约束实际当事方。〔1〕

关于标准化材料转让协定应当包含的条款和条件，《粮农条约》第 12 条第 4 款规定其载有：其一，第 12 条第 3 款第 a、d、g 项的规定，即提供便利获取的目的、与粮农植物遗传资源有关的知识产权问题以及在多边系统内获取和保存的粮农植物遗传资源，多边系统仍可从获取方获得这些资源；其二，第 13 条第 2 款第 d 项第 ii 目有关惠益分享的规定；其三，《粮农条约》其他有关条款的规定。根据《粮农条约》管理机构通过的标准化材料转让协定可知，其他有关条款包括第 12 条第 3 款第 b、c、e、f 项的规定，〔2〕即提供便利获取的时间和费用、提供的内容、例外情况以及获取与知识产权保护的关系。

标准化材料转让协定为《粮农条约》附件一所列 64 种粮农植物遗传资源确立了固定的条款和条件，以格式合同的形式实现粮农植物遗传资源的便捷获取，保障效率并节约成本。另外，该系统下粮农植物遗传资源的获取只收取必要成本，不收取资源本身的费用，〔3〕其相对宽松的获取条款和条件旨在维护全人类共同利益，是同样属于多边机制下的 ABNJ 海洋遗传资源获取制度的参考范本。但是，"BBNJ 国际协定"所要确立的 ABNJ 海洋遗传资源获取制度，涉及的海洋生物不计其数，并且国际社会对于 ABNJ 海洋遗传资源的认识还处于发展阶段，无法对其一一形成标准化协定。

〔1〕 参见张小勇：《遗传资源国际法问题研究》，知识产权出版社 2017 年版，第 242、261 页。

〔2〕 参见张小勇：《遗传资源国际法问题研究》，知识产权出版社 2017 年版，第 244 页。

〔3〕 参见袁雪、廖宇程：《国家管辖范围外区域海洋遗传资源的获取和惠益分享：机制选择与中国方案》，载《中国海洋大学学报（社会科学版）》2019 年第 5 期。

二、国家管辖范围以外区域海洋遗传资源获取条款和条件的设置

ABNJ 海洋遗传资源获取条款和条件的设置，须借鉴同为多边机制下的标准化材料转让协定，并考虑到 ABNJ 海洋遗传资源开发利用的特点，基于人类共同继承财产原则的立场，融入海洋善治理念，区分不同获取类型设置不同的条款和条件。

（一）原地获取的条款和条件

关于 ABNJ 海洋遗传资源原地获取条款和条件，《"BBNJ 国际协定"草案修改稿》作出以下规定：

第一，第 10 条第 2 款规定："缔约国应酌情采取必要的立法、行政或政策措施，确保原地获取属于本部分范围内的海洋遗传资源须：(a) 标明海洋遗传资源获取地点的地理坐标；(b) 开展能力建设；(c) 转让海洋技术；(d) 在数据库、储存库或基因库等开放源码平台中交存样本、数据和相关信息；(e) 向特别基金缴款；(f) 进行环境影响评估；(g) 遵守缔约方会议可能确定的其他相关条款和条件，包括关于获取具有重要生态和生物意义区域、脆弱海洋生态系统和其他特别保护区的海洋遗传资源，以确保养护和可持续利用这些区域的资源的条款和条件。"

第二，第 10 条第 5 款规定："缔约国应酌情采取必要的立法、行政或政策措施，确保可能导致利用在国家管辖范围以内和以外区域发现的海洋遗传资源，且与国家管辖范围以外区域海洋遗传资源有关的活动与有关沿海国或任何其他相关国家进行事先通知和协商，以避免侵犯上述国家的权利和合法利益。"

《"BBNJ 国际协定"草案修改稿》的上述规定，基本上涵盖了 ABNJ 海洋遗传资源原地获取条款和条件的规则，并考虑到了利益相关方的权利、义务，以及与知识产权制度的衔接问题。

（二）异地获取的条款和条件

基于上文分析，异地获取 ABNJ 海洋遗传资源应是自由、开放的。但这不意味着完全放任，而是要加强监测，构建信息交换机制、追踪跟踪制度以及国

内监督机制，确保实现公正公平的惠益分享，故须设置合理的ABNJ海洋遗传资源异地获取条款和条件。

异地获取的海洋生物样本，已储存在各国海洋遗传资源保存中心，为实现资源库中ABNJ海洋遗传资源的共享，避免重复采样的无意义劳动，保证异地获取的便利性，同时又要与惠益分享制度进行有效衔接，可以借鉴《粮农条约》标准化材料转让协定，将属于协定范围的海洋生物样本的获取条款和条件先经国际谈判协商确立，由当事方填写各自信息和拟提供材料的清单和相关信息。[1] 对于协定范围之外的海洋遗传资源，可以借鉴《生物多样性公约》体系的共同商定条件制度，由管理机构与使用者协商。[2]

（三）由电脑模拟获取的条款和条件

关于由电脑模拟获取的形式，为促进全人类共同利益的实现，缔约国负有为获取由电脑模拟的信息和数据以及数字、遗传序列数据和信息提供便利的国际法义务。由于本部分与知识产权联系紧密，在获取条款和条件的设置上，须协调好获取方与提供方的利益，在保障便利获取的同时，给提供方提供知识产权保护。

三、国家管辖范围以外区域海洋遗传资源获取条款和条件与划区管理工具

划区管理工具（area-based management tools，ABMTs）包括海洋保护区（marine protected areas，MPAs），是“BBNJ国际协定”的核心议题之一，旨在促进ABNJ海洋遗传资源的长期养护和可持续利用。[3] 在确定ABNJ海洋遗传资源获取条款和条件时，要与该核心议题进行衔接。

（一）划区管理工具简介

《“BBNJ国际协定”草案修改稿》第1条第3款对“划区管理工具”进行

[1] 参见郑苗壮、裘婉飞：《国家管辖范围以外区域海洋遗传资源获取与惠益分享制度研究》，载胡学东、郑苗壮编著：《国家管辖范围以外区域海洋生物多样性问题研究》，中国书籍出版社2019年版，第93页。

[2] 参见袁雪、廖宇程：《国家管辖范围外区域海洋遗传资源获取和惠益分享的制度化建构》，载《南昌大学学报（人文社会科学版）》2019年第5期。

[3] See UN, A/CONF. 232/2020/3, Articles 14, 15 (2).

了定义："为某一划定地理界限的地区所采用的工具，包括海洋保护区，通过这一工具对一个或多个部门或活动进行管理，以达到特定养护和可持续利用目标，并提供比周围地区更高程度的保护。"同时，《"BBNJ 国际协定"草案修改稿》第 1 条第 10 款对"海洋保护区"进行了定义："一个划定地理界限、为达到特定长期生物多样性养护和可持续利用目标而指定和管理的并提供比周围地区更高程度保护的海区。"

目前，有关划区管理工具的国际法律实践，除了海洋保护区外，还包括排放管制区域和特别区域（emission control areas/special areas）、特别敏感海域（particular sensitive sea areas，PSSAs）、季节性或全年性禁渔区（seasonal or year-around area fisheries closures）以及特别环境利益区（areas of particular environmental interest，APEIs）等。[1] 此外，为确保深海生物资源的养护和可持续利用，联合国粮农组织于 2009 年制定的《公海深海渔业管理国际准则》[2]确立了脆弱海洋生态系统海域（vulnerable marine ecosystem marine areas ，VMEs）。[3] 2005 年《生物多样性公约》成员国启动了具有重要生态和生物意义海洋区域（ecologically or biologically significant marine areas，EBSAs），并于 2008 年《生物多样性公约》第九届缔约国大会上确立了甄选标准。[4]

对于如何确定需要保护的区域，《"BBNJ 国际协定"草案修改稿》第 16 条进行了规定：其一，第 1 款规定了确定原则："应根据现有最佳科学资料及土著人民和当地社区的相关传统知识、预防性原则和生态系统方法，确定需要通过规定包括海洋保护区在内的划区管理工具加以保护的区域。"其二，第 2 款规定

---

〔1〕 See Elizabeth M. De Santo, *Implementation Challenges of Area-based Management Tools (ABMTs) for Biodiversity beyond National Jurisdiction (BBNJ)*, 97 Marine Policy 34 (2018).

〔2〕 International Guidelines for the Management of Deep-sea Fisheries in the High Seas, 2009.

〔3〕 参见郑苗壮、刘岩、裘婉飞：《国家管辖范围以外区域海洋生物多样性焦点问题研究》，载《中国海洋大学学报（社会科学版）》2017 年第 1 期。

〔4〕 参见何志鹏、李晓静：《公海保护区谈判中的中国对策研究》，载《河北法学》2017 年第 5 期。

了确定标准，并在附件一中详细得列举了用于确定区域的指示性衡量标准。[1]

（二）制度衔接

鉴于分布在 ABNJ 不同海域的海洋生物特性各异，为使 ABNJ 海洋遗传资源获取制度的规范更具有针对性，更好地实现促进 ABNJ 海洋遗传资源长期养护和可持续利用的制度宗旨，须将 ABNJ 海洋遗传资源获取条款和条件与划区管理工具进行制度衔接。为此，《"BBNJ 国际协定"草案修改稿》第 10 条第 2 款第 g 项规定："遵守缔约方会议可能确定的其他相关条款和条件，包括关于获取具有重要生态和生物意义区域、脆弱海洋生态系统和其他特别保护区的海洋遗传资源，以确保养护和可持续利用这些区域的资源的条款和条件。"

在 ABNJ，对于划区管理工具所覆盖的各种需要保护的区域，须根据保护力度和获取活动造成的影响不同，规定不同的获取规制级别，[2]制定相应的获取条款和条件：其一，对于极为脆弱的海洋生态系统海域、特别敏感海域，获取海洋遗传资源将造成严重影响的，应当禁止生物勘探活动；其二，对于具有重要生态和生物意义区域和其他特别保护区内的海洋遗传资源，根据预防原则，[3]需要对获取活动予以适当限制。具体的制度设计，可以借鉴南极条约体系下的许可证制度。需要注意的是，监测机制是划区管理工具发挥其应有作用的一个重要条件。[4] 此外，划区管理工具还要与另一个制度工具即环境影响评估进行制度衔接，对此将在下文进行分析。

---

[1] 《"BBNJ 国际协定"草案修改稿》附件一是关于确定包括海洋保护区在内的划区管理工具加以保护的区域的指示性衡量标准，包括："（a）独特性；（b）稀有性；（c）对物种生命史各阶段的特殊重要性；（d）在该区域内所发现物种的特殊重要性；（e）对受威胁物种、濒危物种或数量不断减少的物种或生境的重要性；（f）易受影响性，包括易受气候变化和海洋酸化影响；（g）脆弱性；（h）敏感性；（i）生物多样性和生产力；（j）代表性；（k）依赖性；（l）高度自然性；（m）生态连通性和（或）一致性；（n）正在该区域发生的重要生态进程；（o）经济和社会因素；（p）文化因素；（q）累积和跨界影响；（r）缓慢恢复和复原；（s）适当性和存活力；（t）可复制性；（u）可行性。"

[2] See UN, A/CONF. 232/2018/7, Annex.

[3] See UN, A/CONF. 232/2020/3, Article 5 (e).

[4] See Waseem Ahmad Qureshi, *Marine Biodiversity Conservation: The International Legal Framework and Challenges*, 40 Houston Journal of International Law 845 (2018).

四、国家管辖范围以外区域海洋遗传资源获取条款和条件与环境影响评估

海洋生态环境的破坏具有不可逆和滞后性,且造成的后果往往不会立即显现并且无法预见。就 BBNJ 而言,其更加脆弱、敏感,因为 ABNJ 海洋生物生活在高压、低温等极端环境中,生长极其缓慢,其生境一旦破坏,恢复时间漫长。环境影响评估(environmental impact assessments,EIAs)摒弃先破坏后治理的模式,是一种预防性保护措施。作为"BBNJ 国际协定"的核心议题之一,在设置 ABNJ 海洋遗传资源获取条款和条件时,需要将该制度工具考虑进来。

(一)环境影响评估简介

对于"环境影响评估"的定义,通过《"BBNJ 国际协定"草案修改稿》第 1 条第 7 款的两个备选案文,可以有一个初步把握:其一,"指评价将在国家管辖范围以外区域开展的、对国家管辖范围以内和以外区域造成影响的活动的环境影响的进程,除其他外同时考虑到社会经济、文化和人类健康方面的相互关联的有利和不利影响"。其二,"指评估计划在国家管辖范围以外区域开展的由缔约国管辖或控制的可能严重污染海洋环境或致使海洋环境发生重大有害变化的活动可能造成的影响的进程"。

《海洋法公约》已对"环境影响评估"作出原则性规定,在第十二部分第四节为各国设置了环境影响评估的一般性义务。《海洋法公约》第 206 条就各缔约国对于其管辖或控制下的有可能造成海洋生态环境破坏的活动,设置了环境影响评估的国际法义务,但总体而言,《海洋法公约》关于环境影响评估的规定过于原则,约束力较弱。"BBNJ 国际协定"将环境影响评估作为核心议题之一,将会对此作出补强。

(二)制度衔接

环境影响评估是养护海洋生物多样性的一种核心制度工具,其落实预防原则,可以实现对获取活动的源头管控,从而保障 ABNJ 海洋遗传资源的长期养护和可持续利用。1994 年《执行协定》指出矿物资源的开发者须提供其国

籍所属国为其开发活动提供的担保,并须提交开发活动可能造成环境影响的评估等,[1]将环境影响评估作为勘探、开发"区域"矿物资源的条款和条件,为ABNJ海洋遗传资源获取条款和条件与环境影响评估的衔接提供了思路。

《"BBNJ国际协定"草案修改稿》第10条第2款第f项将"进行环境影响评估"作为ABNJ海洋遗传资源获取条款和条件的内容之一。同时,《"BBNJ国际协定"草案修改稿》第24条规定了环境影响评估的门槛和标准,并在第25、26条分别强调在进行环境影响评估时,要考虑到累积影响和跨界影响。原地获取ABNJ海洋遗传资源,符合"BBNJ国际协定"设定的门槛和标准时,获取方须提交环境影响报告,分析该活动对人类健康和海洋生态环境可能产生的风险。《"BBNJ国际协定"草案修改稿》还进一步强调了海洋善治的责任制要素,第33条就缔约国预防、减轻和管理开发活动造成不利影响的措施进行了规定;第34条亦对环境影响评估的公告和协商进行了规定;第35条对于环境影响评估报告的编写工作和内容进行了详细规定。这些规定都应视为ABNJ海洋遗传资源获取条款和条件的规则内容。

此外,《"BBNJ国际协定"草案修改稿》第27条将环境影响评估与划区管理工具进行了关联,指出在被确定为具有重要生态或生物意义的区域或脆弱区域开展活动,需要进行环境影响评估;并指出环境影响评估的准则应由缔约方会议拟定。

第三节 国家管辖范围以外区域海洋遗传资源获取制度与相关知识的法律保护和知识产权制衡

遗传资源的开发利用过程中会关涉两类相关知识:其一,土著居民和地方社区基于历史和传统所形成的遗传资源相关传统知识(traditional

[1] See Agreement relating to the Implementation of Part Ⅺ of the United Nations Convention on the Law of the Sea of 10 December 1982, Annex Ⅱ, Section 1, Article 7, Section 2, Article 1.

knowledge)；其二，遗传资源利用者基于生物勘探所形成的相关现代知识。[1]从实践来看，这两种知识均与遗传资源获取与惠益分享有着密切的联系，需要对两者进行法律保护。再者，基于国家管辖范围以内区域遗传资源“生物剽窃”的前车之鉴，过度的知识产权保护在遗传资源领域会导致实质不公平，故亦需对相关知识产权进行合理制衡。《生物多样性公约》体系与《粮农条约》设置了遗传资源相关传统知识获取与惠益分享制度，并将遗传资源获取与惠益分享制度与有关遗传资源的知识产权制度进行了衔接。ABNJ 海洋遗传资源获取与惠益分享制度也要处理相关知识的法律保护和知识产权制衡问题，需要充分借鉴上述国际造法经验，以海洋善治理念为理论基础，在 ABNJ 海洋遗传资源获取制度构建中，设置 ABNJ 海洋遗传资源相关传统知识获取制度，并与相关知识产权制度进行有效衔接，以协调发达国家与发展中国家之间的利益冲突，平衡公平与效率之间的张力。

一、国家管辖范围以外区域海洋遗传资源相关传统知识获取制度

遗传资源相关传统知识是指土著居民和地方社区在长期的传统生产生活实践中创造、传承和发展的，有利于遗传资源保护和可持续利用的知识、创新和做法。[2] 就养护生物多样性的角度而言，遗传资源相关传统知识是土著居民和地方社区在顺应自然、追求人与自然和谐共存的过程中所形成的相关知识。作为集体智慧的结晶，相关传统知识对于生物多样性的养护和可持续利用具有重要意义，[3]需要国际法和国内法给予必要的尊重和保护。相较于对现代知识的法律保护而言，目前对相关传统知识的法律保护明显薄弱。[4]鉴于此，在 ABNJ 海洋遗传资源获取制度构建过程中，须设置保护 ABNJ 海洋

---

〔1〕 参见秦天宝：《遗传资源获取与惠益分享的法律问题研究》，武汉大学出版社 2006 年版，第 472 页。

〔2〕 参见《生物遗传资源获取与惠益分享管理条例（草案）》（征求意见稿）第 2 条第 4 款。

〔3〕 See Mariko Kageyama, *Bio-property Contract in a New Ecosystem: Genetic Resources Access and Benefit Sharing*, 13 Washington Journal of Law, Technology & Arts 109 (2018).

〔4〕 参见秦天宝：《遗传资源获取与惠益分享的法律问题研究》，武汉大学出版社 2006 年版，第 472-473 页。

遗传资源相关传统知识的国际法律制度。

（一）现有遗传资源相关传统知识获取制度的借鉴

1992年《里约环境与发展宣言》原则22主张各国应承认并适当支持土著居民和地方社区与环境管理和发展相关的传统知识。《生物多样性公约》第8条第j项亦规定缔约国应尊重、保存和维持土著居民、地方社区养护和可持续利用生物多样性的相关传统知识。同时，《波恩准则》第37条规定："允许获取遗传资源并不一定意味着允许使用相关的知识；反之亦然。"依据以上国际法律文件的规定，站在维护传统知识提供方利益的角度，相关传统知识应作为遗传资源获取制度的一项单独客体。在获取相关传统知识获取的问题上，为体现对其的法律保护，《名古屋议定书》《粮农条约》设置了遗传资源相关传统知识获取制度：

第一，《名古屋议定书》作出以下规定：其一，第7条确认相关传统知识归属于土著居民和地方社区，并赋予其事先知情同意或批准的权利；其二，采取了与《生物多样性公约》体系下遗传资源获取制度相同的设计，即"事先知情同意"与"共同商定条件"两大核心规则；其三，第12条规定了缔约方获取遗传资源相关传统知识所负担的国际法义务。ABNJ海洋遗传资源相关传统知识获取制度的程序和实体规则、国内监督机制等方面的造法，可以有针对性地移植上述规定。

第二，《粮农条约》对于传统知识的保护体现为"农民权"（farmers' rights）规则的设置。经过历代不同社区的农民所培育和改良的植物品种，凝结了农民集体的智慧，而发达国家植物品种知识产权制度未能给予其有效保护，引发实践中的利益失衡问题。[1] 在发展中国家的争取下，《粮农条约》第9条设置了"农民权"规则，主要包括：承认农民在植物遗传资源的保存和开发中已经并将继续作出的巨大贡献；明确"农民权"的三项核心内容，即相关传统知识的保护、公平参与惠益分享的权利以及参与决策的权利；赋予农民享有保留、利用、交换和出售种子和繁殖材料的权利。基于ABNJ海洋遗传资源的

---

〔1〕 参见张小勇：《遗传资源国际法问题研究》，知识产权出版社2017年版，第192页。

性质，其不涉及“农民权”，但《粮农条约》保障土著农民和地方社区农民参与粮农植物遗传资源养护和可持续利用事项决策的权利，值得 ABNJ 海洋遗传资源相关传统知识获取制度的借鉴，这也是贯彻海洋善治公众参与和透明化要素的具体体现。

（二）国家管辖范围以外区域海洋遗传资源相关传统知识获取制度的构建

ABNJ 海洋遗传资源相关传统知识对于 BBNJ 的养护和可持续利用发挥着重要作用。[1] 基于海洋善治的法治、公众参与、透明化、公平与兼容并蓄等要素，需要设置 ABNJ 海洋遗传资源相关传统知识获取制度，来保障提供传统知识的土著居民和地方社区的知情、同意权。借鉴《名古屋议定书》的规定，突出海洋善治的法治、透明化和公众参与要素，在获取 ABNJ 海洋遗传资源相关传统知识时，应征得所涉土著居民和地方社区的事先知情同意或批准以及参与。落实公平与兼容并蓄等要素，通过共同商定条件来确定获取条款和条件。同时，融入责任制要素，为缔约国设定采取相应具体措施的国际法义务。

“BBNJ 国际协定”第二届政府间会议期间，各代表团就《主席协助谈判文件》（A/CONF. 232/2019/1）提出的 ABNJ 海洋遗传资源相关传统知识获取制度案文进行了讨论。[2] 《“BBNJ 国际协定”草案修改稿》（A/CONF. 232/2020/3）就获取土著人民和当地社区与 ABNJ 海洋遗传资源相关传统知识进行了规定，要求缔约国应酌情采取必要的立法、行政或政策措施，以确保在获取土著人民和当地社区掌握的与 ABNJ 海洋遗传资源相关的传统知识时，获得这些土著人民和当地社区的事先知情同意或批准以及参与，并确保订立共同商定的条件。[3]

二、与国家管辖范围以外区域海洋遗传资源获取相关的知识产权制度

ABNJ 海洋遗传资源获取过程中凝结了现代知识，知识产权制度为现代

---

〔1〕 See Shachi Singh, *The Protection of Traditional Knowledge on Genetic Resources* (*Book Review*), 15 Law, Environment and Development Journal 15 (2019).

〔2〕 See UN, A/CONF. 232/2019/1, Part Two, Ⅲ. 2. 1 (8).

〔3〕 See UN, A/CONF. 232/2020/3, Article 10 bis.

知识提供了保护，同时基于国家管辖范围以内区域遗传资源“生物剽窃”的前车之鉴，需要对相关现代知识的知识产权进行合理制衡。ABNJ 海洋遗传资源获取和惠益分享制度的构建，要设定有关知识产权的必要条款，否则该制度是不完整的。[1] 利益平衡是构建知识产权制度的重要理念，[2] ABNJ 海洋遗传资源获取相关的知识产权制度亦要在保护获取者的正当权益与获取者之外的主体对于 ABNJ 海洋遗传资源正当利益诉求之间寻求平衡。

(一)与遗传资源获取有关的知识产权制度借鉴

本部分检视《生物多样性公约》体系、《粮农条约》以及《TRIPS 协议》与遗传资源获取相关的知识产权制度。

第一，《生物多样性公约》第 16 条第 3 款明确知识产权可作为惠益分享的形式。[3] 《波恩准则》第 43 条提出遗传资源的提供方与利用方可通过共同商定条件，将有关遗传资源知识产权的安排作为遗传资源获取条款和条件。[4] 另外，《名古屋议定书》第 15 条与第 16 条要求缔约方“采取适当、有效和适度的立法、行政或政策措施”处理违法获取行为，这与现行专利规则保护发明的义务存在某种程度的抵触。

第二，《粮农条约》的相关规定。《粮农条约》第 12 条第 3 款第 d 项规定：“获取者不得以从多边系统获得的粮食和农业植物遗传资源，或其遗传部分或成分的形态，提出限制其方便获取的任何知识产权和其他权利的要求。”《粮农条约》及其标准化材料转让协定不允许遗传资源获取者主张包括知识产权在内的、所有可能对多边系统中遗传资源获取造成限制的权利。尽管在很多生物科学领域，潜在的惠益分享和专利权之间有着明显的联系，但实践

---

[1] 参见 Fernanda Millicay：《“区域”生物多样性法律机制》，王玉婷译，载傅崐成等编译：《弗吉尼亚大学海洋法论文三十年精选集(1977—2007)》，厦门大学出版社 2010 年版，第 1815 页。

[2] 参见李一丁：《论生物遗传资源获取和惠益分享机制与知识产权制度》，载《河北法学》2016 年第 1 期。

[3] 《生物多样性公约》第 16 条第 3 款规定：“每一缔约国应酌情采取立法、行政或政策措施，以期根据共同商定的条件向提供遗传资源的缔约国，特别是其中的发展中国家，提供利用这些遗传资源的技术和转让此种技术，其中包括受到专利和其他知识产权保护的技术。”

[4] 《波恩准则》第 43 条提出将以下有关知识产权的条款作为共同商定条件的基本规定：“(c)对知识产权的适用作出的规定，包括规定：进行联合研究、有义务实施对所获得的发明享有的任何权利，或提供共同同意的使用许可；(d)根据贡献的程度共同拥有知识产权的可能性。”

中遗传资源的获取主体均未达到标准化材料转让协定的要求,《粮农条约》下的惠益分享基金也没有收到任何付款。[1]

第三,《TRIPS 协议》的相关规定。《TRIPS 协议》第 27 条规定了"可获专利的客体":其一,第 1 款规定所有技术领域的发明,无论是产品还是方法,只要具有新颖性、创造性和实用性,都可以申请获得专利。其二,第 2 款规定了基于公共秩序和道德以及环境保护考量的专利授权例外。其三,第 3 款第 b 项规定成员可将"植物和动物(微生物除外),和生产植物或动物的主要是生物学的方法(非生物学的方法和微生物学方法除外)"排除在专利客体之外,同时规定成员应有义务通过专利或依有效的专门制度,或依二者的结合,保护植物的品种。

第四,世界知识产权组织的有关工作。世界知识产权组织在其 2018 年发布的《遗传资源获取与惠益分享协定中的知识产权指南》(A Guide to Intellectual Property Issues in Access and Benefit-sharing Agreements)中将事先知情同意与披露遗传资源来源作为示范性知识产权条款,可以被遗传资源提供国用于获取与惠益分享中制衡知识产权。

(二)国家管辖范围以外区域海洋遗传资源获取制度与知识产权制度的衔接

ABNJ 海洋遗传资源获取行为本身包括创造性劳动,尤其是异地获取、由电脑获取,往往有产生知识产权的诉求。基于人类共同继承财产原则的法律内涵,任何国家不得对 ABNJ 海洋遗传资源主张主权或主权权利,任何国家或自然人或法人也不应将 ABNJ 海洋遗传资源的任何部分据为己有。[2] 但是从知识产权的角度来看,ABNJ 海洋遗传资源开发利用过程中所形成的现代知识,有产生作为私有财产权性质的知识产权可能,人类共同继承财产原则不足以阻断 ABNJ 海洋遗传资源的排他性利用,于是公共利益与私有利益之间存在冲突。目前,关于 ABNJ 海洋遗传资源的相关知识产权制度欠缺,需要在国际法领域解决现代知识的法律保护和知识产权制衡问题,实现 ABNJ 海

[1] 参见张湘兰、李洁:《国家管辖以外海域遗传资源惠益分享机制的构建——以知识产权保护为视角》,载《武大国际法评论》2017 年第 4 期。

[2] See UN, A/CONF. 232/2020/3, Article 9 (3).

洋遗传资源获取与惠益分享制度同知识产权制度的有效衔接,鼓励发达国家的开发和创新热情,同时又保障发展中国家能从中公正公平地分享因利用ABNJ海洋遗传资源所产生的惠益,以平衡ABNJ海洋遗传资源开发利用过程中效率与公平之间的张力。

1. 明确可授予专利的客体范围

与ABNJ海洋遗传资源相关的知识产权基本上表现为专利权。[1] 为在保护知识创新、技术进步与合理制衡知识产权之间寻求平衡,须落实海洋善治的法治要素,界定与ABNJ海洋遗传资源获取有关的可授予专利的客体范围。

《TRIPS协议》第27条关于"可获专利的客体"的规定,是授予包括ABNJ海洋遗传资源在内的与遗传资源有关产品和方法专利权的法律依据,并同时排除了有违公共秩序和道德以及环境保护情况下的专利授权。《TRIPS协议》第27条第3款第b项就禁止或限制对生命形式的知识产权的申请,来达到知识产权合理制衡的目的,"BBNJ国际协定"应吸收该制度经验。目前,有关ABNJ海洋遗传资源衍生物的产品或方法是否排除在可授予专利的客体范围之外,需要国际社会的进一步谈判。

《"BBNJ国际协定"草案修改稿》已就有关ABNJ海洋遗传资源可授予专利的客体范围作出初步界定:根据协定获取、利用的ABNJ海洋遗传资源不应属于专利的范围,但此类资源经人为干预修改后形成能够进行工业应用的产品除外。[2]

2. 确立来源披露制度

为实现对ABNJ海洋遗传资源获取的有效监测,落实海洋善治的透明化、责任制等要素,须在ABNJ海洋遗传资源获取制度构建中确立来源披露制度,将披露来源作为获得相关知识产权的形式要件,促使各国履行ABNJ海洋遗传资源获取的通知义务,使获取制度与知识产权制度进行有效衔接。

---

[1] See Michael I. Jeffery, *Bioprospecting: Access to Genetic Resources and Benefit-sharing under the Convention on Biodiversity and the Bonn Guidelines*, 6 Singapore Journal of International & Comparative Law 747 (2002).

[2] See UN, A/CONF. 232/2020/3, Article 12 (2).

《"BBNJ国际协定"草案修改稿》第12条第3款第a项确立了ABNJ海洋遗传资源来源披露制度，规定缔约国应酌情采取必要的立法、行政或政策措施，以确保利用或曾经利用ABNJ海洋遗传资源的发明专利申请人披露其产地，并于第12条第3款第b项规定了法律后果，即不符合协定规定的与利用ABNJ海洋遗传资源有关的知识产权申请不应予以批准。

第四节　本章小结

蕴含海洋善治理念的ABNJ海洋遗传资源获取制度，可以保障各国开发机会均等，并能为ABNJ海洋遗传资源利用监测机制建立监测基点，从而促进公正公平惠益分享的实现，并最终实现ABNJ海洋遗传资源的长期养护和可持续利用。

第一，在获取程序规范方面，确立恰当的获取规制模式：其一，为保障获取制度与惠益分享制度的顺畅衔接，并实现信息透明化以对ABNJ海洋遗传资源的利用进行有效监测，须确立ABNJ海洋遗传资源获取规制模式。同时，为促进有关ABNJ海洋遗传资源的新知识生成和技术创新、增进人类共同福祉，需要构建相对宽松的获取规制模式，从而避免阻碍ABNJ海洋遗传资源的开发进程。基于海洋善治理念，为实现ABNJ海洋遗传资源获取制度与惠益分享制度的有效衔接，在ABNJ海洋遗传资源获取规制模式问题上，本书主张原地获取以基于通知的模式为主，辅之以许可证制度；异地获取和由电脑模拟获取采取基于通知的模式。其二，从主体界定、时间要求以及通知规则等方面设置ABNJ海洋遗传资源获取的程序规则，并建立信息交换机制和追踪跟踪制度等监测机制。

第二，在获取实体规范方面，设置合理的获取条款和条件：其一，区分获取类型，分别设置原地获取、异地获取和由电脑模拟获取的条款和条件；其二，将ABNJ海洋遗传资源获取条款和条件的设置与"BBNJ国际协定"另外两个议题即划区管理工具、环境影响评估进行制度衔接。

第三,构建 ABNJ 海洋遗传资源获取制度,还要关注 ABNJ 海洋遗传资源获取过程中相关知识的法律保护与知识产权制衡,以协调发达国家与发展中国家的利益冲突,平衡资源开发利用过程中的公平与效率之间的张力:其一,移植《生物多样性公约》体系的相关规定,以"事先知情同意"与"共同商定条件"为制度基石,构建 ABNJ 海洋遗传资源相关传统知识获取制度,以保护相关传统知识;其二,明确与 ABNJ 海洋遗传资源有关的可获专利的客体范围、确立来源披露制度,将 ABNJ 海洋遗传资源获取制度与知识产权制度进行有效衔接,以实现对相关现代知识的法律保护和知识产权的合理制衡。

第四章

国家管辖范围以外区域海洋遗传资源惠益分享制度

基于海洋善治理念维护全人类共同利益、可持续利用海洋及其资源的核心内涵,构建 ABNJ 海洋遗传资源惠益分享制度来规范该资源的开发利用,旨在实现公正公平的惠益分享以及 ABNJ 海洋遗传资源的养护和可持续利用。本章以海洋善治理念为理论基础,以人类共同继承财产原则为制度内核,分析"BBNJ 国际协定"中 ABNJ 海洋遗传资源惠益分享制度的构建问题。

遗传资源的惠益分享(benefit-sharing)是指分享因利用遗传资源所产生的惠益。《生物多样性公约》第 1 条将"公平合理分享由利用遗传资源而产生的惠益"规定为公约的目标之一,并设置了遗传资源惠益分享制度,以平衡发达国家与发展中国家在遗传资源开发利用过程中的实力悬殊。[1] 国际法领域内设置惠益分享制度的初衷是为了解决环境治理中的不公平问题,尤其是着重对发展中国家、土著居民以及地方社区相关权益的维护。[2] 作为一种新型海洋资源,ABNJ 海洋遗传资源对技术能力和资金条件提出了更高要求。实践中,发达国家与发展中国家开发能力的严重失衡,导致 ABNJ 海洋遗传资源这一全球公域内的资源目前仅为发达国家所独享,[3]需要构建 ABNJ 海洋

[1] 这种实力悬殊在 ABNJ 海洋遗传资源的开发利用上体现得更为明显。See Erica Wales, *Marine Genetic Resources: The Clash between Patent Law and Marine Law*, 29 Natural Resources & Environment 44 (2015).

[2] See Louisa Parks, *Beneft-sharing in Environmental Governance: Local Experiences of a Global Concept*, Routledge, 2020, p. 2-3.

[3] See John Samuel Bird, *Bio-piracy on the High Seas? Benefit Sharing from Marine Genetic Resources Exploitation in Areas beyond National Jurisdiction*, 9 Natural Resources 413 (2018).

遗传资源惠益分享制度以进行利益再分配,以实现矫正正义。

一项法律制度涵盖静态法律规则和动态实施机制,ABNJ 海洋遗传资源惠益分享制度还关涉相关知识的法律保护和知识产权制衡问题,本章将从以下三方面研究 ABNJ 海洋遗传资源的惠益分享制度:其一,借鉴相关国际法律制度经验,从静态国际法规则的角度,研究 ABNJ 海洋遗传资源惠益分享的基本规则;其二,总结国际法律实践经验,从动态实施机制的角度,研究 ABNJ 海洋遗传资源惠益分享模式以及与惠益分享相关的利用监测机制;其三,从协调各国利益冲突、平衡公平与效率之间张力的角度,研究 ABNJ 海洋遗传资源惠益分享制度构建过程中相关知识的法律保护和知识产权制衡。

第一节 国家管辖范围以外区域海洋遗传资源惠益分享基本规则

目前,发达国家已经在开发利用 ABNJ 海洋遗传资源,并借助知识产权制度固化既得利益,发展中国家则主张分享因利用该全球公域内的资源所产生的惠益。[1] 在"BBNJ 国际协定"的谈判过程中,国际社会已就分享因利用 ABNJ 海洋遗传资源所产生惠益的必要性基本达成共识,[2]但对于惠益分享的基本规则还须进一步讨论。

一、遗传资源惠益分享现有国际法律规则借鉴

本部分梳理现有遗传资源相关国际法规则,以期从中获取国际造法经验,并保障不同国际法律文书之间的衔接和一致性。

〔1〕 See Richard J. Mclaughlin, *Foreign Access to Shared Marine Genetic Materials: Management Options for a Quasi-fugacious Resoures*, 34 Ocean Development and International Law 297 (2003).

〔2〕 See Anja Morris, *Marine Genetic Resources in Areas beyond National Jurisdiction: How should the Exploitation of the Resources be Regulated?*, 22 New Zealand Journal of Environmental Law 57 (2018).

(一)《生物多样性公约》体系下的惠益分享规则

为实现公正公平的惠益分享,《生物多样性公约》初步创立了以下遗传资源惠益分享规则:其一,《生物多样性公约》第 15 条第 5 款规定了“事前知情同意”程序。遗传资源提供国基于对其国家管辖范围以内区域遗传资源所享有的主权,有权决定是否准许获取。其二,《生物多样性公约》第 15 条第 4 款规定了“共同商定条件”(mutually agreed terms)。在共同商定条件的前提下,获取方与提供方签订惠益分享协议,承担分享研究和开发成果以及其他方面的惠益、技术转让、信息交流、技术合作与能力建设以及向遗传资源提供国特别是发展中国家提供资金等义务,以此作为获取资源的对价。[1] 作为一份自愿性准则的《波恩准则》,细化了《生物多样性公约》“事前知情同意”“共同商定条件”的规定,使其具有可操作性。此外,《波恩准则》对基于“共同商定条件”的惠益分享规则的一个重要发展是将惠益的类型明确分为货币惠益和非货币惠益,并在附件中详细地列举了具体惠益形式。[2]

《名古屋议定书》进一步细化《生物多样性公约》“事前知情同意”“共同商定条件”的规定,以此确立了双边机制下较为完备的遗传资源惠益分享规则:其一,规定惠益分享主体原则上为遗传资源利用者与提供国。实践中,遗传资源利用者多为发达国家及其国内企业,而提供国多为发展中国家,鉴于两者在生物科学技术方面实力悬殊,设置惠益分享的目的在于矫正遗传资源开发利用过程中的实质不正义。[3] 其二,明确遗传资源惠益类型包括货币惠益与非货币惠益,并以清单形式列举了两种惠益类型的具体形式。其三,惠益分享的具体安排以利用者和提供国之间的惠益分享协议确定,惠益分享的内容取决于协议双方的共同商定条件,以此强化发展中国家的话语权。此外,《名古屋议定书》第 10 条还提出在跨境的情况下或无法准予或获得事先知情同意的情况下,建立多边惠益分享机制,但由于仅是倡议性条款,并未设

---

[1] Convention on Biological Diversity, Articles 15 (7), 16-20.

[2] 参见张小勇:《遗传资源国际法问题研究》,知识产权出版社 2017 年版,第 70 页。

[3] See Marjo Vierros, Curtis A. Suttle, Harriet Harden-Davies & Geoff Burton, *Who Owns the Ocean? Policy Issues Surrounding Marine Genetic Resources*, 25 Limnology and Oceanography Bulletin 29 (2016).

置实质性规则，该机制怎样制定及其实效性如何并不明确。

《生物多样性公约》体系将惠益分享作为获取遗传资源的对价，以确认遗传资源提供国对资源享有主权为前提，以“事前知情同意”“共同商定条件”为两大制度基石，确立了双边机制下的遗传资源惠益分享规则。对于 ABNJ 海洋遗传资源而言，由于 ABNJ 不存在国家主权和主权权利，而且仅存在资源的利用方而不存在提供方，故该双边机制下的惠益分享规则无法适用于 ABNJ 海洋遗传资源的惠益分享。即使《名古屋议定书》第 10 条提出了一个全球多边惠益分享机制，由于仅是倡议性条款，未设置具体的规则。但是，《名古屋议定书》确立了双边机制下较为系统的惠益分享规则，可为 ABNJ 海洋遗传资源惠益分享基本规则的设置提供有关惠益分享的国际造法经验。

（二）《粮食和农业植物遗传资源国际条约》中的惠益分享规则

《粮农条约》第四部分确立了粮农植物遗传资源获取与惠益分享的多边系统，其中惠益分享规则主要包括以下内容：其一，《粮农条约》第 13 条第 1 款提出了公平合理的惠益分享目标，指出便利获取多边系统中的粮农植物遗传资源本身即为一项重要的非货币惠益。其二，《粮农条约》第 13 条第 2 款明确了粮农植物遗传资源的货币惠益与非货币惠益两种惠益类型以及信息交流、技术获取和转让、能力建设以及分享商业化产生惠益的四种具体形式。《粮农条约》主要目的并非分享商业化惠益，而是保障粮食安全，故以非货币惠益为主。[1] 此外，《粮农条约》第 13 条第 2 款第 d 项第 ii 目与第 19 条第 3 款第 f 项作出强制性货币惠益分享的规定，并设置惠益分享基金；第 13 条第 2 款第 d 项第 ii 目与第 13 条第 6 款作出了自愿性货币惠益分享的规定。其三，《粮农条约》第 13 条第 3 款明确了惠益分享受益者，即保存并持续利用粮农植物遗传资源的各国农民。其四，2006 年通过的标准化材料转让协定对于《粮农条约》多边系统中的惠益分享安排十分重要，其通过合同关系将惠益分享规则约束实际当事方。

---

〔1〕 参见郑苗壮、刘岩、裘婉飞：《国家管辖范围以外区域海洋生物多样性焦点问题研究》，载《中国海洋大学学报（社会科学版）》2017 年第 1 期。

《粮农条约》多边系统中的惠益分享规则，亦以承认国家主权为基础，[1]且仅适用于附件一所列出的64种粮农植物遗传资源，故无法直接移植其具体规则来规制ABNJ海洋遗传资源惠益分享活动。再者，从国际实践的结果来看，《粮农条约》惠益分享多边系统的实效性亦存有疑问。[2] 但是，作为目前唯一正在运行的惠益分享多边系统，其国际造法经验和实践经验，可为ABNJ海洋遗传资源惠益分享制度的构建提供较有针对性的参考。

二、国家管辖范围以外区域海洋遗传资源惠益分享基本规则设置

借鉴上述双边机制与多边系统下的现有遗传资源惠益分享规则，结合"BBNJ国际协定"历次政府间会议谈判文本，ABNJ海洋遗传资源惠益分享的基本国际法规则至少应涵盖以下问题：其一，惠益分享主体；其二，惠益分享范围；其三，惠益分享安排。此外，还要注意与获取规制模式、获取条款和条件的制度衔接。

（一）国家管辖范围以外区域海洋遗传资源惠益分享主体

有关ABNJ海洋遗传资源惠益分享主体的国际法律规则，主要是界定惠益分享提供者与受益者的主体范围。

1. 惠益分享提供者

界定惠益分享提供者的主体范围，即解决由谁来分享因利用ABNJ海洋遗传资源所产生惠益的问题。"BBNJ国际协定"第二届政府间会议《主席协助谈判文件》关于惠益分享提供者的界定有五个备选案文：其一，从ABNJ海洋遗传资源开发中获益的实体应分享这些惠益；其二，ABNJ海洋遗传资源的所有使用者应分享这些资源的利用所产生的惠益；其三，海洋科学研究者应分享由此产生的惠益；其四，获取、研究或开发和利用ABNJ海洋遗传资源的缔约国应分享由此产生的惠益；其五，与ABNJ海洋遗传资源有关的活动的提

〔1〕 See International Treaty on Plant Genetic Resources for Food and Agriculture, Article 10.1.

〔2〕 参见袁雪、廖宇程：《国家管辖范围外区域海洋遗传资源的获取和惠益分享：机制选择与中国方案》，载《中国海洋大学学报（社会科学版）》2019年第5期。

议者和获得专利并开发某种商业产品的公司或实体应分享由此产生的惠益。[1]

上述五个备选案文关于惠益分享提供者的范围规定,需要进一步限缩和明确。如本书第一章分析,海洋科学研究不同于有关 ABNJ 海洋遗传资源的生物勘探活动,"BBNJ 国际协定"仅规范后者,故界定相关活动主体对于确定惠益分享提供者的范围尤为重要。基于本书第二章分析,ABNJ 海洋遗传资源的活动主体由缔约国会议按照"BBNJ 国际协定"的规定进行安排和控制。《"BBNJ 国际协定"草案修改稿》第 9 条第 1 款对 ABNJ 海洋遗传资源的相关活动主体进行了界定,即可由所有缔约国及其自然人或法人根据"BBNJ 国际协定"规定的条件开展。基于此,《"BBNJ 国际协定"草案修改稿》第 11 条第 1 款明确了惠益分享提供者的范围,规定由获取、利用 ABNJ 海洋遗传资源的缔约国及其国民根据协定的规定进行惠益分享。[2] 鉴于该条款属于"方括号条款",需要进一步谈判的是,惠益分享提供者是否仅包括"获取"海洋遗传资源者,还是也包括"利用"海洋遗传资源者。再者,《"BBNJ 国际协定"草案修改稿》第 11 条第 15 款对"海洋遗传资源的利用"的界定亦是一个"方括号条款",[3]包括对海洋遗传资源本身的研究和发展以及嗣后"开发此种资源",所以这两个条款的谈判结果均决定着惠益分享提供者的范围。[4]

2. 惠益分享受益者

界定惠益分享受益者的主体范围,即解决向谁分享因利用 ABNJ 海洋遗传资源所产生惠益的问题。"BBNJ 国际协定"第二届政府间会议《主席协助谈判文件》惠益分享受益者的范围界定亦有五个备选案文:其一,缔约国,特

---

[1] See UN, A/CONF. 232/2019/1, Part Two, Ⅲ. 3. 2. 2.

[2] 《"BBNJ 国际协定"草案修改稿》第 11 条第 1 款规定:"已[收集][获取][利用]国家管辖范围以外区域海洋遗传资源的缔约国,包括其国民,[应][可][根据本部分的规定][公正和公平地]与其他缔约国分享由此产生的惠益,同时考虑到发展中缔约国,特别是最不发达国家、内陆发展中国家、地理不利国家、小岛屿发展中国家、非洲沿海国家和中等收入发展中国家的特殊需求。"

[3] 《"BBNJ 国际协定"草案修改稿》第 11 条第 15 款规定:"'海洋遗传资源的利用'指进行海洋遗传资源的遗传和(或)生物化学组成的研究和发展[,以及开发此种资源]。"

[4] 参见刘思竹:《论国家管辖范围外海洋遗传资源的惠益分享制度》,载《政法论丛》2020 年第 5 期。

别是发展中国家，如小岛屿发展中国家、最不发达国家和地理不利国家，并以需求评估为基础；同时认识到内陆发展中国家的需求和特殊境况。其二，发展中缔约国，具体分配给小岛屿发展中国家，一些惠益作为优先事项分配给毗邻的小岛屿发展中国家。受惠方也可包括非政府实体，如学术或研究机构或沿海社区等。其三，所有国家，特别是最不发达国家、内陆发展中国家、地理条件不利国家、小岛屿发展中国家和非洲沿海国家。其四，发展中国家，特别是最不发达国家、内陆发展中国家、小岛屿发展中国家和非洲沿海国家。其五，可能需要并请求提供技术援助的缔约国，特别是发展中国家。[1]

为进一步限缩和明确上述有关惠益分享受益者范围的规定，须结合人类共同继承财产原则的法律内涵和 ABNJ 海洋遗传资源获取与惠益分享制度的宗旨和目的来分析。基于人类共同继承财产原则的立场，ABNJ 海洋遗传资源为所有国家共同享有，实际开发利用主体之外的所有国家均可以分享因利用 ABNJ 海洋遗传资源所产生惠益；[2] 为全人类利益而利用该资源，须设置合理的惠益分享制度以促进公正和公平的惠益分享；基于海洋善治的公平与兼容并蓄要素，还要考虑到发展中国家，特别是最不发达国家、内陆发展中国家、地理不利国家、小岛屿发展中国家、非洲沿海国家和中等收入发展中国家的特殊利益和需要。[3]

《"BBNJ 国际协定"草案修改稿》第 11 条第 1 款明确了惠益分享受益者的范围，体现了人类共同继承财产原则的上述法律内涵，规定 ABNJ 海洋遗传资源获取、利用主体之外的其他缔约国分享由此产生的惠益，同时考虑到发展中缔约国，特别是最不发达国家、内陆发展中国家、地理不利国家、小岛屿发展中国家、非洲沿海国家和中等收入发展中国家的特殊利益诉求。

(二) 国家管辖范围以外区域海洋遗传资源惠益分享范围

有关 ABNJ 海洋遗传资源惠益分享范围的规则解决分享何种惠益类型的

---

[1] See UN, A/CONF. 232/2019/1, Part Two, Ⅲ. 3. 2. 2.

[2] See Lilian del Castillo, ed., *Law of the Sea, From Grotius to the International Tribunal for the Law of the Sea*, Brill Nijhoff, 2015, p. 295.

[3] See UN, A/CONF. 232/2020/3, Article 9 (4).

问题。借鉴以往国际造法经验,《生物多样性公约》体系以及《粮农条约》规定遗传资源惠益类型有货币惠益和非货币惠益两种。[1] "BBNJ 国际协定"谈判过程中,美国、韩国、俄罗斯以及欧盟等认为 ABNJ 海洋遗传资源获益类型应仅限于非货币惠益;[2] 77 国集团、墨西哥、中国等主张惠益分享应涵盖货币惠益和非货币惠益;也有部分国家与国际组织认为在兼顾两者基础上应给予非货币惠益分享更多的关注。[3]

"BBNJ 国际协定"第三届政府间会议期间,各代表团普遍支持非货币惠益分享,对于货币惠益分享还需要作进一步讨论。[4] 检视谈判文本,《"BBNJ 国际协定"草案修改稿》第 11 条第 2 款指出 ABNJ 海洋遗传资源的惠益包括货币惠益和非货币惠益。基于海洋善治理念的可持续利用海洋及其资源、维护全人类共同利益的核心内涵,惠益分享涵盖这两种类型,可以促进 ABNJ 海洋遗传资源的养护和可持续利用,并且能实现该资源开发利用过程中的实质公平。

1. 货币惠益

货币惠益(monetary benefits)是指以某种货币为表现形式的惠益。依据《波恩准则》附件二以及《名古屋议定书》附件所列出的货币惠益指示性清单,其主要形式包括但不限于:获取费/每份样本的费用;首期付费;阶段性付费;支付使用费;对商业化收取的许可费;交存生物多样性保护与可持续利用信托基金的特别费用;工资和共同商定的优惠条件;提供教育、研究和培训经费;合资企业;相关知识产权的共同所有权等。

---

[1] See the Convention on Biological Diversity, Articles 15 (7), 16 (3), 19 (2); Bonn Guidelines on Access to Genetic Resources and Fair and Equitable Sharing of the Benefits Arising out of Their Utilization, Annex Ⅱ; Nagoya Protocol on Access to Genetic Resources and Fair and Equitable Sharing of the Benefits Arising from of Their Utilization, Articles 5(4), Annex; International Treaty on Plant Genetic Resources for Food and Agriculture, Article 13, Annex.

[2] See Elizabeth M. De Santo, Elizabeth Mendenhall, Elizabeth Nyman & Rachel Tiller, *Stuck in the Middle with You (and not Much Time Left): The Third Intergovernmental Conference on Biodiversity beyond National Jurisdiction*, 117 Marine Policy 1 (2020).

[3] 参见刘思竹:《论国家管辖范围外海洋遗传资源的惠益分享制度》,载《政法论丛》2020 年第 5 期。

[4] See UN, A/CONF. 232/2019/10, Annex, Oral Reports of the Facilitators of the Informal Working Groups to the Plenary on 30 August 2019, Part Ⅰ. Informal Working Group on Marine Genetic Resources, including Questions on the Sharing of Benefits.

货币惠益分享的核心是资源开发利用者的付款义务，而目前仅有部分发达国家具备开发利用 ABNJ 海洋遗传资源的能力，而且该活动的周期长、收益不确定，过度侧重货币惠益分享，将会挫伤这些国家的开发热情，进而阻碍 ABNJ 海洋遗传资源开发利用活动的进行。正因如此，在“BBNJ 国际协定”谈判过程中，部分发达国家不支持货币惠益分享。[1]

如第二章分析，本书选择“人类共同继承财产原则”的立场。基于该立场，ABNJ 海洋遗传资源的分配要促进代内公平和代际公平的实现。在国际社会获取 ABNJ 海洋遗传资源能力存在明显差异的情况下，货币惠益分享可以在一定程度上矫正宽松的获取制度所引发的海洋权益初始分配不正义，通过海洋权益的再分配使不具备获取能力的国家亦能分享因利用 ABNJ 海洋遗传资源所产生的货币惠益；[2]同时，一定比例的货币惠益分享亦可以保证相关科研的顺利进行和国际管理机构的正常运转，以促进 ABNJ 海洋遗传资源的长期养护和可持续利用，实现代际公平。在解决货币惠益必要性论证的基础上，如何平衡其与非货币惠益的比重则是“BBNJ 国际协定”谈判工作所要关注的重点问题。

关于 ABNJ 海洋遗传资源货币惠益的具体形式，“BBNJ 国际协定”政府间会议谈判未提及，是否借鉴《波恩准则》《名古屋议定书》以附件形式列出的货币惠益指示性清单，有待于“BBNJ 国际协定”的后续谈判。

2. 非货币惠益

非货币惠益(non-monetary benefits)是指货币形式以外的惠益。依据《波恩准则》附件二以及《名古屋议定书》附件所列出的非货币惠益指示性清单，其主要形式包括但不限于：分享研究和开发成果；在科研和开发项目，特别是在生物技术研究活动中进行协调、合作和提供捐助；参与产品开发；在教

---

[1] See Rachel Tiller, Elizabeth De Santo, Elizabeth Mendenhall, Elizabeth Nyman, *The Once and Future Treaty: Towards a New Regime for Biodiversity in Areas beyond National Jurisdiction*, 99 Marine Policy 239 (2019).

[2] See Anja Morris, *Marine Genetic Resources in Areas beyond National Jurisdiction: How should the Exploitation of the Resources be Regulated?*, 22 New Zealand Journal of Environmental Law 57 (2018).

育和培训方面进行协调，合作和提供捐助；允许利用遗传资源异地设施和数据库；根据公正和最有利的条件转让知识和技术；加强技术转让的能力；体制能力建设；提供人力和物力资源；科技人员培训；建立长期的机构和合作关系；相关知识产权的共同所有权等。

非货币惠益分享可在一定程度上矫正宽松的获取制度所引发的获取机会不均等问题，通过能力建设和海洋技术转让等形式，使原本不具备获取能力的国家亦能参与到 ABNJ 海洋遗传资源开发利用活动中来。[1] 此外，非货币惠益分享亦可以促进建立一个有关 ABNJ 海洋生物材料的"公共池塘"，以此确保异地获取的自由开放性。[2] 鉴于开发利用 ABNJ 海洋遗传资源对技术要求比较高，提升发展中国家的开发利用能力才是惠益分享制度的重心所在。同时，为避免过度侧重货币分惠益而挫伤发达国家的开发利用 ABNJ 海洋遗传资源的热情，惠益类型应以非货币惠益为主。"BBNJ 国际协定"谈判工作就非货币惠益分享已基本达成共识。[3]

关于 ABNJ 海洋遗传资源非货币惠益的具体形式，"BBNJ 国际协定"第二届政府间会议《主席协助谈判文件》指出其包括但不限于能力建设、交流和向公众提供信息和科学知识、获取样本和样本集、获得技术和技术知识以及技术转让。[4] 《"BBNJ 国际协定"草案修改稿》第 11 条第 3 款第 b 项亦进行了不完全列举："样本获取或样本收集、分享信息、技术转让和能力建设。"

"BBNJ 国际协定"关于非货币惠益具体形式的规定，是否借鉴《波恩准则》《名古屋议定书》，以附件形式列出的非货币惠益指示性清单，有待于"BBNJ 国际协定"的后续谈判。

---

〔1〕 See Jane Eva Collins, Harriet Harden-Davies, Marcel Jaspars, Torsten Thiele, Thomas Vanagt & Isabelle Huys, *Inclusive Innovation: Enhancing Global Participation in and Benefit Sharing Linked to the Utilization of Marine Genetic Resources from Areas beyond National Jurisdiction*, 109 Marine Policy 1 (2019).

〔2〕 See Catherine Banet ed., *The Law of the Seabed: Access, Uses, and Protection of Seabed Resources*, Brill Nijhoff, 2020, p. 248.

〔3〕 "能力建设和海洋技术转让"作为 ABNJ 海洋遗传资源非货币惠益形式，亦为"BBNJ 国际协定"的核心议题之一。

〔4〕 See UN, A/CONF. 232/2019/1, Part Two, Ⅲ. 3. 2. 2.

（三）国家管辖范围以外区域海洋遗传资源惠益分享安排

《生物多样性公约》体系以及《粮农条约》就货币惠益和非货币惠益两种惠益分享类型建立了一套成熟的惠益分享机制，可为 ABNJ 海洋遗传资源惠益分享的具体安排提供国际造法经验。此外，《海洋法公约》、1994 年《执行协定》以及国际海底管理局先后制定的一系列勘探规章，建立了一套成熟的“区域”矿物资源分配机制，也可为有关 ABNJ 海洋遗传资源惠益分享安排的国际法规则所借鉴。[1] 本部分基于人类共同继承财产原则的立场，以海洋善治理念为论证基础，以公正公平的惠益分享为制度宗旨，从惠益分享的内容、时间以及所分享惠益的用途三个方面分析 ABNJ 海洋遗传资源惠益分享的具体安排。

1. 惠益分享的内容

关于 ABNJ 海洋遗传资源惠益分享的内容，第二届政府间会议《主席协助谈判文件》设置了备选案文：(1) 针对货币惠益分享，提出以下案文：其一，在商业化时，惠益应以阶段式付费形式分享。其二，在两个备选案文中规定了付款额相关事宜：(a) 付款方式为基于针对具体部门的预先确定的比例（如已获专利，则比例更高）；(b) 付款额为 ABNJ 海洋遗传资源的商业利用所得收入净额的 1%。其三，规定货币惠益向“BBNJ 国际协定”所建立的公共信托基金支付。(2) 针对非货币惠益分享，规定样本、数据和有关信息应在收集时通过开放存取的方式提供。[2]

遗憾的是，上述备选案文未体现在《“BBNJ 国际协定”草案修改稿》中。为确保 ABNJ 海洋遗传资源惠益分享制度的实效性和可操作性，与下文所要分析的强制性的惠益分享模式相联系，需要在特定场合明确惠益分享的内容。此外，可以参照《名古屋议定书》设置指示性清单，以指导 ABNJ 海洋遗传资源的惠益分享，[3] 但要注意 ABNJ 海洋遗传资源的特殊性，不能全盘照

[1] 参见刘惠荣、纪晓昕：《国家管辖外深海遗传资源的归属和利用——兼析以知识产权为基础的惠益分享制度》，载《法学论坛》2009 年第 4 期。

[2] See UN, A/CONF. 232/2019/1, Part Two, Ⅲ. 3.2.2.

[3] 参见徐靖、郑苗壮、刘岩、刘文静、银森录、李俊生：《国家管辖范围外海域海洋遗传资源获取和惠益分享机制构建建议》，载《生物多样性》2016 年第 1 期。

搬《名古屋议定书》有关惠益分享内容的规定。所应坚持的原则是,在鼓励发达国家开发利用ABNJ海洋遗传资源与保障发展中国家公平分享因利用该资源所产生的惠益之间寻求平衡。

2. 惠益分享的时间

如前所述,ABNJ海洋遗传资源有原地获取、异地获取、由电脑模拟获取三种不同获取类型,并且开发利用ABNJ海洋遗传资源,也往往要经过前期研发、专利申请、实现商业化等不同阶段,在不同阶段会产生不同惠益,故有必要针对不同获取类型的特点以及不同利用阶段规定惠益分享的时间。

《"BBNJ国际协定"草案修改稿》第11条第3款规定了因利用ABNJ海洋遗传资源所产生的惠益应根据下列规定在不同阶段分享:(1)货币惠益在由电脑模拟获取的保密期分享,或在将基于ABNJ海洋遗传资源的产品商业化时分享。(2)非货币惠益在获取、研究和利用ABNJ海洋遗传资源时分享,并考虑设置一定年限,期限届满后,在考虑到该领域的现有国际惯例的前提下通过信息交换机制以开放使用方式提供样本、数据和相关信息。

3. 所分享惠益的用途

基于海洋善治理念法律内涵,ABNJ海洋遗传资源惠益分享的目的在于构建公正公平的国际经济秩序,并促进BBNJ的养护与可持续利用。[1] 同时,鉴于ABNJ海洋遗传资源的商业化实例很有限,该资源的潜在价值尚待挖掘。基于人类共同海洋利益的考量,ABNJ海洋遗传资源的惠益分享,应用以鼓励相关科学研究、技术创新以及知识生成,不应对有关ABNJ海洋遗传资源的科学研究和技术创新设置阻碍。[2]

《"BBNJ国际协定"草案修改稿》对此作出规定,基本上考虑到了上述因素,于第11条第4款指出分享因利用ABNJ海洋遗传资源所产生的惠益,应用于以下目的:其一,促进BBNJ的养护和可持续利用;其二,促进ABNJ海洋遗传资源的科学研究和为获取此类资源提供便利;其三,建设获取和利用

---

[1] See Tullio Scovazzi, *Open Questions on the Exploitation of Genetic Resources in Areas beyond National Jurisdiction*, 107 American Society of International Law Proceedings 119 (2013).

[2] 参见李浩梅:《国家管辖范围以外区域海洋遗传资源的国际治理——欧盟方案及其启示》,载《太平洋学报》2020年第6期。

ABNJ 海洋遗传资源的能力，包括共同供资或集合供资出海考察研究，并在可邀请毗邻沿海国参与的样本收集和数据获取方面开展协作，同时考虑到有意参加国的不同经济情况；其四，建立和加强缔约国的能力，以养护和可持续利用 BBNJ，重点关注小岛屿发展中国家；其五，支持海洋技术转让；其六，协助发展中缔约国出席缔约方会议。

第二节 国家管辖范围以外区域海洋遗传资源惠益分享实施机制

前文分析了 ABNJ 海洋遗传资源惠益分享静态国际法规则问题，本节探讨相关的动态实施机制问题：其一，ABNJ 海洋遗传资源的惠益分享模式（benefit-sharing modalities），即惠益分享的实现途径和方式。“BBNJ 国际协定”第二届政府间会议《主席协助谈判文件》（A/CONF. 232/2019/1）以备选案文形式提出了强制模式和自愿模式两种模式。[1] 其二，ABNJ 海洋遗传资源利用监测机制是惠益分享得到有效实施的保障，亦放在本节探讨。

一、国家管辖范围以外区域海洋遗传资源惠益分享模式

梳理现有相关国际法学理论和实践，目前遗传资源惠益分享模式有强制模式和自愿模式两种。[2] “BBNJ 国际协定”第二届政府间会议《主席协助谈判文件》（A/CONF. 232/2019/1）也明确提及了这两种模式。“BBNJ 国际协定”第三届政府间会议谈判期间，美国、韩国等国家主张自愿模式；中国、77 国集团、加勒比共同体以及非洲集团（African Group）等支持强制模式。[3] 此

〔1〕 See UN, A/CONF. 232/2019/1, Part Two, Ⅲ. 3. 2. 2.

〔2〕 参见高建勋、欧任贵：《公海生物基因资源的惠益分享机制初探——以人类命运共同体为视角》，载《海南热带海洋学院学报》2019 年第 4 期。

〔3〕 See Elizabeth M. De Santo, Elizabeth Mendenhall, Elizabeth Nyman & Rachel Tiller, *Stuck in the Middle with You (and not Much Time Left): The Third Intergovernmental Conference on Biodiversity beyond National Jurisdiction*, 117 Marine Policy 1 (2020).

外,《“BBNJ 国际协定”草案修改稿》也有多处案文体现了这两种惠益分享模式。[1]

(一)遗传资源惠益分享模式介绍及可适用性分析

本部分对现有国际法律实践关于遗传资源惠益分享的两种模式即强制模式和自愿模式进行梳理介绍,并以海洋善治理念为论证基础,分析这两种模式对于 ABNJ 海洋遗传资源惠益分享的可适用性。

1. 遗传资源惠益分享的强制模式

遗传资源惠益分享的强制模式,是指通过国际法律文件明确相关主体在惠益分享过程中的权利义务,虽然仍可以通过缔结协议来实现各自的权利、义务,但不得违背相关国际法律文件所确立的准则。[2]

遗传资源惠益分享强制模式在现有国际法律文件中已有实践,比如《粮农条约》多边系统设置有遗传资源惠益分享强制模式的条款。《粮农条约》第 13 条第 2 款第 d 项第 ii 目提出了强制货币惠益分享的要求,指出如果研究人员开发的产品源自从《粮农条约》所访问的材料,且开发者决定利用知识产权制度限制他人获取所发明的产品,则开发者有义务向惠益分享基金支付产品销售额的一定百分比。[3]

主张遗传资源惠益分享强制模式的主要是发展中国家,由于其生物技术水平相对落后,遗传资源的开发利用活动有限,实践中又无法公正公平地分享惠益,于是希望通过有利于发展中国家的惠益分享国际法规则来保障自己的利益,但这种主张受到了发达国家的普遍反对。

ABNJ 海洋遗传资源惠益分享制度要调和发达国家与发展中国家间的这种利益冲突,以促成公正公平的惠益分享,实现该资源的养护和可持续利用,[4]这也是确立惠益分享模式所要考量的关键因素。基于海洋善治理念维

---

[1] See UN, A/CONF. 232/2020/3, Articles 44, 45, 52, etc.

[2] 参见史学瀛:《生物多样性法律问题研究》,人民出版社 2007 年版,第 158 页。

[3] 参见袁雪、廖宇程:《国家管辖范围外区域海洋遗传资源的获取和惠益分享:机制选择与中国方案》,载《中国海洋大学学报(社会科学版)》2019 年第 5 期。

[4] See Ved P. nanda George (Rock) Pring, *International Environmental Law and Policy for the 21st Century*, 2nd revised edition, Martinus Nijhoff Publishers, 2013, p. 428.

护全人类共同利益、可持续利用海洋及其资源的核心内涵，强制模式对于ABNJ海洋遗传资源的惠益分享亦具有可适用性：其一，克服目前发达国家对于分享利用ABNJ海洋遗传资源所产生惠益意愿不足的现状，[1]确保惠益分享制度的实效性，保证公正公平惠益分享的实现；其二，利用强制模式来维系惠益分享机制的持续运行，促进ABNJ海洋遗传资源长期养护和可持续利用目标的实现。

需要注意的是，强制模式较为符合多边机制的特点，但这并不意味着多边机制无自愿模式的适用余地，也不意味着自愿模式与强制模式非此即彼。此外，基于海洋善治的公平与兼容并蓄要素，从平衡资源开发利用的公平与效率的角度上看，强制模式尽管有利于促进惠益分享的实现，但是过度的公法管制会减损开发利用者的热情，继而影响到惠益的产生和分享。[2] 故在ABNJ海洋遗传资源惠益分享制度的构建过程中，需要明确界定强制模式的适用场合以及程序要求。

2. 遗传资源惠益分享的自愿模式

遗传资源惠益分享的自愿模式，是指遗传资源利用方和提供方在自愿基础上通过协商谈判，以缔结合同的形式确定各自的权利、义务，在相关国际法律框架下确定惠益分享的实现方式。[3]

《生物多样性公约》体系双边机制下的“共同商定条件”，规定由遗传资源提供方与利用方在公约框架内共同商定获取条款和条件以及惠益分享安排，在一定程度上体现出“自愿模式”的思想。[4] 《粮农条约》多边系统亦有适用自愿模式的规定，该公约第13条第6款规定了自愿性捐款的形式，与《粮

[1] 参见袁雪、廖宇程：《国家管辖范围外区域海洋遗传资源获取和惠益分享的制度化建构》，载《南昌大学学报（人文社会科学版）》2019年第5期。

[2] 参见高建勋、欧任贵：《公海生物基因资源的惠益分享机制初探——以人类命运共同体为视角》，载《海南热带海洋学院学报》2019年第4期。

[3] 参见史学瀛：《生物多样性法律问题研究》，人民出版社2007年版，第159页。

[4] See Fran Humphries, Hiroko Muraki Gottlieb, Sarah Laird, Rachel Wynberg, Charles Lawson, Michelle Rourke, Morten Walløe Tvedt, Maria Julia Oliva & Marcel Jaspars, *A Tiered Approach to the Marine Genetic Resource Governance Framework under the Proposed UNCLOS Agreement for Biodiversity beyond National Jurisdiction* (*BBNJ*), 122 Marine Policy 1 (2020).

农条约》第 13 条第 2 款第 d 项第 ii 目构成了自愿性惠益分享安排。此外，自愿模式在区域立法和国家立法中亦有法律实践，比如“美国国家癌症研究所”。[1]

美国、日本等国家奉行自愿模式，强调遵循相关主体的意愿，以便于惠益分享制度的实施，提高惠益分享的效率。[2] 但是对于发展中国家而言，由于资金和技术有限，加之谈判能力、国家立法等方面的不足，在自愿模式中将处于劣势地位。鉴于此，在 ABNJ 海洋遗传资源惠益分享制度构建过程中，除了要确立强制模式，还需要考虑到自愿模式的可适用性以及适用场合。

基于海洋善治理念维护全人类共同利益、可持续利用海洋及其资源的核心内涵，自愿模式对于 ABNJ 海洋遗传资源的惠益分享亦具有一定可适用性：其一，目前 ABNJ 海洋遗传资源的开发利用活动还处于起步阶段，自愿模式所具备的较高灵活性可以应对各种不可预知的情形；其二，ABNJ 海洋遗传资源开发利用对资金和技术要求较高，且具有研发周期长、商业化不确定性等特点，自愿模式有利于减少利用者的前期负担，鼓励其投入开发利用的热情和积极性。[3]

（二）国家管辖范围以外区域海洋遗传资源惠益分享模式的确立

“BBNJ 国际协定”谈判过程中，美国、韩国等主张自愿性的惠益分享；77 国集团、非洲集团等主张强制性的惠益分享；挪威、欧盟等则采取两者结合的立场。[4] 如前所述，在海洋善治理念视角下，强制模式与自愿模式对于 ABNJ 海洋遗传资源的惠益分享均有可适用性。基于人类共同继承财产原则以及海洋善治理念的维护全人类共同利益、可持续利用海洋及其资源的核心

---

[1] 参见李一丁编译：《全球生物遗传资源获取与惠益分享行为指南与示范准则资料汇编》，中国政法大学出版社 2018 年版，第 364-386 页。

[2] 参见张士洋：《海洋命运共同体视域下 ABNJ 海洋遗传资源的国际治理与中国实践》，载《海洋开发与管理》2021 年第 5 期。

[3] 参见高建勋、欧任贵：《公海生物基因资源的惠益分享机制初探——以人类命运共同体为视角》，载《海南热带海洋学院学报》2019 年第 4 期。

[4] See Elizabeth M. De Santo, Elizabeth Mendenhall, Elizabeth Nyman & Rachel Tiller, *Stuck in the Middle with You (and not Much Time Left): The Third Intergovernmental Conference on Biodiversity beyond National Jurisdiction*, 117 Marine Policy 1 (2020).

内涵,在确立 ABNJ 海洋遗传资源惠益分享模式时,应以促进 ABNJ 海洋遗传资源长期养护和可持续利用,促进全人类共同利益的实现,并考虑到发展中国家的特殊情况,特别是最不发达国家、内陆发展中国家和地理条件不利的国家和小岛屿发展中国家以及非洲沿海国的利益诉求。

为此,ABNJ 海洋遗传资源的惠益分享模式可以采取两者相结合的方案:其一,确立强制性的惠益分享。"BBNJ 国际协定"可以参考《粮农条约》的规定,根据特定标准将部分 ABNJ 海洋遗传资源列入材料清单之中,事先规定 ABNJ 海洋遗传资源惠益分享的具体安排,以此提高惠益分享的效率。其二,倡导自愿性的惠益分享。对于材料清单之外或权属不明的 ABNJ 海洋遗传资源,不事先规定惠益分享的具体安排,而是交由管理机构与利用者共同商定,来保证惠益分享的灵活性和实效性。

1. 确立强制性的惠益分享

为保证 ABNJ 海洋遗传资源惠益分享制度的实效性和可操作性,强制性的国际法规则必不可少。[1]《"BBNJ 国际协定"草案修改稿》第 11 条第 1 款以方括号条款的形式作出了规定:"已获取 ABNJ 海洋遗传资源的缔约国,包括其国民,应/可根据本部分的规定,公正和公平地与其他缔约国分享由此产生的惠益,同时考虑到发展中缔约国,特别是最不发达国家、内陆发展中国家、地理不利国家、小岛屿发展中国家、非洲沿海国家和中等收入发展中国家的特殊需求。"由此确立了遵循"BBNJ 国际协定"所制定的惠益分享安排这一原则性规定,具体可考虑以下规定:

第一,设定商业化特定额度作为强制性货币惠益分享的条件。借鉴《粮农条约》的抽成制度,当有关 ABNJ 海洋遗传资源的开发利用活动达到特定商业化额度时,触发货币惠益分享义务,开发利用者应从收益中抽出一定比例来向管理机构缴纳,[2]用于有关 ABNJ 海洋遗传资源的科学研究、养护和可持续利用等项目。

---

[1] See Marie Jacobsson, *Institutional Arrangements for the Ocean: From Zero to Indefinite*, 46 Ecology Law Quarterly 149 (2019).

[2] 参见袁雪、廖宇程:《国家管辖范围外区域海洋遗传资源获取和惠益分享的制度化建构》,载《南昌大学学报(人文社会科学版)》2019 年第 5 期。

第二,在商业化特定额度实现以前,可以通过强制向信息交换机制或基因库分享生物样本、初步知识等强制性非货币惠益分享的形式,来推动发展中国家获取生物样本,促进海洋科技创新和相关知识的积累。同时,这些措施可以避免各国重复原地获取 ABNJ 海洋遗传资源,在节约成本的基础上也能最大限度地促进 BBNJ 的养护和可持续利用。[1]

2. 倡导自愿性的惠益分享

ABNJ 海洋遗传资源开发利用活动具有投入大、周期长、收益不确定的特点,自愿性的惠益分享在一定程度上能减轻开发利用者的负担,调动其项目投入积极性,激发其开发热情。ABNJ 海洋遗传资源开发利用活动还具有阶段性,往往要经过前期研发、专利申请、实现商业化等不同阶段,在商业化特定额度达成之前,要求每一阶段均强制性货币惠益分享不具操作性。此外,知识产权制度对 ABNJ 海洋遗传资源相关现代知识的保护,也在一定程度上限制了一些非货币惠益分享的实施,需要自愿性的惠益分享来柔化处理上述问题。

就目前的国际实践来看,由于发达国家极力维护其"公海自由原则"主张下的既得利益,对于强制性的惠益分享持反对态度,自愿性的惠益分享更加容易推行和实施。

鉴于此,为规范并促进 ABNJ 海洋遗传资源自愿性的惠益分享,"BBNJ 国际协定"可以出台自愿性惠益分享的行为指南。目前在区域造法和国家立法层面,已有丰富的遗传资源获取与惠益分享行为指南,可作参考。[2] 通过行为指南提供惠益分享程序以及对价等参考,以此推动 ABNJ 海洋遗传资源开发利用者自愿货币惠益分享,主动共享 ABNJ 海洋遗传资源生物样本、分享数据信息、提供技术支持等非货币惠益。[3] 需要注意的是,在自愿模式下欲

[1] 参见袁雪、廖宇程:《国家管辖范围外区域海洋遗传资源的获取和惠益分享:机制选择与中国方案》,载《中国海洋大学学报(社会科学版)》2019 年第 5 期。

[2] 参见李一丁编译:《全球生物遗传资源获取与惠益分享行为指南与示范准则资料汇编》,中国政法大学出版社 2018 年版。

[3] 参见袁雪、廖宇程:《国家管辖范围外区域海洋遗传资源获取和惠益分享的制度化建构》,载《南昌大学学报(人文社会科学版)》2019 年第 5 期。

实现公正公平的惠益分享,更加依赖于完备的利用监测机制。

二、相关的国家管辖范围以外区域海洋遗传资源利用监测机制

若缺失 ABNJ 海洋遗传资源利用监测机制,将会导致各国自利性的开发利用行为,[1]不利于 ABNJ 海洋遗传资源公正公平惠益分享的实现,并会影响到 BBNJ 的养护和可持续利用。如本书第三章所述,ABNJ 海洋遗传资源利用监测机制主要包括信息交换机制、追踪跟踪制度以及来源披露制度等。由于来源披露制度是知识产权制度的一项内容,本书将其放在 ABNJ 海洋遗传资源惠益分享制度与相关知识产权制度衔接中分析,本部分梳理与 ABNJ 海洋遗传资源惠益分享相关的信息交换机制、追踪跟踪制度。

1. 信息交换机制

信息交流可促进 ABNJ 海洋遗传资源开发利用活动中获得的样本数据及研究成果进入公共领域,形成一个与 ABNJ 海洋遗传资源样本有关的数据和研究成果的"公共池塘",[2]以避免发达国家与发展中国家资源信息的不对称性。信息交换机制反映了海洋善治的公众参与、透明化、责任制等要素,其与基于通知的 ABNJ 海洋遗传资源获取模式相结合,是强制性货币惠益分享实效性的制度基础。同时,信息交换机制可促进资源库中的 ABNJ 海洋遗传资源共享,其本身就是一项重要的非货币惠益。[3]

在"BBNJ 国际协定"中合理设置信息交换机制的条款,对于实现公正公平的 ABNJ 海洋遗传资源惠益分享至关重要。《"BBNJ 国际协定"草案修改稿》第 13 条第 2 款对于信息交换机制的形式进行了规定,要求对 ABNJ 海洋

[1] See Fran Humphries, Hiroko Muraki Gottlieb, Sarah Laird, Rachel Wynberg, Charles Lawson, Michelle Rourke, Morten Walløe Tvedt, Maria Julia Oliva & Marcel Jaspars, *A Tiered Approach to the Marine Genetic Resource Governance Framework under the Proposed UNCLOS Agreement for Biodiversity beyond National Jurisdiction (BBNJ)*, 122 Marine Policy 1 (2020).

[2] 参见郑苗壮、裘婉飞:《国家管辖范围以外区域海洋遗传资源获取与惠益分享制度研究》,载胡学东、郑苗壮编著:《国家管辖范围以外区域海洋生物多样性问题研究》,中国书籍出版社 2019 年版,第 93 页。

[3] See Anja Morris, *Marine Genetic Resources in Areas beyond National Jurisdiction: How should the Exploitation of the Resources be Regulated?*, 22 New Zealand Journal of Environmental Law 57 (2018).

遗传资源利用情况的监测应通过信息交换机制、科学和技术机构以及秘书处和法定国际机构所管理的强制性事先电子通知系统进行。《"BBNJ 国际协定"草案修改稿》第 51 条则对信息交换机制的设置进行了具体规定。

2. 追踪跟踪制度

追踪跟踪制度体现了海洋善治的透明化、责任制等要素,与基于通知的 ABNJ 海洋遗传资源获取规制模式相结合,可保障 ABNJ 海洋遗传资源惠益分享得到预期落实。此外,强制性的惠益分享模式欲发挥实效,必须以完善的追踪跟踪制度为保障。[1]

"BBNJ 国际协定"谈判工作涉及追踪跟踪制度的构建问题。"BBNJ 国际协定"第一届政府间会议期间,对于"BBNJ 国际协定"适用的实质范围,与会者趋向一致主张区分将鱼类和其他生物资源用于其遗传特性研究与将之用作一种商品,"BBNJ 国际协定"仅适用于前者,并建议制定追踪制度,以便在用途发生改变的情况下能够分享惠益。[2]

《"BBNJ 国际协定"草案修改稿》未体现追踪跟踪制度的内容,后续谈判进程中应对该监测机制有所关注。另外,追踪跟踪制度效用的发挥有赖于缔约国国内监测机制的设置。[3]《名古屋议定书》第 17 条建立了监测和追踪机制,要求缔约国建立检查点,以便对遗传资源利用活动进行监测,该规定可为 ABNJ 海洋遗传资源追踪跟踪制度的构建提供一定的国际造法经验。

---

[1] See Fran Humphries, Hiroko Muraki Gottlieb, Sarah Laird, Rachel Wynberg, Charles Lawson, Michelle Rourke, Morten Walløe Tvedt, Maria Julia Oliva & Marcel Jaspars, *A Tiered Approach to the Marine Genetic Resource Governance Framework under the Proposed UNCLOS Agreement for Biodiversity beyond National Jurisdiction* (*BBNJ*), 122 Marine Policy 1 (2020).

[2] See UN, (A/CONF. 232/2018/7), Annex.

[3] See Fran Humphries, Hiroko Muraki Gottlieb, Sarah Laird, Rachel Wynberg, Charles Lawson, Michelle Rourke, Morten Walløe Tvedt, Maria Julia Oliva & Marcel Jaspars, *A Tiered Approach to the Marine Genetic Resource Governance Framework under the Proposed UNCLOS Agreement for Biodiversity beyond National Jurisdiction* (*BBNJ*), 122 Marine Policy 1 (2020).

第三节 国家管辖范围以外区域海洋遗传资源惠益分享制度与相关知识的法律保护和知识产权制衡

ABNJ 海洋遗传资源是现代海洋法的新型客体,有关该资源的开发利用活动关涉相关传统知识和现代知识。[1] 如本书第三章分析,ABNJ 海洋遗传资源获取与惠益分享制度需要处理相关知识的法律保护和知识产权制衡问题。借鉴《生物多样性公约》体系、《粮农条约》以及《TRIPS 协定》等国际法律文件的造法经验,在构建 ABNJ 海洋遗传资源惠益分享制度时,还要设置 ABNJ 海洋遗传资源相关传统知识惠益分享制度,并将 ABNJ 海洋遗传资源惠益分享制度与相关知识产权制度进行有效衔接。

一、国家管辖范围以外区域海洋遗传资源相关传统知识惠益分享制度

ABNJ 海洋遗传资源分享惠益时应考虑到传统知识,因为若缺乏有效合理的相关传统知识惠益分享制度,导致土著居民和地方社区的正当权益得不到有效维护,ABNJ 海洋遗传资源惠益分享制度关于公正公平分享因利用该资源所产生惠益的目标就会难以实现。

(一)现有遗传资源相关传统知识惠益分享制度的借鉴

第一,《生物多样性公约》将相关传统知识应作为遗传资源惠益分享制度的一项单独客体,确立了遗传资源相关传统知识惠益分享的框架性规定。[2]《名古屋议定书》详细地设置了遗传资源相关传统知识惠益分享制度:其一,第 5 条第 5 款为缔约方设置了与土著居民和地方社区分享因利用遗传资源相关传统知识所产生惠益的国际法义务;其二,第 16 条第 1 款规定按照共同商定条件来进行遗传资源相关传统知识的惠益分享;其三,第 10 条还规定

[1] 参见秦天宝:《遗传资源获取与惠益分享的法律问题研究》,武汉大学出版社 2006 年版,第 472 页。

[2] See Convention on Biological Diversity, Article 8 (j).

了在跨境的情况下或无法准予或获得事先知情同意的情况下，建立一个全球性多边惠益分享机制。此外，第 12 条强调了缔约方尊重遗传资源相关传统知识的国际法义务等规定。ABNJ 海洋遗传资源相关传统知识惠益分享制度可以移植上述规定。

第二，《粮农条约》对于传统知识的保护体现为第 9 条设置的“农民权”规则。其一，《粮农条约》第 9 条第 2 款第 b 项明确了公平参与惠益分享的权利为“农民权”核心内容之一，并强调了缔约国保护“农民权”的国际法义务；其二，《粮农条约》第 13 条第 3 款强调维护相关传统知识提供者尤其是发展中国家的权益。这些规则所体现出的保护传统知识的制度理念以及对发展中国家权益的特殊考量，亦应在 ABNJ 海洋遗传资源相关传统知识惠益分享制度中有所体现。

（二）国家管辖范围以外区域海洋遗传资源相关传统知识惠益分享制度的构建

ABNJ 海洋遗传资源相关传统知识对于该资源的养护和可持续利用发挥着重要作用。[1] 在生物多样性领域，由于相关传统知识是在土著居民和地方社区追求人与自然和谐共存中形成的，从养护和可持续利用 BBNJ 角度而言，相关传统知识具有重要意义，需要给予充分的尊重并提供国际法保护。基于海洋善治的法治、公众参与、透明化、公平与兼容并蓄等要素，需要设置 ABNJ 海洋遗传资源相关传统知识惠益分享制度，来保障提供传统知识的土著居民和地方社区获得合理回报，公正公平地分享因利用 ABNJ 海洋遗传资源而产生的惠益。ABNJ 海洋遗传资源相关传统知识惠益分享制度的构建，可借鉴《名古屋议定书》关于遗传资源相关传统知识的惠益分享规则，突出透明化和公众参与要素，通过共同商定条件来确定惠益分享的形式与内容。同时，融入责任制要素，为缔约国设定采取相应具体措施的国际法义务。

“BBNJ 国际协定”第二届政府间会议期间，就《主席协助谈判文件》提出

---

〔1〕 See Louisa Parks, *Beneft-sharing in Environmental Governance: Local Experiences of a Global Concept*, Routledge, 2020, p. 11.

的 ABNJ 海洋遗传资源相关传统知识惠益制度案文进行了讨论。[1] 该项谈判成果亦已体现在《“BBNJ 国际协定”草案》之中，草案第 11 条第 6 款规定：“缔约国应酌情采取必要的立法、行政或政策措施，以便公正和公平地与掌握此类知识的土著人民和当地社区分享利用第 10 条第 6 款所述传统知识所产生的惠益。”[2] 此外，《名古屋议定书》第 10 条关于无法准予或获得事先知情同意的情况下的遗传资源相关传统知识惠益分享规定，也应当被吸收到“BBNJ 国际协定”中来。

二、与国家管辖范围以外区域海洋遗传资源惠益分享相关的知识产权制度

关于现代知识的法律保护，最主要的手段是赋予其知识产权，大致可分为著作权、专利权与商标权，[3] 与 ABNJ 海洋遗传资源有关的知识产权形式主要是专利权。[4] 知识产权制度与 ABNJ 海洋遗传资源惠益分享制度联系密切，需要解决两者衔接问题，以实现对相关现代知识的有效保护和知识产权合理制衡。

第一，衔接遗传资源惠益分享制度与相关知识产权制度的原因：其一，可以促进 ABNJ 海洋遗传资源惠益的产生。ABNJ 海洋遗传资源的商业价值尚待被进一步发掘，并且研发周期长，结果不确定性明显，适当赋予开发利用者以知识产权保护，可以促进 ABNJ 开发利用活动的开展，促进相关知识的形成和海洋科技的进步，为全人类积累更多知识和财富。[5] 其二，知识产权可以促进 ABNJ 海洋遗传资源惠益分享活动的开展。知识产权有一套成熟的流转和实现制度，在维护开发利用者正当权益的基础上，可以将惠益便利地分享至发展中国家。虽然知识产权基于具其绝对权的性质具有排他性，但是并不

---

[1] See UN, A/CONF. 232/2019/1, Part Two, Ⅲ. 2. 1 (8).

[2] 该条款在《“BBNJ 国际协定”草案修改稿》(A/CONF. 232/2020/3) 中被删除。

[3] 参见王迁：《知识产权法教程》(第 5 版)，中国人民大学出版社 2016 年版。

[4] See Elisa Morgera & Kati Kulovesi eds., *Research Handbook on International Law and Natural Resources*, Edward Elgar Publishing, 2016, p. 419.

[5] See Claudio Chiarolla, *Intellectual Property Rights and Benefit Sharing from Marine Genetic Resources in Areas beyond National Jurisdiction: Current Discussions and Regulatory Options*, 4 Queen Mary Journal of Intellectual Property 171 (2014).

必然阻碍公众利益的实现,合理设置并充分利用知识产权制度,有利于实现公正公平的惠益分享。此外,还能承认和保护开发利用者的贡献,防止其他主体不劳而获。

第二,对知识产权进行合理制衡的原因:海洋遗传资源的价值主要在于其遗传信息,其需要在实验室环境通过人工加工方式获取,会产生知识产权。对智力成果的确认和保护将会影响非知识产权人对同一类型的 ABNJ 海洋遗传资源的获取和利用。此外,知识产权会将因利用 ABNJ 海洋遗传资源所产生的惠益私有化,若滥用知识产权,将会损害发展中国家的利益,导致"生物剽窃"在 ABNJ 再次上演。基于海洋善治的公平与兼容并蓄要素,需要在 ABNJ 海洋遗传资源惠益分享过程中对现代知识进行法律保护并对知识产权合理制衡,以维护开发利用者的正当权益,同时保证国际社会对 ABNJ 海洋遗传资源的公正公平享有。

(一)与遗传资源惠益分享有关的知识产权制度借鉴

《生物多样性公约》第 16 条第 5 款规定:"缔约国认识到专利和其他知识产权可能影响到本公约的实施,因而应在这方面遵照国家立法和国际法进行合作,以确保此种权利有助于而不违反本公约的目标。"这就要求将遗传资源惠益分享制度与知识产权制度进行有效衔接。《波恩准则》与《名古屋议定书》对此进行了制度细化:

第一,《波恩准则》第二部分 C 部分(c)鼓励申请人在申请知识产权时披露遗传资源的原产国;附录一"为材料转让协定建议的基本内容"(suggested elements for material transfer agreement)B 部分第 4 条要求规定是否可申请知识产权以及何种情况下可申请知识产权等内容,将知识产权制度作为遗传资源获取和惠益分享机制的监督手段;[1]附录二在惠益形式的列举中也提及了知识产权,将知识产权作为遗传资源惠益分享的具体形式。比如货币惠益形式包括知识产权联合所有权,非货币惠益形式包括共同拥有知识产权,即知识产权可以作为遗传资源惠益分享的内容。

---

[1] 参见李一丁:《论生物遗传资源获取和惠益分享机制与知识产权制度》,载《河北法学》2016 年第 1 期。

第二,《名古屋议定书》第 17 条要求各缔约国指定一个或多个检查点,以对遗传资源获取与惠益分享活动进行监督。此外,《名古屋议定书》规定了各国可以通过国内立法来设置来源披露义务。[1]

(二)国家管辖范围以外区域海洋遗传资源惠益制度与知识产权制度的衔接

生物勘探涉及有商业目的的研究和开发,包括从发现生物资源到专利申请、改进、开发和商业化的整个过程,[2]有申请知识产权的利益诉求。知识产权制度通过对发明者、创造者的智力成果提供一定期限的排他性保护来激发其产生新知识的热情,保护期限过后,该智力成果便进入公共领域。[3] 但是,现有多边惠益分享机制并不完善,而且相关的制度规定与知识产权制度的衔接也不是很顺畅。[4] "BBNJ 国际协定"谈判中,国际社会对于如何处理相关知识产权问题亦未过多着墨,[5]但基本上确立了一项原则:相关知识产权制度应支持"BBNJ 国际协定"目标的实现,而非与之抵牾。[6] 在构建 ABNJ 海洋遗传资源惠益分享制度时,应考虑充分发挥知识产权制度的优势,以促进 ABNJ 海洋遗传资源惠益分享的顺利进行。

1. 确立来源披露制度

构建 ABNJ 海洋遗传资源惠益分享制度时,须融入海洋善治的透明化、责任制等要素,确立来源披露制度,在保障国际社会知情权的同时设置知识产

---

[1] 在《名古屋议定书》的谈判过程中,由于发达国家的反对,最终未能将"强制性披露要求"写进议定书。

[2] 参见郑苗壮、裘婉飞:《国家管辖范围以外区域海洋遗传资源获取与惠益分享制度研究》,载胡学东、郑苗壮编著:《国家管辖范围以外区域海洋生物多样性问题研究》,中国书籍出版社 2019 年版,第 89 页。

[3] See Eve Heafey, *Access and Benefit Sharing of Marine Genetic Resources from Areas beyond National Jurisdiction: Intellectual Property—Friend, not Foe*, 14 Chicago Journal of International Law 493 (2014).

[4] 比如,来源披露制度是遗传资源获取与惠益分享制度与知识产权制度衔接的重要桥梁,但是并没有写入《TRIPS 协议》,也没有形成国际统一规定,各国就遗传资源的披露内容、范围,也难以达成一致。

[5] See David Leary, *Agreeing to Disagree on What We have or have not Agreed on: The Current State of Play of the BBNJ Negotiations on the Status of Marine Genetic Resources in Areas beyond National Jurisdiction*, 99 Marine Policy 21 (2019).

[6] 参见胡斌:《国家管辖范围以外区域海洋遗传资源开发的国际争议与消解——兼谈"南北对峙"中的中国角色》,载《太平洋学报》2020 年第 6 期。

权申请的要件,[1]促进 ABNJ 海洋遗传资源公正公平惠益分享的实现。

第一,结合以往国际造法经验以及 ABNJ 海洋遗传资源的自身特征,披露的内容包括但不限于以下内容:其一,海洋遗传资源的来源地。强制披露海洋遗传资源来源于 ABNJ,可以有效避免有开发利用能力的国家秘密进行生物勘探进而独享收益。其二,惠益分享的承诺。为促进公正公平惠益分享的实现,应将知识产权申请人的惠益分享承诺作为授予知识产权的对价。

第二,基于海洋善治理念维护全人类共同利益的核心内涵,为防止惠益分享范围的不当限缩、保证国际社会的知情权,只要知识产权申请人利用了 ABNJ 海洋遗传资源,就应履行披露义务。[2]

第三,基于海洋善治的法治要素,要明确未能履行来源披露义务的法律后果,[3]将来源披露作为强制性义务,未能履行该义务时则不予批准知识产权的申请或者撤销已获申请的知识产权。[4]

《"BBNJ 国际协定"草案修改稿》第 12 条第 3 款第 a 项设置了来源披露制度,规定缔约国应酌情采取必要的立法、行政或政策措施,以确保利用或曾经利用 ABNJ 海洋遗传资源的发明专利申请人披露其产地,并于第 12 条第 3 款第 b 项规定了法律后果,即对不符合协定规定的与利用 ABNJ 海洋遗传资源有关的知识产权申请不应予以批准。

2. 设置强制许可制度

维护全人类共同利益是海洋善治理念的一项重要法律内涵,基于该考量,当涉及全人类重大利益而急需某些现代知识时,强制许可制度可以保障这些知识为公众所利用,同时亦须保障向拥有该权利的国家或个人支付合理

---

[1] See Robert Blasiak, Jean-Baptiste Jouffray, Colette C. C. Wabnitz & Henrik Österblom, *Scientists should Disclose Origin in Marine Gene Patents*, 34 Trends in Ecology & Evolution 392 (2019).

[2] 参见张湘兰、李洁:《国家管辖以外海域遗传资源惠益分享机制的构建——以知识产权保护为视角》,载《武大国际法评论》2017 年第 4 期。

[3] See Eve Heafey, *Access and Benefit Sharing of Marine Genetic Resources from Areas beyond National Jurisdiction: Intellectual Property—Friend, not Foe*, 14 Chicago Journal of International Law 493 (2014).

[4] See Xu Ying, *Establishing the Exploitation Regime of Genetic Resources in the International Seabed Area*, 7 China Legal Science, 91 (2019).

费用。

目前，ABNJ 海洋遗传资源的抗病毒特性已被人类所发掘，并针对癌症、肿瘤、艾滋病以及阿尔茨海默病等疾病进行了临床医疗。[1] 在有关 ABNJ 海洋遗传资源获取与惠益分享制度构建中，应落实海洋善治理念关于维护全人类共同利益的法律内涵，设置强制许可制度。

2011 年世界卫生组织通过《共享流感病毒以及获得疫苗和其他利益的大流行性流感防范框架》[2]，该框架第六部分关于大流行性流感防范利益共享系统，对于有关 ABNJ 海洋遗传资源的强制许可制度的设置有借鉴意义。

3. 建立公共信托基金

公共信托基金是国际海洋法造法落实人类共同继承财产原则的又一制度体现，其可促进 ABNJ 海洋遗传资源惠益分享制度与知识产权制度有效衔接，亦是兼顾知识产权保护与生物多样性保护的手段之一。[3] 申请人在申请知识产权时，向公共信托基金缴纳一定费用，所收取的费用将用于 ABNJ 海洋遗传资源长期养护和可持续利用的研究等项目。此外，公共信托基金亦可以与强制许可制度进行衔接，基于人类共同继承财产原则的立场，对于部分强制许可的知识产权的使用费用可以向公共信托基金支付，用以支持发展中国家相关项目的开展。[4]

第一，对于申请人向该基金所须缴纳的费用，可以考虑以下因素：其一，参考国家管辖范围以内区域遗传资源的相关专利费金额；其二，将开发利

---

[1] See David Leary, Marjo Vierros, Gwenaelle Hamon, Salvatore Arico & Catherine Monagle, *Marine Genetic Resources: A Review of Scientific and Commercial Interest*, 33 Marine Policy 183 (2009).

[2] Pandemic Influenza Preparedness Framework for the Sharing of Influenza Viruses and Access to Vaccines and Other Benefits, WHO, https://apps.who.int/iris/bitstream/handle/10665/44796/9789241503082_eng.pdf?sequence=1.

[3] See Elisa Morgera & Kati Kulovesi eds., *Research Handbook on International Law and Natural Resources*, Edward Elgar Publishing, 2016, p. 419.

[4] See Eve Heafey, *Access and Benefit Sharing of Marine Genetic Resources from Areas beyond National Jurisdiction: Intellectual Property—Friend, not Foe*, 14 Chicago Journal of International Law 493 (2014).

用 ABNJ 海洋遗传资源所要实现的商业化额度作为确定费用的考量。[1]

第二,对于基金的管理,应由"BBNJ 国际协定"所确立的国际管理机构进行。《粮农条约》对此已有制度实践,其标准化材料转让协定第 6 条第 7 款规定,遗传资源商业化时要向基金支付销售额的一定比例的费用。"BBNJ 国际协定"规定的国际管理机构可以参照该经验进行。

第四节 本章小结

"BBNJ 国际协定"谈判过程中,各国分歧焦点之一在于有关 ABNJ 海洋遗传资源的分配问题,蕴含海洋善治理念的 ABNJ 海洋遗传资源惠益分享制度是解决上述分歧的核心所在。为实现公正公平的惠益分享,需要创建公正合理的 ABNJ 海洋遗传资源惠益分享制度来协调相关方的利益冲突,回应各方的利益诉求。该制度的构建,既不能挫伤 ABNJ 海洋遗传资源商业化经济活动的积极性,不能妨碍海洋科学领域研究、投资和创新,又要保证发展中国家能从中获得切实利益。基于海洋善治理念的视角,ABNJ 海洋遗传资源惠益分享制度的构建应作以下考量:

第一,在静态规则的设置方面,梳理"BBNJ 国际协定"谈判文书,结合遗传资源惠益分享国际造法经验,ABNJ 海洋遗传资源惠益分享基本国际法规则主要涉及惠益分享主体、范围和安排等规定:其一,界定惠益分享主体,明确提供者与受益者的范围;其二,明晰惠益分享范围,ABNJ 海洋遗传资源惠益范围应包括货币惠益和非货币惠益两种形式,并根据 ABNJ 海洋遗传资源的开发利用特点设置具体的形式和恰当的比例;其三,设置合理的惠益分享安排规则,"BBNJ 国际协定"应对惠益分享的内容、时间以及所分享惠益的用途等惠益分享安排作出规定。此外,在制度的设计过程中,还须注意惠益分享规则与获取规制模式、获取条款和条件的衔接。

---

[1] 参见张湘兰、李洁:《国家管辖以外海域遗传资源惠益分享机制的构建——以知识产权保护为视角》,载《武大国际法评论》2017 年第 4 期。

第二，在动态实施机制方面，ABNJ 海洋遗传资源惠益分享实施机制涉及惠益分享模式和相关监测机制等内容：其一，区分场合和情形，采取自愿模式与强制模式相结合的惠益分享模式；其二，构建信息交换机制、追踪跟踪制度以及来源披露制度，通过完备的 ABNJ 海洋遗传资源利用监测机制来确保惠益分享制度的实效性。

第三，构建 ABNJ 海洋遗传资源惠益分享制度，还要关注 ABNJ 海洋遗传资源惠益分享过程中相关知识的法律保护与知识产权制衡，以协调发达国家与发展中国家的利益冲突，平衡资源开发利用过程中的公平与效率之间的张力：其一，移植《生物多样性公约》体系的相关规定，以“事先知情同意”与“共同商定条件”为制度基石，构建 ABNJ 海洋遗传资源相关传统知识惠益制度，以保护相关传统知识；其二，确立来源披露制度、设置强制许可制度、建立公共信托基金，将 ABNJ 海洋遗传资源惠益分享制度与知识产权制度进行有效衔接，以实现对相关现代知识的法律保护和知识产权的合理制衡。

第五章

关于我国参与国家管辖范围以外区域海洋遗传资源获取与惠益分享制度构建的建议和国内法律因应

截至 2022 年,“BBNJ 国际协定”的谈判工作已历经 18 年之久。[1] 其中,ABNJ 海洋遗传资源获取与惠益分享制度是“BBNJ 国际协定”的核心制度。[2] 该制度的构建将是对“海洋法剩余权利”的一次重大分配与再分配,是继《海洋法公约》之后一次重大的海洋秩序变革与调整,亦是 ABNJ 海洋法律制度的一次全面完善和发展。

作为海洋治理的国内目标和国际方案,我国先后提出海洋强国战略和海洋命运共同体理念。海洋命运共同体理念是我国参与国际海洋法造法的话语工具,为我国关于 ABNJ 海洋遗传资源获取与惠益分享制度的构建倡议和国内法律因应提供了理论准备。理念的落实需要制度的保障,构建 ABNJ 海洋遗传资源获取与惠益分享制度正是实践海洋命运共同体理念的制度平台。我国要以“BBNJ 国际协定”谈判为契机,通过提升国际话语权和影响力来表达

[1] See *Summary of the Fourth Session of the Intergovernmental Conference on an International Legally Binding Instrument under the UN Convention on the Law of the Sea on the Conservation and Sustainable Use of Marine Biodiversity of Areas beyond National Jurisdiction*: 7 – 18 *March* 2020, Earth Negotiations Bulletin Vol. 25 No. 225 (21 March 2022).

[2] “BBNJ 国际协定”包括海洋遗传资源包括惠益分享问题、划区管理工具包括海洋保护区等措施、环境影响评估以及能力建设和海洋技术转让四项核心议题。See UN, A/RES/72/249, Paragraph 2.

海洋命运共同体理念下的海洋法律制度构建主张；同时，完善国内相关法律制度，在履行国际法义务的同时，积极维护我国海洋权益，以推进海洋强国的建设。

基于上述分析，本章将从以下三个方面研究我国参与 ABNJ 海洋遗传资源获取与惠益分享制度构建以及国内法律因应问题：其一，理论层面，梳理海洋命运共同体理念在全球海洋治理进程中的意义，探析其与海洋善治理念之间的关系，并分析海洋命运共同体理念在构建 ABNJ 海洋遗传资源获取与惠益分享制度进程中的意义；其二，国际法层面，分析海洋命运共同体理念下我国关于 ABNJ 海洋遗传资源获取与惠益分享制度构建的建议；其三，国内法层面，在推动构建海洋命运共同体和加快建设海洋强国背景下，分析我国对于 ABNJ 海洋遗传资源获取与惠益分享制度的国内法律因应。

第一节　理论准备：海洋命运共同体理念

现代海洋法是欧洲基督教文明的产物，之后美国对现代海洋法的发展发挥了重要影响和塑造作用。[1] 反观亚洲、非洲国家，却少有海洋法理论和规则贡献。由于关于海洋治理的理论准备和国家实践不足，包括我国在内的一些国家多是国际海洋法理念、规则的被动接受者。目前，我国在全球海洋治理领域的参与度和影响力逐渐提升，海洋治理理论和实践也正在与欧美传统海洋强国缩小差距，海洋命运共同体理念的提出，正是我国海洋治理实践的一次理论凝练，该理念将在国际法与国内法两方面提供海洋治理路径、贡献海洋法律规则。在构建 ABNJ 海洋遗传资源获取与惠益分享制度进程中，海洋命运共同体理念为我国的制度构建主张以及法律因应提供了理论准备。

一、海洋命运共同体理念在全球海洋治理进程中的意义

2019 年 4 月 23 日，国家主席、中央军委主席习近平在青岛集体会见应邀

---

〔1〕 参见罗欢欣：《国家在国际造法进程中的角色与功能——以国际海洋法的形成和运作为例》，载《法学研究》2018 年第 4 期。

出席中国人民解放军海军成立70周年多国海军活动的外方代表团团长时，首次正式提出“构建海洋命运共同体”。[1] 海洋命运共同体理念提供了全球海洋治理的中国方案，而全球海洋治理是由主体、客体、目标和国际规制四个基本构成要素相互耦合、协调运转的持续过程。[2] 本部分以全球海洋治理的基本构成要素为分析框架，梳理和探析海洋命运共同体理念在全球海洋治理进程中的意义。

（一）倡导治理主体的普遍参与

全球海洋治理的主体是指参与全球海洋治理的各类实体或个人。其一，国家是最重要的主体。依据《海洋法公约》的规定，沿海国、地理不利国和内陆国均是全球海洋治理的主体，并且对于后两者的利益诉求要给予特别关注。[3] 其二，作为国际法主体，政府间国际组织亦是全球海洋治理的另一重要主体，在实践中弥补着国家海洋治理能力的不足。其三，非政府间国际组织虽然不具有国际法律人格，但其在全球海洋治理中的主体地位已得到《海洋法公约》确认。[4] 其四，跨国企业与个人常常会依附于其他主体，间接参与全球海洋治理。

构建海洋命运共同体，需要全球海洋治理各类主体的普遍参与。海洋命运共同体理念通过对全人类共同海洋利益“公因式”的提取，强调国际社会的全球海洋治理责任感和义务观，对于化解上述全球海洋治理困境具有唤醒意识、凝聚共识的作用。

（二）推进全球性海洋问题的共同应对

全球海洋治理的客体是各类全球性海洋问题。目前，各类全球性海洋问题频发，海洋生物多样性越发受到威胁。[5] 由于海洋的整体性和流动性，单

---

〔1〕 参见李学勇、李宣良、梅世雄：《习近平集体会见出席海军成立70周年多国海军活动外方代表团团长》，载人民网，http://cpc.people.com.cn/n1/2019/0423/c64094-31045360.html。

〔2〕 参见崔野、王琪：《全球公共产品视角下的全球海洋治理困境：表现、成因与应对》，载《太平洋学报》2019年第1期。

〔3〕 See the United Nations Convention on the Law of the Sea, Articles 69, 87, 140, 305 (a), Part X.

〔4〕 See United Nations Convention on the Law of the Sea, Article 169.

〔5〕 参见[加]马克·撒加利亚：《海洋政策——海洋治理和国际海洋法导论》，邓云成、司慧译，海洋出版社2019年版，第158-161页。

凭国家“单兵作战”无法有效应对,在全球海洋治理进程中任何国家都无法独善其身,需要加强国际合作,共同应对各类全球性海洋问题。

海洋命运共同体理念秉持“有事多商量、有事好商量”的合作态度,倡议国际社会共同管理海洋事务、积极提供全球海洋公共产品,推动国际社会共同应对各类全球性海洋问题,并提出切实可行的路径:其一,共同维护海洋和平安宁;其二,共同增进海洋福祉;其三,共同建设海洋生态文明;其四,共同建立海洋纠纷和平解决机制。[1]

(三)统合全球海洋治理的共同目标

全球海洋治理的目标为其所追求的治理状态。作为应对全球性海洋问题的理论和实践,全球海洋治理以实现海洋及其资源的可持续利用,进而维护全人类共同利益的“海洋善治”为目标。

虽然从全球海洋治理的长远目标来看,实现“海洋及其资源的可持续利用”符合各国利益,但是基于维护各自海洋权益的考量,各国海洋治理的现实目标存在差异,导致实践中非可持续利用海洋并难以形成高效协同的国际合作。多元的海洋治理主体和民族文化,造成海洋治理现实目标的冲突,[2]这一问题在“BBNJ 国际协定”谈判进程中表现得尤为明显,由于各方持有不同的制度构建立场,供第四届政府间会议谈判的《“BBNJ 国际协定”草案修改稿》(A/CONF. 232/2020/3)仍然存在大量有待进一步谈判的方括号条款。

海洋命运共同体理念有着统合全球海洋治理共同目标的作用。在“人类的命运从没有像今天这样紧密相连,各国的利益从没有像今天这样深度融合”的时代背景判断基础之上,海洋命运共同体理念蕴含着“全球海洋治理应坚持人与海洋和谐共生”的可持续发展观、“维护全人类共同利益兼顾他国合理关切”的正确义利观,[3]主张全球海洋治理应当超越国家、宗教、民族、意识形态、经济状况等因素,以建设海洋生态文明和增进共同海洋福祉为治理目标。

---

〔1〕 参见李学勇、李宣良、梅世雄:《习近平集体会见出席海军成立 70 周年多国海军活动外方代表团团长》,载人民网,http://cpc. people. com. cn/n1/2019/0423/c64094-31045360. html。

〔2〕 参见江河、胡梦达:《全球海洋治理与 BBNJ 协定:现实困境、法理建构与中国路径》,载《中国地质大学学报(社会科学版)》2020 年第 3 期。

〔3〕 参见陈秀武:《“海洋命运共同体”的相关理论探讨》,载《亚太安全与海洋研究》2019 年第 3 期。

(四)促进相关国际规制的发展完善

全球海洋治理的国际规制是指用以规范涉海行为、维持正常海洋秩序的国际规则体系。国际海洋法的主要渊源包括条约和习惯国际法,是相关国际规制的重要组成部分。

回顾现代海洋法造法进程,美国对于 1958 年日内瓦海洋法四公约、1982 年《海洋法公约》等条约的制定以及部分习惯国际法的形成,有着重要的影响力,[1]而亚非海洋实力较弱的国家则扮演着现代海洋法被动接受者的角色,这在一定程度上是对国际法效力基础来自国际社会合意的论断的质疑。[2] 此外,有关海洋治理的国际规制多集中在国家管辖范围以内区域。相较之下,ABNJ 海洋法律体系存在明显疏漏。如今,随着 ABNJ 海洋活动的兴起,“BBNJ 国际协定”的谈判即是对该问题的回应。

海洋命运共同体理念反映了国际海洋法的发展趋势,有着生成海洋法新制度的潜力。[3] 其一,构建海洋命运共同体需要全球海洋治理各主体的共同参与。作为国际规制要素的组成部分,国际海洋法新制度的构建亦要兼顾各主体的意愿。不可否认的是,目前在国际海洋法造法进程中,发达国家仍起着主导作用,而海洋命运共同体理念通过凝练出国际社会之间共同或互补的利益,可促进国际社会的共同意愿融入国际海洋法造法进程。其二,海洋命运共同体理念推动 ABNJ 海洋法新制度的构建,以填补现有制度漏洞。相较国家管辖范围以内区域,ABNJ 各国的利益冲突更加激烈,导致有关 ABNJ 的国际海洋法造法进程曲折且缓慢,迄今已历经 18 年的“BBNJ 国际协定”谈判工作便是例证。海洋命运共同体理念能够凝聚国际共识,推进现代海洋法的造法进程,同时保证国际海洋法新制度的良法属性。

二、海洋命运共同体理念与海洋善治理念的关系

本书将海洋善治理念作为 ABNJ 海洋遗传资源获取与惠益分享制度构建

---

〔1〕 参见罗欢欣:《国家在国际造法进程中的角色与功能——以国际海洋法的形成和运作为例》,载《法学研究》2018 年第 4 期。

〔2〕 参见贾兵兵:《国际公法:和平时期的解释和适用》,清华大学出版社 2015 年版,第 16 页。

〔3〕 参见孙超、马明飞:《海洋命运共同体思想的内涵和实践路径》,载《河北法学》2020 年第 1 期。

的论证基础,将海洋命运共同体理念作为我国的制度构建立场与法律因应的理论准备,故需要分析两者之间的关系。海洋善治理念以全球海洋治理为实践路径,海洋命运共同体理念则是全球海洋治理的中国方案。实现海洋善治是构建海洋命运共同体的充分条件,而海洋命运共同体理念又对海洋善治理念有所拓展。

（一）海洋命运共同体理念与海洋善治理念的相洽

海洋善治理念,即为实现良好的海洋治理,以可持续利用海洋及其资源为核心、以维护全人类共同利益为目标的全球海洋治理理念。海洋善治具有"法治、公众参与、透明化、基于共识之决策、责任制、公平与兼容并蓄、回应性、一致性"八个核心构成要素。[1] 海洋命运共同体理念则明确了全球海洋治理的"建设海洋生态文明"和"增进共同海洋福祉"共同目标,与海洋善治理念的基本内涵保持一致。在全球海洋治理领域,海洋善治是构建海洋命运共同体的充分条件,海洋命运共同体理念与海洋善治理念相洽,理由如下:

第一,海洋命运共同体理念倡导各类海洋治理主体的普遍参与,海洋善治的公众参与、透明化以及基于共识之决策要素是其保障。海洋命运共同体理念强调国际社会的全球海洋治理责任感和义务观,亦体现了海洋善治的责任制要素。

第二,海洋命运共同体理念关注各类全球海洋性问题,并推进国际合作共同应对,海洋善治理念则正是在对以往应对全球性海洋问题的经验总结与反思中形成的。海洋善治的回应性要素强调缔约国或国际社会应在特定时间内做出决策,亦要求采取有效措施以回应公众或海洋环境的需要。这也体现了海洋命运共同体理念的产生背景,即为应对愈演愈烈的全球性海洋问题而产生的全球海洋治理中国方案。

第三,海洋命运共同体理念追求海洋及其资源的可持续利用,促进国际社会共建海洋生态文明,进而增进人类共同海洋福祉。海洋善治理念的核心内涵包括在利用海洋及其资源上实现可持续发展、维护全人类共同利益。海

[1] See Yen-Chiang Chang, *Good Ocean Governance*, 23 Ocean Yearbook 89 (2009).

洋命运共同体理念的目标即为实现“海洋善治”，海洋善治是构建海洋命运共同体的充分条件。此外，海洋善治理念旨在平衡不同层面的利益，其公平与兼容并蓄要素寻求整体最佳利益，最终实现国际社会对国家海洋政策与海洋治理目标的一致性，[1]这与海洋命运共同体理念的“全球海洋治理应坚持人与海洋和谐共生”的可持续发展观、“维护全人类共同利益兼顾他国合理关切”的义利观相一致。

第四，海洋命运共同体理念的落实需要以具体的法律制度为平台，这与海洋善治的法治要素相契合。同时，海洋命运共同体理念有着生成海洋法新规则、完善海洋法律体系的潜力，能很好地弥补目前 ABNJ 海洋法律体系的漏洞，并要求体现各类主体的意愿，这体现了海洋善治的法治、公众参与等要素。

（二）海洋命运共同体理念对海洋善治理念的拓展

海洋命运共同体理念有着鲜明的中国烙印，其对海洋善治理念有所拓展。

1. 在全球海洋治理领域输出中国智慧和传统文化

海洋命运共同体理念蕴含着丰富的中国智慧和传统文化思想，在全球化发展趋势不断深入的国际背景下，对于全球海洋治理具有重要的方法论价值。

第一，将以“共商共建共享”为特色的中国外交智慧纳入全球海洋治理进程。2019 年 8 月 19 日至 30 日，在纽约召开“BBNJ 国际协定”第三届政府间会议期间，中国代表团首次提出了人类命运共同体理念，[2]力促各国本着“共商共建共享”的合作态度参与全球海洋治理进程。[3] 作为人类命运共同体理念的组成，海洋命运共同体理念同样坚持“共商共建共享”的外交智慧，[4]并以此在全球海洋治理进程中发挥以下作用：其一，提升各国在全球海洋治理过程中的参与度与平等性，共商全球海洋治理方法与路径；其二，坚持

[1] See Yen-Chiang Chang, *Ocean Governance—A Way Forward*, Springer, 2012, p. 26-27.

[2] 参见洪农：《国际海洋法治发展的国家实践：中国角色》，载《亚太安全与海洋研究》2020 年第 1 期。

[3] 参见张辉：《人类命运共同体：国际法社会基础理论和当代发展》，载《中国社会科学》2018 年第 5 期。

[4] 参见杨泽伟：《论“海洋命运共同体”构建中海洋危机管控国际合作的法律问题》，载《中国海洋大学学报（社会科学版）》2020 年第 3 期。

海洋治理国际协同合作，共建国际海洋新秩序；其三，强调公平分配海洋权益、合理设置海洋义务，共享海洋及其资源。

第二，将以“共生共存共赢”为目标的中国“和”文化引入国际海洋新秩序建立进程。中国“和”文化包含和平、和谐、和善、和解、和为贵、和而不同等内涵，[1]用该思想来处理国际关系，追求国际社会的“共生共存共赢”，能够顺应全球化的发展趋势。海洋命运共同体理念是中国“和”文化在全球海洋治理领域的具体演绎，其倡导国际社会在全球海洋治理进程中坚持开放包容、和谐共存、合作共赢等态度，致力于建立“共生共存共赢”的国际海洋新秩序。

2. 在国际海洋法造法进程中进一步强调正确义利观

国际社会层面的义利观具有时代性特点，其随国际政治经济关系的发展而变化。在全球化不断深入的背景下，国际社会联系越发密切，国际社会共同利益已经成为国家利益的一部分。[2] 为此，各国开始兼顾他国正当的利益诉求，在谋求本国发展的同时关注国际社会的共同发展。

海洋善治理念已经关注到上述现代义利观，并以公众参与、透明化、基于共识之决策等要素保障各国正当利益诉求的表达，以法治、公平与兼容并蓄等要素促进海洋权益公正公平地分配。但是，由于对现代义利观表达得不具象，海洋善治理念所发挥的实际引导作用还不充分，国际社会共同利益未能在国际海洋法造法进程中得到有效体现。在国际海洋法造法领域，现状是少数海洋大国凭借其话语权和影响力，从自身利益出发，主导和把控着造法进程；而海洋实力相对弱小的国家基于各种政治考量因素，在谈判中往往会以牺牲部分利益为代价勉强接受某项条约。[3]

海洋命运共同体理念对海洋领域的现代义利观进行了凝练并予以清晰的表达，指出“人类居住的这个蓝色星球，被海洋连接成了命运共同体，各国人民安危与共”；强调“海洋的和平安宁关系到各国的安危和利益”；倡导“树

---

〔1〕 参见陈金钊：《“人类命运共同体”的法理诠释》，载《法学论坛》2018 年第 1 期。

〔2〕 参见李寿平：《人类命运共同体理念引领国际法治变革：逻辑证成与现实路径》，载《法商研究》2020 年第 1 期。

〔3〕 参见罗欢欣：《国家在国际造法进程中的角色与功能——以国际海洋法的形成和运作为例》，载《法学研究》2018 年第 4 期。

立共同、综合、合作、可持续的新安全观”,“营造平等互信、公平正义和共建共享的安全格局”。[1] 海洋命运共同体理念所明确的现代义利观,更加关注国际海洋法造法进程中的各国利益诉求,并通过“共商共建共享”的治理理念予以落实;更加强调海洋权益的公正公平分配和国际社会的共同发展,并通过“共生共存共赢”的治理目标来重新定义海洋大国的责任,且对海洋实力相对弱小的国家的海洋权益进行合理关切。

三、海洋命运共同体理念在海洋法律制度构建进程中的意义

自 2004 年设立 BBNJ 工作组以来,“BBNJ 国际协定”的谈判工作已历经“BBNJ 工作组”、“筹备委员会”以及“政府间会议”三个阶段,如何构建 ABNJ 海洋遗传资源获取与惠益分享制度是谈判的核心内容。在整合长达 18 年之久的谈判共识的基础上,海洋命运共同体理念可从国际海洋法的内在价值和外在规则两方面在该制度构建进程中发挥引导作用:其一,通过彰显国际海洋法的内在价值,消弭立场分歧、凝聚国际共识,推动 ABNJ 海洋遗传资源获取与惠益分享制度的构建进程;其二,通过影响和塑造国际海洋法的外在规则,贡献中国智慧、提供中国方案,赋予 ABNJ 海洋遗传资源获取与惠益分享制度以良法属性。

(一)彰显国际海洋法价值

关于国际海洋法价值的内容,目前国际社会并未形成统一的认识。《海洋法公约》前言所规定的公约目标体现了国际海洋法的和平价值、秩序价值以及公平价值。截至目前,已有 168 个国家或地区批准或加入《海洋法公约》,[2] 这意味着国际社会已就国际海洋法的上述价值达成一定程度的共识。[3]

---

[1] 参见李学勇、李宣良、梅世雄:《习近平集体会见出席海军成立 70 周年多国海军活动外方代表团团长》,载人民网,http://cpc.people.com.cn/n1/2019/0423/c64094-31045360.html。

[2] See Table Recapitulating the Status of the Convention (United Nations Convention on the Law of the Sea) and of the Related Agreements, UN (31 July 2019), https://www.un.org/Depts/los/reference_files/UNCLOS%20Status%20table_ENG.pdf.

[3] 需要说明的是,国际海洋法价值的内容并不限于此。

海洋命运共同体理念属于精神性海洋公共产品，相较于制度性海洋公共产品，更有利于凝聚国际共识，促成外在行动的一致性。海洋命运共同体理念可以彰显国际海洋法价值，把握好国际海洋法造法方向，并通过价值表达促成规则共识，为新制度的构建确立内在基础。作为国际海洋法的最新制度进展，在构建 ABNJ 海洋遗传资源获取与惠益分享制度进程中，海洋命运共同体理念至少在以下三个方面彰显了国际海洋法价值：

第一，倡导 ABNJ 海洋遗传资源的和平利用。海洋命运共同体理念力促营造和平安宁的海洋环境，主张以和平目的利用 ABNJ 海洋遗传资源，这体现了国际海洋法的和平价值。《"BBNJ 国际协定"草案修改稿》第 9 条第 5 款已对此作出规定：与 ABNJ 海洋遗传资源有关的活动应出于和平目的进行。

第二，促进 ABNJ 海洋遗传资源开发利用新秩序的建立。秩序建立在制度基础之上，构建具有良法属性的 ABNJ 海洋遗传资源获取与惠益分享制度便是建立 ABNJ 海洋遗传资源开发利用新秩序的前提。如前文所述，海洋命运共同体理念反映了国际海洋法的发展趋势，有生成海洋法新制度的潜力。此外，海洋命运共同体理念蕴含和谐、包容与合作等外交思想，[1]倡导"共商共建共享"的海洋治理理念，致力于建立"共生共存共赢"的国际海洋新秩序，是对国际海洋法秩序价值的落实。

第三，主张公正公平分享因利用 ABNJ 海洋遗传资源所产生的惠益。海洋命运共同体理念追求增进共同海洋福祉，在为开发者松绑以促进新知识的生成和海洋科技进步的基础之上，对因利用 ABNJ 海洋遗传资源所产生的惠益进行公平公正的再分配，是增进共同海洋福祉的制度演绎。《"BBNJ 国际协定"草案修改稿》在多处案文的设置中都体现了国际海洋法的公平价值，[2]其中，第 11 条是公正公平分享因利用 ABNJ 海洋遗传资源所产生惠益的专门规定。

（二）贡献国际海洋法规则

作为海洋宪章的《海洋法公约》是国际社会协商、妥协的产物，囿于当时

[1] 参见翟崑：《海洋命运共同体构建需知行合一》，载《太平洋学报》2020 年第 1 期。

[2] See UN, A/CONF. 232/2020/3, Articles 5 (d), 7 (a), 9 (4), 11, etc.

的历史条件，其在分配海洋权益、确立海洋秩序方面不可避免地存在规则制定的不足，国际社会需要新的理念来与时俱进地发展和完善国际海洋法。[1]目前，ABNJ 海洋法律制度存在明显漏洞，且对于 ABNJ 海洋环境保护的国际法义务设置并不具体。[2] 如前所述，海洋命运共同体理念明确了全球海洋治理“增进共同海洋福祉”和“建设海洋生态文明”的共同目标，这种目标反映到 ABNJ 海洋遗传资源获取与惠益分享制度的构建上来，须合理分配 ABNJ 海洋遗传资源，合理设置开发、利用权利，养护、管理义务，实现国际海洋法的分配正义。另外，该分配正义不仅体现在代内之间，还要拓展到代际之间，旨在实现 ABNJ 海洋遗传资源的长期养护和可持续利用。在 ABNJ 海洋遗传资源获取与惠益分享制度的构建进程中，海洋命运共同体理念主要在以下三个方面贡献国际海洋法规则：

第一，海洋命运共同体理念旨在增进共同海洋福祉，同时主张对地理不利国、内陆国的海洋权益进行合理关切，为构建确保各国开发机会均等同时增进共同海洋福祉的 ABNJ 海洋遗传资源获取制度提供了理论基础。

第二，海洋命运共同体理念秉持在维护各国海洋权益基础上兼顾他国正当利益诉求的正确义利观，主张在谋求本国发展的同时关注国际社会的共同发展，[3]将代内公平与代际公平观念融入海洋权益的分配和再分配过程中，为构建保障公正合理的 ABNJ 海洋遗传资源惠益分享制度进行了理论证成。

第三，海洋命运共同体理念关注发达国家与发展中国家间利益冲突的协调，主张平衡海洋资源开发过程中公平与效率之间的张力，为构建 ABNJ 海洋遗传资源相关传统知识获取与惠益分享制度，实现 ABNJ 海洋遗传资源获取

---

[1] 参见姚莹：《“海洋命运共同体”的国际法意涵：理念创新与制度构建》，载《当代法学》2019 年第 5 期。

[2] See Kristina M. Gjerde, Nichola Clark A. & Harriet R. Harden-Davies, *Building a Platform for the Future: The Relationship of the Expected New Agreement for Marine Biodiversity in Areas beyond National Jurisdiction and the UN Convention on the Law of the Sea*, 33 Ocean Yearbook 3 (2019).

[3] 参见陈柳：《新时代中国在国际法体系演变过程中的角色认知与能力建设》，载《太平洋学报》2018 年第 6 期。

与惠益分享制度和相关知识产权制度的有效衔接确立了理论基调。

第二节 国际法层面：关于我国参与制度构建的建议

海洋命运共同体理念是我国所贡献的全球海洋治理方案，也是我国参与现代海洋法造法进程立场和主张的话语工具。我国重视并积极参与“BBNJ国际协定”各阶段的谈判工作，积极传达我国的全球海洋治理理念和方案，供第四届政府间会议谈判的《“BBNJ 国际协定”草案修改稿》(A/CONF. 232/2020/3)的多处案文已经体现了海洋命运共同体理念。[1] 如前所述，海洋命运共同体理念与海洋善治理念相洽，在 ABNJ 海洋遗传资源获取与惠益分享制度构建问题上，两种理念视角下关于 ABNJ 海洋遗传资源获取与惠益分享制度的构建方向基本一致。此外，回应我国海洋关切事项、维护海洋权益亦是海洋命运共同体理念的提出背景之一，[2]我国关于构建 ABNJ 海洋遗传资源获取与惠益分享制度的主张还应体现上述考量。

一、海洋命运共同体理念下我国的国际海洋法造法角色认知

在全球海洋治理进程中，ABNJ 海洋遗传资源获取与惠益分享制度是相关国际规制的最新发展。21 世纪是海洋的世纪，我国提出了海洋强国战略并强调海洋治理体系和治理能力的建设：国内层面，党的十九大报告确立了加快建设海洋强国的目标；国际层面，2019 年正式提出海洋命运共同体理念。ABNJ 海洋遗传资源获取与惠益分享制度的构建，是我国加快建设海洋强国的历史机遇，也是落实海洋命运共同体理念的制度平台。以海洋命运共同体理念为理论准备，明晰我国在该项国际海洋法造法进程中的角色认知，有利于提升我国在全球海洋治理进程中的话语权和影响力，对于我国把握国际海

[1] See UN, A/CONF. 232/2020/3, Articles 2, 7, 9, 11, etc.

[2] 参见程时辉：《当代国际海洋法律秩序的变革与中国方案——基于“海洋命运共同体理念”的思考》，载《湖北大学学报(哲学社会科学版)》2020 年第 2 期。

洋法新规则的制定权以及构建 ABNJ 海洋新秩序的主导权具有重要意义。

(一)海洋权益冲突的协调者

ABNJ 约占海洋面积 64%,是海洋治理的最大地理单元。目前,随着国际社会海洋科技的普遍进展以及对海洋资源的迫切需求,各国海洋活动已从国家管辖范围以内区域向 ABNJ 延伸,并由此引发 ABNJ 海洋权益的激烈冲突。在 ABNJ 海洋遗传资源开发利用的问题上,囿于资金和技术条件,目前仅有少数发达国家有能力开展,这导致发展中国家开发机会被剥夺且无法获得惠益分享的不公平现状。目前,我国全方位深度参与全球海洋治理,国际话语权和影响力正逐渐提升。具体而言:其一,我国是国际海底管理局理事会的 A 组成员、国际海事组织(International Maritime Organization)的 A 类理事国,积极参加各项国际重大海洋项目,主动参与国际海洋法造法活动;[1]其二,我国历来重视拓展国家间的海洋合作,作为构建海洋命运共同体的基本单位,正在与多国打造"蓝色伙伴关系"。[2] 作为负责任的大国,我国有心理自觉也有能力去协调国家间的海洋权益冲突。[3]

海洋权益的冲突亦体现在国际海洋法造法进程中,所形成的条约以及国际习惯法本质上是各国利益调和结果的规范性表达。鉴于各国实力差异,影响力弱小的国家往往会妥协得更多一些,而海洋强国则更能将其利益诉求融入造法过程。作为国际海洋法最新的一项制度进展,ABNJ 海洋遗传资源获取与惠益分享制度是谈判中的"BBNJ 国际协定"的核心制度,各国基于维护本国海洋权益的考量对该制度的构建提出了不同主张。发达国家为维护既得利益,选择"公海自由原则"的立场,主张自由获取,并弱化惠益分享;发展中国家为争取开发利用机会以及获得公正公平的惠益分享,选择"人类共同继承财产原则"的立场,主张采取获取规制模式,并要求设置公正合理的惠益分享制度。目前的谈判工作虽达成了一定程度的共识,但鉴于供第四届政府

[1] 参见刘晓玮:《新中国参与全球海洋治理的进程及经验》,载《中国海洋大学学报(社会科学版)》2018 年第 1 期。

[2] 参见傅梦孜、陈旸:《对新时期中国参与全球海洋治理的思考》,载《太平洋学报》2018 年第 11 期。

[3] 参见金灿荣、石雨松:《习近平的全球治理理念》,载《太平洋学报》2019 年第 10 期。

间会议讨论的《“BBNJ 国际协定”草案修改稿》(A/CONF. 232/2020/3)仍存在大量的方括号条款,这预示着谈判工作的长期性和艰巨性。海洋命运共同体理念主张打造增进共同海洋福祉的海洋利益共同体,我国应从维护国际社会整体利益的角度出发,寻求构建平衡各国海洋权益的制度。在谈判过程中凝练国际社会共同利益,以和而不同、求同存异、开放包容、和谐共存、合作共赢的倡议来凝聚国际共识,促进“BBNJ 国际协定”的合理制定和顺利出台。

从维护我国自身海洋权益、加快建设海洋强国的角度来看,我国远洋能力提升较快,不仅要坚决维护国家管辖范围以内的海洋权益,亦应积极争取 ABNJ 海洋权益。中国永远做海洋和平安宁的维护者以及海洋生态文明的建设者,并坚决维护自己的正当海洋权益,但绝不会以牺牲别国海洋权益来谋求发展。在 ABNJ 海洋遗传资源获取与惠益分享制度的构建进程中,以海洋命运共同体理念为理论准备,我国须践行海洋权益冲突的协调者角色,以维护人类共同利益的长远眼光协调各国现实利益的冲突,增强全球海洋治理领域内的国际合作,提升作为海洋软实力的全球海洋治理话语权与影响力。同时,以协调海洋权益冲突为主张,与更多的国家打造“蓝色伙伴关系”,创造和平、秩序、公平的国际海洋法治环境,为我国建设海洋强国提供安定的外部环境。

（二）全球海洋治理进程的推动者

随着海洋实力和话语权、影响力的提升,我国有必要也有能力担当全球海洋治理的推动者,主动承担起与自身地位和能力相匹配的治理责任。海洋命运共同体理念的提出,正是我国上述意识的觉醒。

目前,全球海洋治理的实践于 ABNJ 持续跟进,在国际法领域规范 ABNJ 海洋遗传资源获取与惠益分享活动是当前全球海洋治理的新领域。我国应积极参与该国际海洋法造法进程,以海洋命运共同体理念为理论准备,提供全球海洋治理的中国方案,推动全球海洋治理在 ABNJ 的进展,具体需要做到以下几个方面:其一,推动全球海洋治理的合作化。通过提取利益最大公约数,推动符合国际社会共同利益并兼顾各国利益的 ABNJ 海洋遗传资源获取与惠益分享制度的制定。其二,推动全球海洋治理的民主化。在构建 ABNJ

海洋遗传资源获取与惠益分享制度过程中，主张“共商共建共享”的合作理念，坚持普遍参与、开放包容的谈判态度，最大限度地关切到各国的利益诉求。其三，推动全球海洋治理的法治化。构建 ABNJ 海洋遗传资源获取与惠益分享制度应以《海洋法公约》为依据，维护现有国际海洋法律规则，同时积极完善 ABNJ 国际海洋法律体系。〔1〕

从加快建设海洋强国的目标来看，海洋命运共同体理念是我国参与并推动全球海洋治理进程的理论准备和话语工具，通过该理念的推广来贡献中国智慧和传统文化，并以此创新海洋治理路径。在构建 ABNJ 海洋遗传资源获取与惠益分享制度进程中，我国需要积极推广海洋命运共同体理念，以“BBNJ 国际协定”谈判为契机，为全球海洋治理积极贡献中国方案，以提升我国在全球海洋治理进程中的参与度以及影响力、话语权。同时，提升我国参与国际海洋法造法的能力，主张符合我国利益诉求的国际海洋法规则，并推进其成为国际社会的共同诉求。

（三）国际海洋法律体系的完善者

进入 21 世纪以来，随着海洋实力的提升、全球海洋治理的深度参与以及国际海洋法学研究的进步，我国须完成从国际海洋法规则和理念的被动接受者向贡献者和引领者的角色转变。〔2〕 海洋命运共同体理念的提出，体现了我国已开始从理念层面参与到海洋治理和国际海洋法造法的进程之中。包括 ABNJ 海洋遗传资源获取与惠益分享制度在内的“BBNJ 国际协定”正是海洋命运共同体理念的制度平台和输出契机。

《海洋法公约》并非框架条约，考虑到协调法律的稳定性与回应性，以制定执行协定来应对海洋法领域的新问题是可取路径。“BBNJ 国际协定”作为《海洋法公约》第三部执行协定，是 ABNJ 海洋法律体系的最新发展。我国一直高度重视“BBNJ 国际协定”的谈判工作，参与了历次 BBNJ 工作组会议、筹备委员会会议和政府间会议，其间积极发声，贡献中国智慧，以推动“BBNJ 国

〔1〕 参见谢海霞：《人类命运共同体的构建与国际法的发展》，载《法学论坛》2018 年第 1 期。

〔2〕 参见金永明：《新时代中国海洋强国战略治理体系论纲》，载《中国海洋大学学报（社会科学版）》2019 年第 5 期。

际协定”的制定。ABNJ 海洋遗传资源获取与惠益分享制度是“BBNJ 国际协定”的核心内容之一,在该制度的构建进程中,我国应担任国际海洋法律体系完善者的角色,用海洋命运共同体理念凝聚国际共识,贡献 ABNJ 海洋法新规则。

从建设海洋强国的目标来看,我国亦需在构建 ABNJ 海洋遗传资源获取与惠益分享制度的进程中积极推广海洋命运共同体理念,贡献符合国际社会共同利益的国际海洋法新规则,以提升我国的话语权和影响力。此外,深度参与并推动国际海洋法造法进程,在为我国争取制度权利与海洋权益的同时,也有助于我国深刻理解相关海洋法规则,从而可以进行有针对性的国内法律因应,推动国内海洋法律制度的发展与完善。[1]

二、海洋命运共同体理念下我国关于制度构建的建议

与以往国际海洋法造法进程相同,国际社会在“BBNJ 国际协定”的谈判进程中分化为发达国家与发展中国两大谈判阵营。我国主张在维护各国海洋权益和增进共同海洋福祉之间寻求平衡,并强调 ABNJ 海洋遗传资源的长期养护和可持续利用,[2]形成了以“构建海洋命运共同体”为宗旨的谈判立场:其一,我国与以 77 国集团为代表的发展中国家的谈判立场存在诸多相同之处,但发展中国家关于“BBNJ 国际协定”的立场和主张已不完全符合我国的海洋权益。其二,我国反对发达国家垄断开发利用 ABNJ 海洋遗传资源的意图,但在促进资源的便利获取、不妨碍海洋科研自由等问题上与其存有共通之处。[3] 在“BBNJ 国际协定”谈判进程中,我国应以构建海洋命运共同体为主张,以实现海洋善治为目标,以维护国际社会共同利益以及我国海洋权

[1] 参见罗欢欣:《国家在国际造法进程中的角色与功能——以国际海洋法的形成和运作为例》,载《法学研究》2018 年第 4 期。

[2] 参见《中国代表在国家管辖范围以外区域海洋生物多样性国际协定谈判第三次政府间大会上的一般性发言(2019 年 8 月 19 日至 30 日,纽约)》,载中国国际法学会主办:《中国国际法年刊(2019)》,法律出版社 2020 年版,第 561-562 页。

[3] 参见袁雪、廖宇程:《国家管辖范围外区域海洋遗传资源获取和惠益分享的制度化建构》,载《南昌大学学报(人文社会科学版)》2019 年第 5 期。

益为依归,而非单纯地支持发展中国家、反对发达国家的主张。[1]

在构建 ABNJ 海洋遗传资源获取与惠益分享制度的倡议主张问题上,我国应以海洋命运共同体理念为理论基础,尊重和维护现有国际海洋法律框架,对现有海洋法律制度未涉及的"海洋法剩余权利"分配和保护提供中国方案。[2] 同时,从加快建设海洋强国的目标出发,以该项国际海洋法造法进程为契机,积极争取制度性权利。结合"BBNJ 国际协定"谈判工作关于 ABNJ 海洋遗传资源获取与惠益分享制度的主要谈判内容,我国可以从适用原则、获取制度、惠益分享制度以及相关知识的法律保护和知识产权制衡等方面提出以下主张:

(一)选择人类共同继承财产原则的立场

基于前文对"人类共同继承财产原则"法律内涵的梳理和总结,[3] 该原则主张为全人类利益而利用、[4] 和平开发利用、[5] 可持续利用 ABNJ 海洋遗传资源,[6] 这契合海洋命运共同体理念在国际海洋法领域的制度生成思路。

从维护我国海洋权益的角度出发,选择人类共同继承财产原则的立场,主张为全人类共同利益开发利用 ABNJ 海洋遗传资源,继而实现公正公平的惠益分享,有利于我国获悉发达国家先进的海洋科技,提升我国开发利用水平;和平开发利用 ABNJ 海洋遗传资源,可为我国建设海洋强国提供良好的外部环境;可持续利用 ABNJ 海洋遗传资源亦符合我国的价值体系以及长远利益。

因此,我国应主张赋予 ABNJ 海洋遗传资源以"人类共同继承财产"的法律属性,基于人类共同继承财产原则的立场,界定 ABNJ 海洋遗传资源的法律地位,以此作为制度内核构建 ABNJ 海洋遗传资源获取与惠益分享制度。

---

[1] 参见杨泽伟:《新时代中国深度参与全球海洋治理体系的变革:理念与路径》,载《法律科学(西北政法大学学报)》2019 年第 6 期。

[2] 参见李增刚:《利益、权力与国际海洋制度的起源和变迁》,载《学习与探索》2019 年第 5 期。

[3] 参见本书第二章第一节。

[4] See United Nations Convention on the Law of the Sea, Article 140.

[5] See United Nations Convention on the Law of the Sea, Article 141.

[6] See Waseem Ahmad Qureshi, *Marine Biodiversity Conservation: The International Legal Framework and Challenges*, 40 Houston Journal of International Law 845 (2018).

（二）主张相对宽松的获取制度

从构建海洋命运共同体的角度出发，ABNJ 海洋遗传资源获取制度应以保障各国开发机会均等、增进共同海洋福祉为目的。为鼓励 ABNJ 海洋遗传资源开发利用活动的有序开展，以促进有关 ABNJ 海洋遗传资源新知识的生成和科学技术的创新，促进全人类财富的积累，建立相对宽松的获取制度较为可取。

从维护我国海洋权益的角度出发，目前我国 ABNJ 海洋生物勘探能力提升较快，在医药、生物修复等领域已取得了长足进展，具备一定的开发利用 ABNJ 海洋遗传资源条件和能力。[1] 相对宽松的 ABNJ 海洋遗传资源获取制度和鼓励性的开发利用导向，有利于我国 ABNJ 海洋生物勘探活动的开展。

因此，我国应主张建立相对宽松的获取制度；同时，为防止海洋霸权和垄断，还应主张建立有效的信息交换机制、追踪跟踪制度和来源披露制度等监测机制。

（三）倡导公正合理的惠益分享制度

从构建海洋命运共同体的角度出发，ABNJ 海洋遗传资源惠益分享制度要建立在国际社会共同利益基础之上，同时也要关切各国利益诉求。倡导构建公正合埋的 ABNJ 海洋遗传资源惠益分享制度，以实现 ABNJ 海洋遗传资源公正公平的惠益分享，促进该资源的长期养护和可持续利用，是海洋命运共同体理念的应有之义。此外，公平是国际海洋法价值之一，构建公正合理的惠益分享制度，即是海洋命运共同体理念对国际海洋法公平价值的重述。

从维护我国海洋权益的角度出发，主张强制性与自愿性相结合的惠益分享模式，一方面可以减少我国前期资源开发负担，另一方面也能够及时共享发达国家的成果；强调非货币惠益分享，以分享发达国家开发利用 ABNJ 海洋遗传资源的信息和技术，同时主张设置一定比例的货币惠益，促进海洋权益的合理再分配；基于权利和义务的对等性，技术和资金有优势的发达国家在

〔1〕 参见吕琪：《国际管辖范围外海域海洋遗传资源利用法律问题研究》，大连海事大学 2019 年博士学位论文，第 218-221 页。

实际享有更多权利的同时应承担更多的义务,[1]借鉴国际环境法中"共同但有区别的责任"原则,主张对其设置合理的惠益分享义务,在增进共同海洋福祉的进程中赋予其更多担当,更能保障 ABNJ 海洋遗传资源的长期养护和可持续利用。

由此可见,构建公正合理的惠益分享制度以兼顾发达国家与发展中国家的利益,不仅是海洋命运共同体理念在海洋法领域的制度演绎,也是维护我国海洋权益的制度考量。

(四)注重获取与惠益分享过程中相关知识的法律保护和知识产权制衡

在 ABNJ 海洋遗传资源相关知识的法律保护和知识产权制衡问题上,我国须进一步向国际社会推介海洋命运共同体理念,发挥其制度构建的引导作用:

第一,主张设置 ABNJ 海洋遗传资源相关传统知识获取与惠益分享制度。鉴于我国的地理位置很难形成 ABNJ 海洋遗传资源相关传统知识,但基于海洋命运共同体理念所坚持的义利观,需要尊重并保护他国的 ABNJ 海洋遗传资源相关传统知识,以实现海洋权益的公正公平分配和国际社会的共同发展。在制度的具体设计上,移植《生物多样性公约》体系关于"事先知情同意"与"共同商定条件"的规定,设置 ABNJ 海洋遗传资源相关传统知识获取与惠益分享制度。同时,以信息交换机制作为便利获取 ABNJ 海洋遗传资源相关传统知识的媒介,在保护正当权益与激励创新、增进知识之间寻求平衡。[2]

第二,实现 ABNJ 海洋遗传资源获取与惠益分享制度与知识产权制度的有效衔接。海洋命运共同体理念旨在协调发达国家与发展中国家之间的利益冲突,平衡海洋及其资源开发利用过程中的公平与效率,以维护全人类共同利益,增进共同海洋福祉。以海洋命运共同体理念为理论准备,为保护发达国家的相关现代知识并防止其他国家不劳而获,同时重视国家管辖范围以内区域遗传资源的"生物剽窃"的前车之鉴,需要对 ABNJ 海洋遗传资源相关

---

〔1〕 参见江河、胡梦达:《全球海洋治理与 BBNJ 协定:现实困境、法理建构与中国路径》,载《中国地质大学学报(社会科学版)》2020 年第 3 期。

〔2〕 See Cymie R. Payne, *New Law for the High Seas*, 6 Ecology Law Quarterly 191 (2019).

现代知识进行法律保护和知识产权制衡。在制度具体设计上,“BBNJ 国际协定”应设置有关 ABNJ 海洋遗传资源的来源披露制度,明确相关可授予专利的范围。[1] 此外,知识产权强制许可制度在应对全球公共健康问题领域意义重大。目前,ABNJ 海洋遗传资源的抗病毒特性已被人类发掘,为维护全球公共利益,推动海洋命运共同体的构建,作为负责任的大国,应推动有关 ABNJ 海洋遗传资源知识产权的强制许可制度的设置。

第三节　国内法层面:我国的法律因应

回顾“BBNJ 国际协定”的谈判进程,国际社会在构建 ABNJ 海洋遗传资源获取与惠益分享制度的问题上已经达成了一定共识。“BBNJ 国际协定”将会为 ABNJ 海洋遗传资源获取与惠益分享活动提供国际法基础,为缔约国设置国际法义务,同时也将为国内相关法律制度带来发展机遇。鉴于此,作为构建海洋命运共同体的制度平台,除了积极参与该项国际海洋法造法进程,我国的相关法律制度要与之接轨,作出必要的制度回应,以履行国际法义务,维护我国海洋权益,加快建设海洋强国。

一、相关国内法律框架梳理与评析

目前,我国关于 ABNJ 海洋遗传资源的专门立法尚付阙如,本部分将从以下三个方面梳理与评析相关国内法律框架:其一,规范 ABNJ 海洋活动的法律;其二,规范遗传资源获取与惠益分享活动的法规;其三,遗传资源相关知识的法律保护与知识产权制衡。

(一)规范国家管辖范围以外区域海洋活动的法律

《中华人民共和国深海海底区域资源勘探开发法》(以下简称《深海法》)

[1] See Eve Heafey, *Access and Benefit Sharing of Marine Genetic Resources from Areas beyond National Jurisdiction: Intellectual Property—Friend, not Foe*, 14 Chicago Journal of International Law 493 (2014).

是我国首部专门规范 ABNJ 海洋活动的法律。此外,《中华人民共和国渔业法》(以下简称《渔业法》)、《中华人民共和国海洋环境保护法》(以下简称《海洋环境保护法》)等法律亦涉及对 ABNJ 海洋活动的规范。这些法律虽不具备直接调整 ABNJ 海洋遗传资源获取与惠益分享的法律规则,但存在与之进行制度分工与协调的考量。

1.《中华人民共和国深海海底区域资源勘探开发法》

2016 年 2 月 26 日通过,并于同年 5 月 1 日正式实施的《深海法》与将来的 ABNJ 海洋遗传资源获取与惠益分享国内法律制度联系密切。海洋自然资源包括生物资源和非生物资源,[1]而《海洋法公约》第 133 条将"区域"资源限定为矿物资源。《深海法》之所以采取"深海海底区域"而非《海洋法公约》"区域"的表述,即考虑到了将来 ABNJ 海洋生物资源法律制度的构建,未将"区域"生物资源排除在外,为 ABNJ 海洋遗传资源获取与惠益分享国内法律制度预留了制度接口。[2]

《深海法》包含 ABNJ 海洋环境保护制度的内容,除第三章专设"环境保护"规定以外,其他各章亦有海洋环境保护的规定,对维持 ABNJ 海洋生境、促进 ABNJ 海洋遗传资源长期养护和可持续利用有一定规范意义。其中,《深海法》第 13 条确立了环境影响评估与环境监测制度;第 14 条强调在深海海底区域勘探、开发活动过程中 BBNJ 的养护和可持续利用。这些规定可直接适用于 ABNJ 海洋遗传资源的养护和可持续利用。

虽然《深海法》不具备调整 ABNJ 海洋遗传资源的获取与惠益分享的法律规则,但是其作为一部专门规范 ABNJ 海洋活动的国内法律,在一定程度上为 ABNJ 海洋遗传资源的养护和可持续利用提供了法律依据。此外,原地获取 ABNJ 海洋遗传资源会涉及"区域"海洋生物的采集,对此,《深海法》具有一定规范意义。《深海法》第 1、3、4、6 条等多处规定体现了海洋命运共同体理念,这些制度思想均可以反映我国对于 ABNJ 海洋法律制度的立法取向,也

---

〔1〕 See George K. Walker ed., *Definitions for the Law of the Sea: Terms not Defined by the 1982 Convention*, Martinus Nijhoff Publishers, 2012, p. 254.

〔2〕 参见张丹、吴继陆:《我国首部深海海底区域资源勘探开发法评析》,载《边界与海洋研究》2016 年第 1 期。

同样适用于其他 ABNJ 相关国内立法。

2.《中华人民共和国渔业法》

《渔业法》规范我国渔业资源捕捞和养护活动。由于海洋遗传资源依附于海洋生物资源,原地获取 ABNJ 海洋遗传资源亦会涉及公海渔业资源,《渔业法》有对其进行规范的余地。

3.《中华人民共和国海洋环境保护法》

《海洋环境保护法》旨在保护海洋生态环境,对于海洋遗传资源的监管、开发和可持续利用确定了基本规范,并明确了违法行为的法律责任,因此对于原地获取 ABNJ 海洋遗传资源具有一定规范意义。

(二)规范遗传资源获取与惠益分享活动的法规

我国目前没有专门规范遗传资源获取与惠益分享活动的法律。在行业实践领域,中国海洋微生物菌种保藏管理中心开展了海洋遗传资源的获取与惠益分享的实践。[1] 目前,遗传资源获取与惠益分享相关立法正在进行,相关地方性立法也已开展。

1.《生物遗传资源获取与惠益分享管理条例(草案)》(征求意见稿)

2017 年 3 月 23 日,当时的环境保护部[2]发布了《生物遗传资源获取与惠益分享管理条例(草案)》的征求意见稿。[3] 虽然其的适用地域范围仅限于我国管辖范围以内区域,但作为一部专门规范遗传资源获取与惠益分享活动的行政法规,其与我国关于 ABNJ 海洋遗传资源获取与惠益分享制度的法律因应联系密切:

第一,在制度设置理念层面,根据《生物遗传资源获取与惠益分享管理条例(草案)》(征求意见稿)第 3、8、9 条的规定,我国坚持遗传资源获取与惠益分享过程中的利益平衡,鼓励和支持相关的科研、教育和宣传活动,确立公众

[1] 参见李一丁:《全球微生物遗传资源获取规则动态、中国问题与完善建议》,载《中国科技论坛》2019 年第 11 期。

[2] 根据 2018 年国务院机构改革方案,组建生态环境部,不再保留环境保护部。

[3] 《生物遗传资源获取与惠益分享管理条例(草案)》(征求意见稿),载中华人民共和国生态环境部官网 2017 年 3 月 23 日,http://www.mee.gov.cn/ywgz/zrstbh/swdyxbh/201703/W020170323537476188359.pdf。

参与原则。在海洋法领域，上述原则均有利于增进人类的共同海洋福祉，推进海洋命运共同体的构建，这些立法思想亦应体现在ABNJ海洋遗传资源相关的国内法律制度之中。

第二，在制度具体内容层面，根据《生物遗传资源获取与惠益分享管理条例(草案)》(征求意见稿)第3、13、18、31、32、33条等规定，该条例落实《生物多样性公约》体系关于遗传资源获取与惠益分享制度的两大基石，即事先知情同意、共同商定条件，规定国务院环境保护主管部门承担遗传资源获取与惠益分享国家联络点职能，明确惠益包括货币惠益与非货币惠益，并列举了主要形式，设立遗传资源保护和惠益分享基金，这些制度内容均可以为ABNJ海洋遗传资源相关的国内法律制度提供立法经验。

2.《广西壮族自治区生物遗传资源及其相关传统知识获取与惠益分享管理办法(试行)》

2021年9月24日，广西壮族自治区生态环境厅印发《广西壮族自治区生物遗传资源及其相关传统知识获取与惠益分享管理办法(试行)》(以下简称《广西管理办法》)，该办法自印发之日起施行。[1]《广西管理办法》规范广西行政区域以内遗传资源及相关传统知识的获取与惠益分享，可为构建ABNJ海洋遗传资源获取与惠益分享的国内法律制度提供借鉴。

3.《云南省生物多样性保护条例》

2018年9月21日通过，2019年1月1日施行的《云南省生物多样性保护条例》(以下简称《云南保护条例》)，[2]对遗传资源的获取与惠益分享、养护和可持续利用等事项进行了规定。该条例规范云南行政区域以内遗传资源及相关传统知识的获取与惠益分享，亦可为构建ABNJ海洋遗传资源获取与惠益分享的国内法律制度提供借鉴。

[1] 《广西壮族自治区生物遗传资源及其相关传统知识获取与惠益分享管理办法(试行)》，载广西壮族自治区生态环境厅官网2021年9月24日，http://sthjt.gxzf.gov.cn/zfxxgk/zfxxgkgl/fdzdgknr/zcfg/gfxwj/t10236044.shtml。

[2] 《云南省生物多样性保护条例》，载云南省生态环境厅官网2019年1月23日，http://sthjt.yn.gov.cn/zcfg/fagui/dffg/201901/t20190123_187582.html。

(三)遗传资源相关知识的国内法保护与知识产权制衡

作为制度构建及完善的论证起点,本部分梳理有关遗传资源相关知识国内法保护与知识产权制衡的规定。

1. 有关遗传资源相关传统知识获取与惠益分享的国内法律法规

借鉴 1989 年《土著和部落人民公约》(Indigenous and Tribal Peoples Convention)的有关规定,结合我国历史发展等情况分析,相关的法律规范大体梳理如下:

第一,《中华人民共和国宪法》(以下简称《宪法》)第 4 条第 4 款、《中华人民共和国民族区域自治法》(以下简称《民族区域自治法》)第 10 条均要求尊重传统习俗;《宪法》第 21 条、《民族区域自治法》第 40 条第 1 款规定国家和地方政府有权对传统知识进行保护和管理。

第二,《生物遗传资源获取与惠益分享管理条例(草案)》(征求意见稿)设置了遗传资源相关传统知识的保护制度:其一,规定遗传资源相关传统知识适用事前知情同意与共同商定条件为两大基石的获取与惠益分享制度;其二,第 2 条第 4 款明确了遗传资源相关传统知识的定义;其三,第 5 条规定国家建立传统知识保护制度,鼓励和支持传统知识的保护、传承和利用;其四,第 6 条和第 7 条确立了相关传统知识的确权登记措施。依法登记的传统知识持有人,享有惠益分享权利。同时,设立集体管理组织代行传统知识持有人相关权利。

第三,《广西管理办法》亦设置了有关遗传资源相关传统知识的规定:第 20 条第 3 款将"生物遗传资源相关传统知识"界定为"各地在长期传统生产生活实践中创造、传承和发展的,有利于生物遗传资源保护和可持续利用的知识和做法"。第 2 条第 2 款规定"本办法关于生物遗传资源的规定,适用于生物遗传资源相关传统知识。"

第四,《云南保护条例》注重保护关于生物多样性保护的相关传统知识,第 33 条规定县级以上人民政府要加强相关传统知识的调查、收集、整理、保护,并鼓励相关传统知识的产业化进程;第 34 条规定研究建立生物多样性保护与减贫相结合的激励机制,推进相关传统知识的商业化利用。

上述法律法规已经或将要为我国管辖范围以内的遗传资源相关传统知识获取与惠益分享活动提供规范性依据。基于属人原则,如果存在相关传统知识,上述法律规范亦适用于 ABNJ 海洋遗传资源相关传统知识的获取与惠益分享。

2. 遗传资源相关知识产权制度

遗传资源获取与惠益分享制度与知识产权制度联系密切。[1] 在为遗传资源相关现代知识提供保护的同时,知识产权的私权性和排他性又有引发过度保护的问题,可能会导致"生物剽窃"现象的产生,这就需要对遗传资源相关知识产权进行合理制衡。知识产权制度与遗传资源获取与惠益分享制度联系密切,[2]本部分分析国内法律中与遗传资源相关的知识产权制度。

(1)促进遗传资源相关知识的产业化

1996 年通过并实施的《中华人民共和国促进科技成果转化法》,为 ABNJ 海洋遗传资源及其相关知识转化为生产力,进而为市场化、商业化提供了法律保障。2016 年 2 月,国务院印发了《实施〈中华人民共和国促进科技成果转化法〉若干规定》,为促进 ABNJ 海洋遗传资源相关知识产权进一步市场化松绑,提供了形成产业化的催化剂。[3]

(2)遗传资源来源披露制度

遗传资源相关现代知识的活动主要涉及专利申请。[4] 2020 年修订的《中华人民共和国专利法》(以下简称《专利法》)第 26 条确立了来源披露制度。依据《专利法》第 26 条的规定,依赖遗传资源完成的发明创作,申请人应当在专利申请文件中说明该遗传资源的直接来源和原始来源;申请无法说明原始来源的,应当陈述理由。《生物遗传资源获取与惠益分享管理条例(草

〔1〕 See Anja Morris, *Marine Genetic Resources in Areas beyond National Jurisdiction: How should the Exploitation of the Resources be Regulated?*, 22 New Zealand Journal of Environmental Law 57 (2018).

〔2〕 参见李一丁:《论生物遗传资源获取和惠益分享机制与知识产权制度》,载《河北法学》2016 年第 1 期。

〔3〕 参见高岩、李波:《我国深海微生物资源研发现状、挑战与对策》,载《生物资源》2018 年第 1 期。

〔4〕 See Carlos Correa & Xavier Seuba eds., *Intellectual Property and Development: Understanding the Interfaces*, Springer Singapore, 2019, p. 421.

案)》(征求意见稿)第29条亦确立了遗传资源来源披露制度,规定不予披露的,不授予知识产权。

对于专利申请人的说明义务,《中华人民共和国专利法实施细则》(以下简称《专利法实施细则》)第26条第2款作出了明确规定:"就依赖遗传资源完成的发明创造申请专利的,申请人应当在请求书中予以说明,并填写国务院专利行政部门制定的表格。"与《专利法》《专利法实施细则》配套使用的《专利审查指南》(2020年修改)(以下简称《审查指南》)亦对"遗传功能"、"违反法律、行政法规的规定获取或者利用遗传资源"以及"对披露内容的具体要求"等内容作了明确规定。

《专利法》要求申请人说明遗传资源的合法来源,是为了应对"生物剽窃"问题,[1]实现《生物多样性公约》公正公平地分享利用遗传资源产生惠益的目标。相对于《名古屋议定书》的要求,我国专利保护机制存在着披露义务非强制性,保护范围有限、披露内容狭窄的局限性。此外,根据《专利法实施细则》第26条的规定,遗传资源来源披露范围并不包括衍生物,而在实践中,对于遗传资源的利用往往超出对其遗传功能的利用,比如一些药物、保健品、化妆品利用到了自然代谢产生的衍生物,[2]将衍生物排除在披露制度之外不利于遗传资源公正公平的惠益分享。在设置ABNJ海洋遗传资源相关的知识产权制度时,要充分回应上述问题。

(3)遗传资源相关的知识产权客体制度

依据《专利法》第5条第2款的规定,违反法律、行政法规情形下依赖遗传资源完成的发明创造被排除在知识产权客体范围之外,《专利法》以不授予知识产权的后果来引领遗传资源开发利用行为的合法性。

《专利法》第25条规定我国不授予动物和植物品种以专利权,该规定与《TRIPS协议》第27条第3款第b项的规定相一致。在以往有关遗传资源的国际实践中,我国一般作为遗传资源的提供国。禁止对生命形式授予知识产

[1] 参见董玉荣:《利益视域下遗传资源权利保护的路径研究》,载《知识产权》2018年第4期。

[2] 参见韦贵红:《遗传资源专利保护机制探析——兼评〈名古屋议定书〉的履行》,载《法律适用》2015年第2期。

权,是我国对“生物剽窃”问题的回应。[1]

《专利法》对于相关知识产权客体范围的严格限定,在提供法律保护的同时亦进行知识产权制衡,在一定程度上减少了“生物剽窃”现象的发生。但上述规定,仅适用于我国管辖范围以内区域的遗传资源,对于ABNJ海洋遗传资源知识产权的客体范围而言,还需新制度予以明确。

二、相关国内法律制度构建与完善

履行“BBNJ国际协定”关于ABNJ海洋遗传资源获取与惠益分享的规定,是缔约国的一项国际法义务。[2] 我国应以海洋命运共同理念为理论准备,进行国内法律因应,以履行相关国际法义务。同时,以此为契机完善国内相关海洋法律制度,这也是加快建设海洋强国的重要举措。

(一)构建国家管辖范围以外区域海洋遗传资源获取与惠益分享相关国内法律制度

构建ABNJ海洋遗传资源获取与惠益分享相关国内法律制度,应从国内立法以及与现有相关法律的衔接两方面考虑。

1. 相关国内立法的建议

(1)立法形式

所谓立法形式,即是采取单独立法的形式,还是在遗传资源获取与惠益分享国内法律法规中予以规定。本书主张采取单独立法的形式,[3]理由如下:

第一,完善我国ABNJ海洋法律制度的机遇。目前,我国仅有《深海法》一部ABNJ海洋法律,且该法主要规范有关“区域”矿产资源的活动。ABNJ

---

[1] 参见秦天宝:《遗传资源获取与惠益分享的法律问题研究》,武汉大学出版社2006年版,第517页。

[2] 《“BBNJ国际协定”草案修改稿》第11条第5款规定:“缔约国应酌情采取必要的立法、行政或政策措施,以确保其管辖范围内的自然人或法人获取和利用国家管辖范围以外区域海洋遗传资源所产生的惠益能够根据本协定的规定得到分享。”

[3] 亦可以考虑制定一部有关BBNJ养护和可持续利用的国内海洋法律,规范ABNJ海洋遗传资源获取与惠益分享活动为其内容之一。

海洋遗传资源作为一种新型海洋资源，具有重要的战略地位，[1]制定相关国内法律制度来履约的同时，可以此提升我国在全球海洋治理中的影响力、维护我国海洋权益。

第二，应对现实的需要。我国海洋实力、海洋科技提升较快，有一定能力进行 ABNJ 海洋生物勘探，[2]需要设置有针对性的 ABNJ 海洋遗传资源获取与惠益分享相关国内法律制度，以规范相关活动、形成 ABNJ 海洋秩序。

第三，立法可操作性的考量。ABNJ 与国家管辖范围以内遗传资源获取与惠益分享制度区别较大，前者以人类共同继承财产原则为制度内核，后者以国家主权为制度基础，于立法技术上很难在一部法律中兼顾，故采取单独立法的形式更为可行。

(2)立法内容

应设置专门的 ABNJ 海洋遗传资源获取与惠益分享国内法律制度，加强 ABNJ 海洋遗传资源利用国内监测机制的设置，以履行相关国际法义务，促进 ABNJ 海洋遗传资源的养护和可持续利用，维护人类共同利益、增进共同海洋福祉。根据《"BBNJ 国际协定"草案修改稿》(A/CONF. 232/2020/3)的案文内容，结合我国有关遗传资源的法律法规，ABNJ 海洋遗传资源获取与惠益分享相关国内法律制度的立法内容应关注下几个方面：其一，ABNJ 海洋遗传资源获取国内法律制度；其二，ABNJ 海洋遗传资源惠益分享国内法律制度；其三，ABNJ 海洋遗传资源利用国内监测机制。

2. 与其他法律法规的衔接

(1)现有法律法规

第一，《深海法》为我国专门规范 ABNJ 海洋活动的首部法律，有关 ABNJ 海洋遗传资源获取与惠益分享的国内法律制度，将是我国 ABNJ 海洋立法的又一进展。鉴于两者均调整 ABNJ 海洋活动，《深海法》亦为 ABNJ 海洋生物

[1] 参见胡学东、高岩：《深海生物基因产业 蓝色经济新希望》，载胡学东、郑苗壮编著：《国家管辖范围以外区域海洋生物多样性问题研究》，中国书籍出版社 2019 年版，第 79 页。

[2] 参见吕琪：《国际管辖范围外海域海洋遗传资源利用法律问题研究》，大连海事大学 2019 年博士学位论文，第 218-221 页。

资源预留了制度接口,要重点考虑两者的立法分工和制度衔接。

第二,《渔业法》规范我国公海渔业资源的捕捞和管护。《"BBNJ 国际协定"草案修改稿》第 8 条第 2 款第 a 项指出,ABNJ 海洋遗传资源的实质范围不包括公海渔业资源,但是公海生物资源用于生物勘探的目的时,此时有法律适用竞合的可能,须明晰 ABNJ 海洋遗传资源相关国内法制度的规范对象。

第三,《海洋环境保护法》修订之时,结合将来"BBNJ 国际协定"的规定,增加有关 BBNJ 养护和可持续利用的规定,规范 ABNJ 海洋遗传资源的开发利用。

(2)待立之法

第一,《生物遗传资源获取与惠益分享管理条例》将作为专门规范我国管辖范围以内区域生物遗传资源获取与惠益分享的行政法规,须解决好 ABNJ 海洋遗传资源获取与惠益分享国内法律制度与该条例的关系。在制度设置上要进行合理分工,保证顺畅衔接。

第二,作为《生物遗传资源获取与惠益分享管理条例》的配套法规,《广西管理办法》《云南保护条例》等遗传资源地方性立法可以因地制宜解决当地问题,要合理立法并积极推广。

第三,《中华人民共和国海洋基本法》(以下简称《海洋基本法》)已纳入我国重要立法计划。[1] 作为我国海洋基本法,ABNJ 海洋遗传资源获取与惠益分享是其规范内容之一,要在《海洋法公约》以及将来的"BBNJ 国际协定"框架下制定该法的相关内容。

第四,《中华人民共和国生物多样性保护法》(以下简称《生物多样性保护法》)、[2]《中华人民共和国生物安全法》(以下简称《生物安全法》)等法律都在逐渐列入我国立法计划。为落实海洋命运共同体理念,将来这些法律亦要体现出对 ABNJ 海洋遗传资源的养护和可持续利用的关切。

---

[1] 参见贾宇:《改革开放 40 年中国海洋法治的发展》,载《边界与海洋研究》2019 年第 4 期。

[2] 在十三届全国人大二次会议上,有代表提出了制定《生物多样性保护法》的建议,经过生态环境部会同农业农村部、国家林业和草原局论证研究,赞同该代表的立法建议。参见《对十三届全国人大二次会议第 7403 号建议的答复》,载中华人民共和国生态环境部官网 2019 年 7 月 17 日,http://www.mee.gov.cn/xxgk2018/xxgk/xxgk13/201911/t20191120_743405.html。

(二)设置国家管辖范围以外区域海洋遗传资源相关传统知识获取与惠益分享国内法律制度

鉴于我国的地理位置难以形成 ABNJ 海洋遗传资源相关传统知识,为落实海洋命运共同体理念,尊重土著及地方社区的传统知识,可以作以下考量:

第一,《生物遗传资源获取与惠益分享管理条例》将作为我国规范遗传资源及相关传统知识获取与惠益分享的专门行政法规。如前所述,《生物遗传资源获取与惠益分享管理条例(草案)》(征求意见稿)设置了以事先知情同意、共同商定条件为制度基石的遗传资源相关传统知识获取与惠益分享制度,并且于第 6 条确立了相关传统知识的确权登记措施。《广西管理办法》《云南保护条例》为遗传资源及相关传统知识获取与惠益分享的地方性立法,其根据本行政区域的实际情况亦确立了遗传资源相关传统知识获取与惠益分享制度。

第二,作为我国海洋基本法,《海洋基本法》对 ABNJ 海洋遗传资源相关传统知识的获取与惠益分享具有规范作用。可以考虑在《海洋基本法》中设置 ABNJ 海洋遗传资源相关传统知识获取与惠益分享国内法律制度的原则性规定,以落实海洋命运共同体理念,并积极争取和维护我国海洋权益。

第三,将来的《生物多样性保护法》《生物安全法》亦应考虑对 ABNJ 海洋遗传资源相关传统知识的保护。

(三)衔接国家管辖范围以外区域海洋遗传资源获取与惠益分享国内法律制度和知识产权制度

授予知识产权是一国的主权行为,通过知识产权制度可以实现其对 ABNJ 海洋遗传资源获取与惠益分享活动的管理。[1] 此外,知识产权制度可以对 ABNJ 海洋遗传资源的开发利用产生一定激励作用,[2] 以促进相关知识的创新和海洋科技的进步,增进共同海洋福祉,推进海洋命运共同体的构建。

---

〔1〕 See Friederike Lehmann, *The Legal Status of Genetic Resources of the Deep Seabed*, 11 New Zealand Journal of Environmental Law 33 (2007).

〔2〕 See Lyle Glowka, *Deepest of Ironie: Genetic Resources, Marine Scientific Research, and the Area*, 12 Ocean Yearbook 154 (1996).

鉴于知识产权排他性的保护特点，还要预防“生物剽窃”在ABNJ再次上演。为实现对相关现代知识的法律保护和知识产权的合理制衡，要合理衔接ABNJ海洋遗传资源获取与惠益分享的国内法律制度与知识产权制度。

第一，进一步促进ABNJ海洋遗传资源知识产权的产业化，制定ABNJ海洋遗传资源知识产权管理办法，规范专利申报与技术转让，激励知识创新。[1]

第二，合理界定有关ABNJ海洋遗传资源的知识产权客体，明确可授予专利的范围，以有效预防“生物剽窃”问题在ABNJ上演。

第三，为促进养护和可持续利用ABNJ海洋遗传资源，履行相关国际法义务，同时对获取行为进行有效监测，实现公正公平的惠益分享，需要完善来源披露制度，明确披露义务以及披露标准等。

第四节　本章小结

海洋命运共同体理念因其丰富的内涵和时代的特色，在目前全球海洋治理进程中有着凝聚国际共识的作用以及生成海洋法新制度的潜力。在“BBNJ国际协定”这项国际海洋法新造法进程中，海洋命运共同体理念通过提取全人类共同海洋利益“公因式”来推动全球海洋治理各主体的积极参与；通过倡议“有事多商量、有事好商量”的合作态度来推动国际社会共同应对各类全球性海洋问题；通过明确可持续利用海洋及其资源，进而维护全人类共同利益的海洋善治目标来凝聚国际共识，推进“BBNJ国际协定”的谈判进程；通过彰显国际海洋法价值、贡献海洋法规则来影响并推动国际海洋法造法进程。

在构建ABNJ海洋遗传资源获取与惠益分享制度进程中，海洋命运共同体理念为我国的制度构建立场选择以及法律因应提供了理论准备。我国应明晰自身角色认知，以该项国际海洋法造法为契机，积极贡献中国智慧，提升话语权和影响力，向国际社会传达并实践海洋命运共同体理念，通过价值表达促成规则共识，为我国争取制度性权利，为国际社会贡献具有良法属性的

〔1〕参见高岩、李波：《我国深海微生物资源研发现状、挑战与对策》，载《生物资源》2018年第1期。

国际海洋法规则。同时,发展与完善国内相关法律制度,履行国际法义务,维护我国的海洋权益。

在国际法层面,海洋命运共同体理念与海洋善治理念相洽,在 ABNJ 海洋遗传资源获取与惠益分享制度构建问题上,两者可以得出相对一致的结论,但又有维护我国海洋权益的特殊考量:其一,选择人类共同继承财产原则的立场。人类共同继承财产原则是海洋命运共同体理念在国际海洋法领域的具体体现。本书主张将 ABNJ 海洋遗传资源的法律属性界定为"人类共同继承财产",坚持为全人类利益而利用、和平开发利用、可持续利用 ABNJ 海洋遗传资源,并以此为制度内核构建 ABNJ 海洋遗传资源获取与惠益分享制度。其二,构建相对宽松的获取制度。从构建海洋命运共同体的角度出发,ABNJ 海洋遗传资源获取制度应以保证各国开发机会均等、促进公正公平惠益分享为目的。规制获取活动不是目的,而是增进共同海洋福祉的保障,在信息交换机制、追踪跟踪制度以及来源披露制度有效运行的前提下确立相对宽松的获取制度,鼓励 ABNJ 海洋遗传资源的开发利用活动,有利于有关 ABNJ 海洋遗传资源新知识的生成和科学技术的创新,促进全人类财富的积累。其三,构建公正合理的惠益分享制度。实现 ABNJ 海洋遗传资源公正公平的惠益分享,是海洋命运共同体理念的应有之义。从构建海洋命运共同体的角度出发,ABNJ 海洋遗传资源惠益分享制度应以实现公平公正的惠益分享为目的。公平是国际海洋法的价值之一,海洋命运共同体理念即是对国际海洋法价值的重述。其四,注重获取与惠益分享过程中相关知识的法律保护和知识产权制衡。海洋命运共同体理念旨在协调国际社会间的利益冲突,平衡海洋及其资源开发利用过程中的公平与效率,以维护全人类共同利益,增进共同海洋福祉。出于 ABNJ 海洋遗传资源相关知识的法律保护和知识产权制衡的考虑,须设置 ABNJ 海洋遗传资源相关传统知识获取与惠益分享制度,完善 ABNJ 海洋遗传资源获取与惠益分享制度与相关知识产权制度的衔接,而海洋命运共同体理念在该进程中能发挥制度引导作用。

在国内法层面,为推动构建海洋命运共同体,建设海洋强国,除了积极参与国际造法进程之外,我国相关的法律制度也要与之接轨,以积极履行国际法义务，维护我国海洋权益：其一，构建 ABNJ 海洋遗传资源获取与惠益分享相关的国内法律制度。完善现有相关法律法规，有关 ABNJ 海洋遗传资源开发利用活动的国内法要与《深海法》保持一致、衔接顺畅，并进行合理分工；区分《渔业法》与未来我国关于 ABNJ 海洋遗传资源获取与惠益分享的制度规定；建议《海洋环境保护法》增加有关 ABNJ 海洋遗传资源养护和可持续利用的规定；解决好与《生物遗传资源获取与惠益分享管理条例》之间的立法分工和制度衔接，合理制定并推广相关地方性立法。此外，《海洋基本法》《生物多样性保护法》《生物安全法》等法律都在逐渐列入立法计划，这些法律皆要体现对 ABNJ 海洋遗传资源养护和可持续利用的关切。其二，设置 ABNJ 海洋遗传资源相关传统知识获取与惠益分享的国内法律制度。基于属人原则，《生物遗传资源获取与惠益分享管理条例》及地方性配套法规所设置的遗传资源相关传统知识获取与惠益分享制度，适用于 ABNJ 海洋遗传资源相关传统知识。其三，衔接 ABNJ 海洋遗传资源获取与惠益分享相关国内法律制度与知识产权制度。《专利法》合理界定有关 ABNJ 海洋遗传资源可授予专利的客体范围。将衍生物纳入遗传资源的利用之中，实现惠益分享制度公正公平的目的。为了更好地保护 ABNJ 海洋遗传资源，履行国际法义务，需要完善来源披露制度。

结　语

本书以海洋善治理念为论证基础，基于人类共同继承财产原则，研究如何构建具有良法属性的 ABNJ 海洋遗传资源获取与惠益分享制度；同时，以海洋命运共同体理念为理论基础，研究并提出关于我国参与 ABNJ 海洋遗传资源获取与惠益分享制度构建的建议和国内法律因应。

获取制度是对资源初始分配的制度安排。ABNJ 海洋遗传资源开发利用活动对科技和资金要求较高，目前仅有部分国家具备开展该项活动的条件，蕴含海洋善治理念的 ABNJ 海洋遗传资源获取制度，可以保障各国开发机会均等，并能为 ABNJ 海洋遗传资源利用监测机制建立监测基点，从而促进公正公平惠益分享的实现，并最终实现 ABNJ 海洋遗传资源的养护和可持续利用。其一，区分获取类型确定获取规制模式：原地获取以基于通知的模式为主，辅之以许可证制度。异地获取和由电脑模拟获取采取基于通知的模式；设置 ABNJ 海洋遗传资源获取的程序规则，构建信息交换机制和追踪跟踪制度等监测机制。其二，区分获取类型，分别设置原地获取、异地获取和由电脑模拟获取的条款和条件，并与“BBNJ 国际协定”另外两个议题即划区管理工具、环境影响评估进行衔接。其三，关注 ABNJ 海洋遗传资源获取过程中相关知识的法律保护和知识产权制衡：设置 ABNJ 海洋遗传资源相关传统知识获取制度，以保护相关传统知识；明确可授予专利的客体范围、确立来源披露制度，将 ABNJ 海洋遗传资源获取制度与知识产权制度进行有效衔接，以实现对相关现代知识的法律保护和知识产权制衡。

惠益分享制度是对资源再分配的制度安排。在“BBNJ 国际协定”谈判过程中，各国的分歧焦点在于如何分享因利用 ABNJ 海洋遗传资源所产生的惠益问题,蕴含海洋善治理念的 ABNJ 海洋遗传资源惠益分享制度则是解决上述分歧的关键所在。为实现公正公平分享因利用 ABNJ 海洋遗传资源所产生的惠益,既不能妨碍有关 ABNJ 海洋遗传资源商业化经济活动的研究、投资和创新,又要保证发展中国家从中获得切实利益,须从以下几个方面入手:其一,合理设置 ABNJ 海洋遗传资源惠益分享基本规则。以人类共同继承财产原则的立场界定惠益分享提供者和受益者的范围;规定惠益分享的范围包括货币惠益和非货币惠益两种类型,并设置适当的比例和恰当的形式;对惠益分享的内容、时间以及所分享惠益的用途等惠益分享安排作出规定。此外,注意惠益分享规则与获取规制模式、获取条款和条件的衔接。其二,确立 ABNJ 海洋遗传资源惠益分享实施机制。区分场合和情形,采取自愿模式与强制模式相结合的惠益分享模式;构建信息交换机制、追踪跟踪制度等监测机制。其三,关注 ABNJ 海洋遗传资源惠益分享过程中相关知识的法律保护与知识产权制衡:构建 ABNJ 海洋遗传资源相关传统知识惠益分享制度,以保护相关传统知识;确立来源披露制度、建立强制许可制度、设置公共信托基金,将 ABNJ 海洋遗传资源惠益分享制度与知识产权制度进行有效衔接,以实现对相关现代知识的法律保护和知识产权制衡。

在构建 ABNJ 海洋遗传资源获取与惠益分享制度进程中,海洋命运共同体理念为我国关于制度构建的立场选择以及法律因应提供了理论准备。应明晰我国在该国际海洋法造法进程中的角色认知,积极参与并推动该造法进程。同时,发展与完善国内相关法律制度,履行国际法义务,维护我国海洋权益。其一,在国际法层面:建议将 ABNJ 海洋遗传资源的法律属性界定为“人类共同继承财产”,并以此为制度内核构建 ABNJ 海洋遗传资源获取与惠益分享制度;主张相对宽松的获取制度,促进有关 ABNJ 海洋遗传资源新知识的生成和科学技术的创新以及全人类财富的积累;倡导公正合理的惠益分享制度,实现公平公正的惠益分享,增进共同海洋福祉;注重获取与惠益分享过程中相关知识的法律保护和知识产权制衡。其二,在国内法层面:构建 ABNJ 海洋遗传资源获取与惠益分享相关国内法律制度,并注意与相关法律法规的立法分工与衔接;设置 ABNJ 海洋遗传资源相关传统知识获取与惠益分享国内法律制度;衔接 ABNJ 海洋遗传资源获取与惠益分享相关国内法律制度与知识产权制度。

目前,“BBNJ 国际协定”还在谈判制定中,就本书的研究而言:其一,对于海洋善治理念和海洋命运共同体理念的意义和内涵解读还须进一步梳理和总结。两者都是内涵持续丰富、外延不断发展着的海洋治理理念,需要进一步跟进全球海洋治理实践和国际海洋法发展,准确掌握两者的内涵发展和作用意义,并将之体现在全球海洋治理和国际海洋法造法方向的论证之中。其二,对于 ABNJ 海洋遗传资源获取与惠益分享制度的构建分析还须进一步跟进“BBNJ 国际协定”的谈判工作。虽然国际社会已就宏观造法框架基本达成共识,但对于微观制度设置还须进一步谈判协商。需要继续跟进谈判进程,及时关注合理的制度构建立场和建议,将其融入 ABNJ 海洋遗传资源获取与惠益分享制度构建的论证中。

参考文献

一、中文类

（一）著作

1. 蔡守秋、常纪文主编:《国际环境法学》,法律出版社 2004 年版。

2. 傅崐成等编译:《弗吉尼亚大学海洋法论文三十年精选集(1977—2007)》,厦门大学出版社 2010 年版。

3. 高岚君:《国际法的价值论》,武汉大学出版社 2006 年版。

4. 郭培清、石伟华编著:《南极政治问题的多角度探讨》,海洋出版社 2012 年版。

5. 胡学东、郑苗壮编著:《国家管辖范围以外区域海洋生物多样性问题研究》,中国书籍出版社 2019 年版。

6. 黄异:《海洋秩序与国际法》,台北,学林文化事业有限公司 2000 年版。

7. 贾兵兵:《国际公法:和平时期的解释和适用》,清华大学出版社 2015 年版。

8. 李金惠、贾少华、谭全银编著:《环境外交的基础与实践》,中国环境出版集团 2018 年版。

9. 李一丁编译:《全球生物遗传资源获取与惠益分享行为指南与示范准则资料汇编》,中国政法大学出版社 2018 年版。

10. 林灿铃、吴汶燕主编:《国际环境法》,科学出版社 2018 年版。

11. 秦天宝:《遗传资源获取与惠益分享的法律问题研究》,武汉大学出版社 2006 年版。

12. 屈广清、曲波主编:《海洋法》(第 4 版),中国人民大学出版社 2017 年版。

13. 史学瀛:《生物多样性法律问题研究》,人民出版社 2007 年版。

14. 王冠雄:《全球化、海洋生态与国际渔业法发展之新趋势》,台北,秀威资讯科技股份有限公司 2011 年版。

15. 王迁:《知识产权法教程》(第 5 版),中国人民大学出版社 2016 年版。

16. 王曦编著:《国际环境法》(第 2 版),法律出版社 2005 年版。

17. 王泽鉴:《民法总则》,北京大学出版社 2009 年版。

18. 薛达元、崔国斌、蔡蕾、张丽荣:《遗传资源、传统知识与知识产权》,中国环境科学出版社 2009 年版。

19. 薛桂芳主编:《海洋法学》,海洋出版社 2018 年版。

20. 杨雪冬、王浩主编:《全球治理》,中央编译出版社 2015 年版。

21. 杨泽伟:《国际法析论》(第 4 版),中国人民大学出版社 2017 年版。

22. 张海燕:《遗传资源知识产权保护法律问题研究》,法律出版社 2012 年版。

23. 张继伟、姜玉环、罗阳:《国家管辖范围以外区域环境影响评价机制研究》,海洋出版社 2019 年版。

24. 张文显主编:《法理学》(第 4 版),高等教育出版社、北京大学出版社 2011 年版。

25. 张文显主编:《法理学》(第 3 版),法律出版社 2007 年版。

26. 张小勇:《遗传资源的获取和惠益分享与知识产权保护》,知识产权出版社 2007 年版。

27. 张小勇:《遗传资源国际法问题研究》,知识产权出版社 2017 年版。

28. 张晏瑲:《国际海洋法》,清华大学出版社 2015 年版。

29. 张晏瑲:《海洋治理与海洋法》,台北,五南图书出版股份有限公司 2010 年版。

(二) 译著

1. [德]塞缪尔·冯·普芬道夫:《自然法与国际法》(第 1、2 卷),罗国强、刘瑛译,北京大学出版社 2012 年版。

2. [斐济]萨切雅·南丹主编、毛彬中译本主编:《1982 年〈联合国海洋法公约〉评注》,海洋出版社 2009 年版。

3. [古希腊]亚里士多德:《政治学》,颜一、秦典华译,中国人民大学出版社 2003 年版。

4. [荷]雨果·格劳秀斯:《论海洋自由或荷兰参与东印度贸易的权利》(第 2 版),马忠法译,张乃根校,世纪出版集团、上海人民出版社 2013 年版。

5. [加]马克·撒加利亚:《海洋政策——海洋治理和国际海洋法导论》,邓云成、司慧译,海洋出版社 2019 年版。

6. [美]E. 博登海默:《法理学:法律哲学与法律方法》,邓正来译,中国政法大学出版社 2004 年版。

7. [美]路易斯·B. 宋恩、克里斯汀·古斯塔夫森·朱罗、约翰·E. 诺伊斯、埃里克·弗兰克斯:《海洋法精要》(原书第 2 版),傅崐成等译,上海交通大学出版社 2014 年版。

8. [美]约翰·罗尔斯:《正义论》(修订版),何怀宏、何包钢、廖申白译,中国社会科学出版社 2009 年版。

9. [英]马尔科姆·N. 肖:《国际法》(第 6 版),白桂梅、高建军、朱利江、李永胜、梁晓晖译,北京大学出版社 2011 年版。

10. [英]帕特莎·波尼、埃伦·波义尔:《国际法与环境》,那力、王彦志、王小钢译,高等教育出版社 2007 年版。

11. [英]伊恩·布朗利:《国际公法原理》,曾令良、于敏友等译,法律出版社 2007 年版。

12. [英]詹宁斯、瓦茨修订:《奥本海国际法》(第 1 卷·第 2 分册),王铁崖等译,中国大百科全书出版社 1998 年版。

(三)文章

1. 陈金钊:《"人类命运共同体"的法理诠释》,载《法学论坛》2018 年第 1 期。

2. 陈柳:《新时代中国在国际法体系演变过程中的角色认知与能力建

设》,载《太平洋学报》2018 年第 6 期。

3. 陈秀武:《“海洋命运共同体”的相关理论探讨》,载《亚太安全与海洋研究》2019 年第 3 期。

4. 程时辉:《论国家管辖范围外海洋遗传资源的开发与保护——基于科技、市场和制度的视角》,载《资源开发与市场》2019 年第 2 期。

5. 程时辉:《当代国际海洋法律秩序的变革与中国方案——基于“海洋命运共同体理念”的思考》,载《湖北大学学报(哲学社会科学版)》2020 年第 2 期。

6. 崔皓:《国际海底管理局管理生物多样性问题可行性研究》,载《武大国际法评论》2019 年第 1 期。

7. 崔野、王琪:《全球公共产品视角下的全球海洋治理困境:表现、成因与应对》,载《太平洋学报》2019 年第 1 期。

8. 戴瑛:《国家管辖范围外海洋遗传资源获取与惠益分享的制度选择和发展前瞻》,载《海洋通报》2018 年第 5 期。

9. 董玉荣:《利益视域下遗传资源权利保护的路径研究》,载《知识产权》2018 年第 4 期。

10. 傅梦孜、陈旸:《对新时期中国参与全球海洋治理的思考》,载《太平洋学报》2018 年第 11 期。

11. 高建勋、欧任贵:《公海生物基因资源的惠益分享机制初探——以人类命运共同体为视角》,载《海南热带海洋学院学报》2019 年第 4 期。

12. 高岩、李波:《我国深海微生物资源研发现状、挑战与对策》,载《生物资源》2018 年第 1 期。

13. 韩雪晴、王义桅:《全球公域:思想渊源、概念谱系与学术反思》,载《中国社会科学》2014 年第 6 期。

14. 何志鹏、李晓静:《公海保护区谈判中的中国对策研究》,载《河北法学》2017 年第 5 期。

15. 洪农:《国际海洋法治发展的国家实践:中国角色》,载《亚太安全与海洋研究》2020 年第 1 期。

16. 胡斌:《国家管辖范围以外区域海洋遗传资源开发的国际争议与消解——兼谈“南北对峙”中的中国角色》,载《太平洋学报》2020 年第 6 期。

17. 黄异、周怡良:《人类共同继承遗产原则的性质及其在区域制度中的落实新论:一个自然法的观点》,载《中国地质大学学报(社会科学版)》2015 年第 3 期。

18. 贾宇:《改革开放 40 年中国海洋法治的发展》,载《边界与海洋研究》2019 年第 4 期。

19. 江河、胡梦达:《全球海洋治理与 BBNJ 协定:现实困境、法理建构与中国路径》,载《中国地质大学学报(社会科学版)》2020 年第 3 期。

20. 金灿荣、石雨松:《习近平的全球治理理念》,载《太平洋学报》2019 年第 10 期。

21. 金永明:《国家管辖范围外区域海洋生物多样性养护和可持续利用问题》,载《社会科学》2018 年第 9 期。

22. 金永明:《新时代中国海洋强国战略治理体系论纲》,载《中国海洋大学学报(社会科学版)》2019 年第 5 期。

23. 李浩梅:《国家管辖范围以外区域海洋遗传资源的国际治理——欧盟方案及其启示》,载《太平洋学报》2020 年第 6 期。

24. 李寿平:《人类命运共同体理念引领国际法治变革:逻辑证成与现实路径》,载《法商研究》2020 年第 1 期。

25. 李晓静:《国家管辖范围外海洋遗传资源的定义及其法律地位探析》,载《中国海商法研究》2017 年第 2 期。

26. 李学勇、李宣良、梅世雄:《习近平集体会见出席海军成立 70 周年多国海军活动外方代表团团长》,载人民网, http://cpc.people.com.cn/n1/2019/0423/c64094-31045360.html。

27. 李一丁:《论生物遗传资源获取和惠益分享机制与知识产权制度》,载《河北法学》2016 年第 1 期。

28. 李一丁:《全球微生物遗传资源获取规则动态、中国问题与完善建议》,载《中国科技论坛》2019 年第 11 期。

29. 李赞:《建设人类命运共同体的国际法原理与路径》,载《国际法研究》2016 年第 6 期。

30. 李增刚:《利益、权力与国际海洋制度的起源和变迁》,载《学习与探索》2019 年第 5 期。

31. 李志文:《国家管辖外海域遗传资源分配的国际法秩序——以人类命运共同体理念为视阈》,载《吉林大学社会科学学报》2018 年第 6 期。

32. 李志文:《国际海底资源之人类共同继承财产的证成》,载《社会科学》2017 年第 6 期。

33. 梁甲瑞、曲升:《全球海洋治理视域下的南太平洋地区海洋治理》,载《太平洋学报》2018 年第 4 期。

34. 廖凡:《全球治理背景下人类命运共同体的阐释与构建》,载《中国法学》2018 年第 5 期。

35. 林乡:《关于公海“区域”中生物基因资源的勘探和开发问题》,载《海洋开发与管理》2002 年第 2 期。

36. 林新珍:《国家管辖范围以外区域海洋生物多样性的保护与管理》,载《太平洋学报》2011 年第 10 期。

37. 刘惠荣:《海洋战略新疆域的法治思考》,载《亚太安全与海洋研究》2018 年第 4 期。

38. 刘惠荣、胡小明:《主权要素在 BBNJ 环境影响评价制度形成中的作用》,载《太平洋学报》2017 年第 10 期。

39. 刘惠荣、纪晓昕:《国家管辖外深海遗传资源的归属和利用——兼析以知识产权为基础的惠益分享制度》,载《法学论坛》2009 年第 4 期。

40. 刘惠荣、纪晓昕:《论公海生物多样性的人类共同遗产属性》,载《法治研究》2011 年第 7 期。

41. 刘磊、王晓彤:《论特朗普政府的新海洋政策——基于特朗普与奥巴马两份行政命令的比较研究》,载《边界与海洋研究》2020 年第 1 期。

42. 刘乃忠、高莹莹:《国家管辖范围外海洋生物多样性养护与可持续利用国际协定重点问题评析与中国应对策略》,载《海洋开发与管理》2018 年第

7 期。

43. 刘思竹:《论国家管辖范围外海洋遗传资源的惠益分享制度》,载《政法论丛》2020 年第 5 期。

44. 刘晓玮:《新中国参与全球海洋治理的进程及经验》,载《中国海洋大学学报(社会科学版)》2018 年第 1 期。

45. 罗欢欣:《国家在国际造法进程中的角色与功能——以国际海洋法的形成和运作为例》,载《法学研究》2018 年第 4 期。

46. 裘婉飞、郑苗壮、刘岩:《论依法治海:法律在实现海洋"善治"中的作用》,载《生态经济》2016 年第 7 期。

47. 孙超、马明飞:《海洋命运共同体思想的内涵和实践路径》,载《河北法学》2020 年第 1 期。

48. 王传良、张晏瑲:《论海洋渔业资源的法律地位——以 1982 年〈联合国海洋公约〉为中心》,载《国际法研究》2019 年第 1 期。

49. 王琪、崔野:《将全球治理引入海洋领域——论全球海洋治理的基本问题与我国的应对策略》,载《太平洋学报》2015 年第 6 期。

50. 王秀芬、檀畅:《国际海洋立法新动向与中国应对——以〈国家管辖范围以外海域生物多样性国际协定〉为视角》,载《吉首大学学报(社会科学版)》2018 年第 5 期。

51. 韦贵红:《遗传资源专利保护机制探析——兼评〈名古屋议定书〉的履行》,载《法律适用》2015 年第 2 期。

52. 谢海霞:《人类命运共同体的构建与国际法的发展》,载《法学论坛》2018 年第 1 期。

53. 许健:《国际海底区域生物资源的法律属性探析》,载《东南学术》2017 年第 4 期。

54. 徐靖、郑苗壮、刘岩、刘文静、银森录、李俊生:《国家管辖范围外海域海洋遗传资源获取和惠益分享机制构建建议》,载《生物多样性》2016 年第 1 期。

55. 杨泽伟:《新时代中国深度参与全球海洋治理体系的变革:理念与路

径》，载《法律科学（西北政法大学学报）》2019 年第 6 期。

56. 杨泽伟：《论“海洋命运共同体”构建中海洋危机管控国际合作的法律问题》，载《中国海洋大学学报（社会科学版）》2020 年第 3 期。

57. 杨泽伟、刘丹、王冠雄、张磊：《〈联合国海洋法公约〉与中国（圆桌会议）》，载《中国海洋大学学报（社会科学版）》2019 年第 5 期。

58. 姚莹：《“海洋命运共同体”的国际法意涵：理念创新与制度构建》，载《当代法学》2019 年第 5 期。

59. 叶泉：《国家管辖范围外区域海洋遗传资源管理机制探究》，载《中国海商法研究》2013 年第 4 期。

60. 袁雪、廖宇程：《国家管辖范围外区域海洋遗传资源的获取和惠益分享：机制选择与中国方案》，载《中国海洋大学学报（社会科学版）》2019 年第 5 期。

61. 袁雪、廖宇程：《国家管辖范围外区域海洋遗传资源获取和惠益分享的制度化建构》，载《南昌大学学报（人文社会科学版）》2019 年第 5 期。

62. 翟崑：《海洋命运共同体构建需知行合一》，载《太平洋学报》2020 年第 1 期。

63. 张弛：《国家管辖范围外深海遗传资源法律问题研究》，载《中州学刊》2009 年第 3 期。

64. 张丹、吴继陆：《我国首部深海海底区域资源勘探开发法评析》，载《边界与海洋研究》2016 年第 1 期。

65. 张辉：《人类命运共同体：国际法社会基础理论和当代发展》，载《中国社会科学》2018 年第 5 期。

66. 张磊：《论国家管辖范围以外区域海洋生物多样性治理的柔化——以融入软法因素的必然性为视角》，载《复旦学报（社会科学版）》2018 年第 2 期。

67. 张磊：《论国家管辖范围以外区域海洋遗传资源的法律地位》，载《法商研究》2018 年第 3 期。

68. 张善宝：《国际海底区域生物资源法律属性探析》，载《中国海商法研究》2013 年第 4 期。

69. 张士洋:《海洋命运共同体视域下 ABNJ 海洋遗传资源的国际治理与中国实践》,载《海洋开发与管理》2021 年第 5 期。

70. 张湘兰、李洁:《国家管辖以外海域遗传资源惠益分享机制的构建——以知识产权保护为视角》,载《武大国际法评论》2017 年第 4 期。

71. 张小勇、郑苗壮:《论国家管辖范围以外区域海洋遗传资源适用的法律制度——以海洋科学研究制度的可适用性为中心》,载《国际法研究》2018 年第 5 期。

72. 赵富伟、蔡蕾、臧春鑫:《遗传资源获取与惠益分享相关国际制度新进展》,载《生物多样性》2017 年第 11 期。

73. 郑苗壮:《国家管辖范围以外区域海洋生物多样性国际协定谈判与中国参与》,载《环境保护》2020 年第 Z2 期。

74. 郑苗壮、刘岩、裘婉飞:《国家管辖范围以外区域海洋生物多样性焦点问题研究》,载《中国海洋大学学报(社会科学版)》2017 年第 1 期。

75. 周忠海:《论海洋法中的剩余权利》,载《政法论坛(中国政法大学学报)》2004 年第 5 期。

(四)学位论文

1. 纪晓昕:《国家管辖范围外深海底生物多样性法律规制研究——以人类共同遗产属性为基础》,中国海洋大学 2011 年博士学位论文。

2. 刘秀:《南极生物遗传资源利用与保护的法律规制研究》,中国海洋大学 2013 年博士学位论文。

3. 吕琪:《国际管辖范围外海域海洋遗传资源利用法律问题研究》,大连海事大学 2019 年博士学位论文。

二、英文类

(一)著作

1. Aline L. Jaeckel, *The International Seabed Authority and the Precautionary Principle: Balancing Deep Seabed Mineral Mining and Marine*

Environmental Protection, Brill Nijhoff, 2017.

2. Andre Monaco & Patrick Prouzet eds. , *Governance of Seas and Oceans*, Wiley, 2015.

3. Angela Del Vecchio ed. , *International Law of the Sea: Current Trends and Controversial Issues*, Eleven International Publishing, 2014.

4. Carlos Correa & Xavier Seuba eds. , *Intellectual Property and Development: Understanding the Interfaces*, Springer Singapore, 2019.

5. Catherine Banet ed. , *The Law of the Seabed: Access, Uses, and Protection of Seabed Resources*, Brill Nijhoff, 2020.

6. Charles R. Beitz, *Political Theory and International Relations*, Princeton University Press, 1979.

7. Elisa Morgera & Kati Kulovesi eds. , *Research Handbook on International Law and Natural Resources*, Edward Elgar Publishing, 2016.

8. Federico Lenzerini & Ana Filipa Vrdoljak eds. , *International Law for Common Goods: Normative Perspectives on Human Rights, Culture and Nature*, Hart Publishing, 2014.

9. George K. Walker ed. , *Definitions for the Law of the Sea: Terms not Defined by the* 1982 *Convention*, Martinus Nijhoff Publishers, 2012.

10. Hugh Thirlway, *The Sources of International Law*, 2nd edition, Oxford University Press, 2019.

11. Ingvild Ulrikke Jakobsen, *Marine Protected Areas in International Law: An Arctic Perspective*, Brill Nijhoff, 2016.

12. Irus Braverman & Elizabethr. Johnson eds. , *Blue legalities: the Life and Laws of the Sea*, Duke University Press, 2020.

13. Lilian del Castillo ed. , *Law of the Sea, From Grotius to the International Tribunal for the Law of the Sea*, Brill Nijhoff, 2015.

14. Louisa Parks, *Beneft-sharing in Environmental Governance: Local Experiences of a Global Concept*, Routledge, 2020.

15. Malcolm N. Shaw, *International Law*, 8th edition, Cambridge University Press, 2017.

16. Monirul Azam, *Intellectual Property and Public Health in the Developing World*, Open Book Publishers, 2016.

17. Pabulo H. Rampelotto & Antonio Trincone, *Grand Challenges in Marine Biotechnology*, Springer International Publishing, 2018.

18. Symeon C. Symeonides, *Codifying Choice of Law around the World: An International Comparative Analysis*, Oxford University Press, 2014.

19. Ved P. nanda George (Rock) Pring, *International Environmental Law and Policy for the 21st Century*, 2nd revised edition, Martinus Nijhoff Publishers, 2013.

20. Yen-Chiang Chang, *Ocean Governance—A Way Forward*, Springer, 2012.

21. Yoshifumi Tanaka, *The International Law of the Sea*, 3rd edition, Cambridge University Press, 2019.

(二)文章

1. Alexander Proelss, *Marine Genetic Resources under UNCLOS and the CBD*, 51 German Yearbook of International Law 417 (2008).

2. Anja Morris, *Marine Genetic Resources in Areas beyond National Jurisdiction: How should the Exploitation of the Resources be Regulated?*, 22 New Zealand Journal of Environmental Law 57 (2018).

3. Arianna Broggiato, *Marine Genetic Resources beyond National Jurisdiction—Coordination and Harmonisation of Governance Regimes*, 41 Environmental Policy and Law 5 (2011).

4. Article-by-article Compilation of Textual Proposals for Consideration at the Fourth Session, UN (20 February 2020), https://www. un. org/bbnj/sites/www. un. org. bbnj/files/textual_proposals_compilation_article-by-article_-_15_april_2020. pdf.

5. Catherine Blancharda, Carole Durusselb & Ben Boteler, *Social-ecological Resilience and the Law: Exploring the Adaptive Capacity of the BBNJ Agreement*, 108 Marine Policy 1 (2019).

6. Chuanliang Wang & Yen-Chiang Chang, *A New Interpretation of Common Heritage of Mankind in the Context of International Law of the Sea*, 191 Ocean and Coastal Management 1 (2020).

7. Claudio Chiarolla, *Intellectual Property Rights and Benefit Sharing from Marine Genetic Resources in Areas beyond National Jurisdiction: Current Discussions and Regulatory Options*, 4 Queen Mary Journal of Intellectual Property 171 (2014).

8. Cymie R. Payne, *New Law for the High Seas*, 6 Ecology Law Quarterly191 (2019).

9. David Leary, *Moving the Marine Genetic Resources Debate Forward: Some Reflections*, 27 International Journal of Marine and Coastal Law 435 (2012).

10. David Leary, *Agreeing to Disagree on What We havee or have not Agreed on: The Current State of Play of the BBNJ Negotiations on the Status of Marine Genetic Resources in Areas beyond National Jurisdiction*, 99 Marine policy 21 (2019).

11. David Leary, Marjo Vierros, Gwenaelle Hamon, Salvatore Arico & Catherine Monagle, *Marine Genetic Resources: A Review of Scientific and Commercial Interest*, 33 Marine Policy 183 (2009).

12. Dire Tladi, *The Proposed Implementing Agreement: Options for Coherence and Consistency in the Establishment of Protected Areas beyond National Jurisdiction*, 30 International Journal of Marine and Coastal Law 654 (2015).

13. Dire Tladi, *An Institutional Framework for Addressing Marine Genetic Resources under the Proposed Treaty for Marine Biodiversity in Areas beyond*

National Jurisdiction, 19 International Environmental Agreements: Politics, Law and Economics 485 (2019).

14. Draft Text of an Agreement under the United Nations Convention on the Law of the Sea on the Conservation and Sustainable Use of Marine Biological Diversity of Areas beyond National Jurisdiction (A/CONF. 232/2019/6), UN (17 May 2019), http://undocs.org/en/a/conf. 232/2019/6.

15. Draft Decision Submitted by the President of the General Assembly (A/74/L. 41), UN (9 March 2020), https://undocs.org/en/a/74/l. 41.

16. Elizabeth M. De Santo, *Implementation Challenges of Area-based Management Tools (ABMTs) for Biodiversity beyond National Jurisdiction (BBNJ)*, 97 Marine Policy 34 (2018).

17. Elizabeth M. De Santo, Elizabeth Mendenhall, Elizabeth Nyman & Rachel Tiller, *Stuck in the Middle with You (and not Much Time Left): The Third Intergovernmental Conference on Biodiversity beyond National Jurisdiction*, 117 Marine Policy 1 (2020).

18. Erica Wales, *Marine Genetic Resources: The Clash between Patent Law and Marine Law*, 29 Natural Resources & Environment 44 (2015).

19. Erik J. Molenaar, *Managing Biodiversity in Area beyond National Jurisdiction*, 22 International Journal of Marine and Coastal Law 89 (2007).

20. Eve Heafey, *Access and Benefit Sharing of Marine Genetic Resources from Areas beyond National Jurisdiction: Intellectual Property-Friend, not Foe*, 14 Chicago Journal of International Law 493 (2014).

21. Fran Humphries, Hiroko Muraki Gottlieb, Sarah Laird, Rachel Wynberg, Charles Lawson, Michelle Rourke, Morten Walløe Tvedt, Maria Julia Oliva & Marcel Jaspars, *A Tiered Approach to the Marine Genetic Resource Governance Framework under the Proposed UNCLOS Agreement for Biodiversity beyond National Jurisdiction (BBNJ)*, 122 Marine Policy 1 (2020).

22. Francis N. Botchway, *Good Governance: The Old, the New, the*

Principle, and the Elements, 13 Florida Journal of International Law 159 (2001).

23. Friederike Lehmann, *The Legal Status of Genetic Resources of the Deep Seabed*, 11 New Zealand Journal of Environmental Law 33 (2007).

24. Gulardi Nurbintoro & Haryo Budi Nugroho, *Biodiversity beyond National Jurisdiction Current Debate and Indonesia's Interest*, 6 Indonesia Law Review 283 (2016).

25. Jane Eva Collins, Harriet Harden-Davies, Marcel Jaspars, Torsten Thiele, Thomas Vanagt & Isabelle Huys, *Inclusive Innovation: Enhancing Global Participation in and Benefit Sharing Linked to the Utilization of Marine Genetic Resources from Areas beyond National Jurisdiction*, 109 Marine Policy 1 (2019).

26. John E. Noyes, *The Common Heritage of Mankind: Past, Present, and Future*, 40 Denver Journal of International Law and Policy 447 (2011).

27. John Samuel Bird, *Bio-piracy on the High Seas? Benefit Sharing from Marine Genetic Resources Exploitation in Areas beyond National Jurisdiction*, 9 Natural Resources 413 (2018).

28. Kristina M. Gjerde, Nichola Clark A. & Harriet R Harden-Davies, *Building a Platform for the Future: The Relationship of the Expected New Agreement for Marine Biodiversity in Areas beyond National Jurisdiction and the UN Convention on the Law of the Sea*, 33 Ocean Yearbook 3 (2019).

29. Kudirat Magaji W. Owolabi, *The Principle of the Common Heritage of Mankind*, 4 Nnamdi Azikiwe University Journal of International Law and Jurisprudence 51 (2013).

30. Louise Angelique de la Fayette, *A New Regime for the Conservation and Sustainable Use of Marine Biodiversity and Genetic Resources beyond the Limits of National Jurisdiction*, 24 International Journal of Marine and Coastal Law 221 (2009).

31. Lyle Glowka, *Deepest of Ironie: Genetic Resources, Marine Scientific Research, and the Area*, 12 Ocean Yearbook 154 (1996).

32. Marie Jacobsson, *Institutional Arrangements for the Ocean: From Zero to Indefinite*, 46 Ecology Law Quarterly 149 (2019).

33. Mariko Kageyama, *Bio-property Contract in a New Ecosystem: Genetic Resources Access and Benefit Sharing*, 13 Washington Journal of Law, Technology & Arts 109 (2018).

34. Marine Biological Diversity of Areas beyond National Jurisdiction, Legal and Policy Framework, UN, https://www.un.org/Depts/los/biodiversityworkinggroup/webpage_legal_and_policy.pdf.

35. Marjo Vierros, Curtis A. Suttle, Harriet Harden-Davies & Geoff Burton, *Who Owns the Ocean? Policy Issues Surrounding Marine Genetic Resources*, 25 Limnology and Oceanography Bulletin 29 (2016).

36. Michael I. Jeffery, *Bioprospecting: Access to Genetic Resources and Benefit-sharing under the Convention on Biodiversity and the Bonn Guidelines*, 6 Singapore Journal of International & Comparative Law 747 (2002).

37. Michael W. Lodge, *The Common Heritage of Mankind*, 27 International Journal of Marine and Coastal Law 735 (2012).

38. Natalie Y. Morris-Sharma, *Marine Genetic Resources in Areas beyond National Jurisdiction: Issues with, in and outside of UNCLOS*, 20 Max Planck Yearbook of United Nations Law 71 (2017).

39. Oceans and the Law of the Sea: Report of the Secretary-General, A/58/65, UN (3 March 2003), https://documents-dds-ny.un.org/doc/UNDOC/GEN/N03/266/68/PDF/N0326668.pdf?OpenElement.

40. Pandemic Influenza Preparedness Framework for the Sharing of Influenza Viruses and Access to Vaccines and Other Benefits, WHO, https://apps.who.int/iris/bitstream/handle/10665/44796/9789241503082_eng.pdf?sequen ce=1.

41. Petra Drankier, Alex G. Oude Elferink, Bert Visser & Tamara Takacs, *Marine Genetic Resources in Areas beyond National Jurisdiction: Access and Benefit-sharing*, 27 International Journal of Marine and Coastal Law 375 (2012).

42. President's Aid to Discussions (A/CONF. 232/2018/3), UN (25 June 2018), http://undocs. org/en/A/CONF. 232/2018/3.

43. President's Aid to Negotiations (A/CONF. 232/2019/1), UN (3 December 2018), http://undocs. org/en/A/CONF. 232/2019/1.

44. Rachel Tiller, Elizabeth De Santo, Elizabeth Mendenhall & Elizabeth Nyman, *The Once and Future Treaty: Towards a New Regime for Biodiversity in Areas beyond National Jurisdiction*, 99 Marine Policy 239 (2019).

45. Report of the Preparatory Committee Established by General Assembly resolution 69/292: Development of an International Legally Binding Instrument under the United Nations Convention on the Law of the Sea on the Conservation and Sustainable Use of Marine Biological Diversity of Areas beyond National Jurisdiction (A/AC. 287/2017/PC. 4/2), UN (31 July, 2017), http://www. un. org/ga/search/view_doc. asp? symbol = A/AC. 287/2017/PC. 4/2&Lang=E.

46. Resolution Adopted by the General Assembly on 17 November 2004 (A/RES/59/24), UN (4 February 2005), https://documents-dds-ny. un. org/doc/UNDOC/GEN/N04/477/64/PDF/N0447764. pdf? OpenElement.

47. Resolution Adopted by the General Assembly on 19 June 2015 (A/RES/69/292), UN (6 July, 2015), https://undocs. org/en/A/RES/69/292.

48. Resolution Adopted by the General Assembly on 24 December 2017 (A/RES/72/249), UN (19 January 2018), http://www. un. org/en/ga/search/view_doc. asp? symbol=A/RES/72/249.

49. Revised Draft Text of an Agreement under the United Nations Convention on the Law of the Sea on the Conservation and Sustainable Use of

Marine Biological Diversity of Areas beyond National Jurisdiction (A/CONF. 232/2020/3), UN (18 November 2019), https://documents-dds-ny. un. org/doc/UNDOC/GEN/N19/372/88/DOC/N1937288. DOC.

50. Richard J. Mclaughlin, *Foreign Access to Shared Marine Genetic Materials: Management Options for a Quasi-fugacious Resoures*, 34 Ocean Development and International Law 297 (2003).

51. Robert Blasiak, Jean-Baptiste Jouffray, Colette C. C. Wabnitz & Henrik Österblom, *Scientists should Disclose Origin in Marine Gene Patents*, 34 Trends in Ecology & Evolution 392 (2019).

52. Robert Blasiak & Nobuyuki Yagi, *Shaping an International Agreement on Marine Biodiversity beyond Areas of National Jurisdiction: Lessons from High Seas Fisheries*, 71 Marine Policy 210 (2016).

53. Sergio Pena Neira, *Sharing the Benefits of Marine Genetic Resources in the High Seas for Conservation?*, 146 Ocean & Coastal Management 129 (2017).

54. Sergio Pena Neira, *Planning on Law: Fair and Just in the Division of Benefits—The Case of Genetic Resources in the High Seas (Water Column)*, 41 Revista Derecho del Estado 227 (2018).

55. Shachi Singh, *The Protection of Traditional Knowledge on Genetic Resources (Book Review)*, Law, 15 Environment and Development Journal 15 (2019).

56. Statement by the President of the Conference at the Closing of the First Session (A/CONF. 232/2018/7), UN (20 September 2018), http://undocs. org/en/A/CONF. 232/2018/7.

57. Statement by the President of the Conference at the Closing of the Second Session (A/CONF. 232/2019/5), UN (18 April 2019), https://undocs. org/en/a/conf. 232/2019/5.

58. Statement by the President of the Conference at the Closing of the Third

Session (A/CONF. 232/2019/10), UN (13 September 2019), https://undocs. org/en/a/conf. 232/2019/10.

59. Stephen Minas, *Marine Technology Transfer under a BBNJ Treaty: A Case for Transnational Network Cooperation*, 112 AJIL Unbound 144 (2018).

60. *Summary of the First Session of the Intergovernmental Conference on an International Legally Binding Instrument under the UN Convention on the Law of the Sea on the Conservation and Sustainable Use of Marine Biodiversity of Areas beyond National Jurisdiction: 4-17 September* 2018, Earth Negotiations Bulletin Vol. 25 No. 179 (20 September 2018), http://enb. iisd. org/download/pdf/enb25179e. pdf.

61. *Summary of the Second Session of the Intergovernmental Conference on an International Legally Binding Instrument under the UN Convention on the Law of the Sea on the Conservation and Sustainable Use of Marine Biodiversity of Areas beyond National Jurisdiction: 25 March-5 April* 2019, Earth Negotiations Bulletin Vol. 25 No. 195 (8 April 2019), http://enb. iisd. org/download/pdf/enb25195e. pdf.

62. *Summary of the Third Session of the Intergovernmental Conference (IGC) on the Conservation and Sustainable Use of Marine Biodiversity of Areas beyond National Jurisdiction: 19-30 August* 2019, Earth Negotiations Bulletin Vol. 25 No. 218 (2 September 2019), http://enb. iisd. org/download/pdf/enb25218e. pdf.

63. *Summary of the Fourth Session of the Intergovernmental Conference on an International Legally Binding Instrumentunder the UN Convention on the Law of the Sea on the Conservation and Sustainable Use of Marine Biodiversity of Areas beyond National Jurisdiction: 7 - 18 March* 2022, Earth Negotiations Bulletin Vol. 25 No. 225 (21 March 2022), https://enb. iisd. org/sites/default/files/2022-03/enb25225e. pdf.

64. Table Recapitulating the Status of the Convention (United Nations

Convention on the Law of the Sea) and of the Related Agreements, UN (31 July 2019), https://www.un.org/Depts/los/reference_files/UNCLOS%20Status%20table_ENG.pdf.

65. Thea Lowry, *Protecting the Mysteries of the Deep: Conserving Biodiversity in Marine Areas beyond National Jurisdiction*, 16 Dalhousie Journal of Legal Studies 113 (2007).

66. Tullio Scovazzi, *Open Questions on the Exploitation of Genetic Resources in Areas beyond National Jurisdiction*, 107 American Society of International Law Proceedings 119 (2013).

67. Waseem Ahmad Qureshi, *Marine Biodiversity Conservation: The International Legal Framework and Challenges*, 40 Houston Journal of International Law 845 (2018).

68. Waseem Ahmad Qureshi, *Protecting the Common Heritage of Mankind beyond National Jurisdiction*, 36 Arizona Journal of International and Comparative Law 79 (2019).

69. Xu John Zhang, *China's Role in the Intergovernmental Conference on Marine Biodiversity in Areas beyond National Jurisdiction and "the Community of Shared Destiny for Humankind"*, 26 Journal of International Maritime Law 439 (2020).

70. Xu Ying, *Establishing the Exploitation Regime of Genetic Resources in the International Seabed Area*, 7 China Legal Science 92 (2019).

71. Yen-Chiang Chang, *Good Ocean Governance*, 23 Ocean Yearbook 89 (2009).

72. Yen-Chiang Chang, *International Legal Obligations in Relation to Good Ocean Governance*, 9 Chinese Journal of International Law 589 (2010).

73. Yen-Chiang Chang, *On Legal Implementation Approaches toward a Maritime Community with a Shared Future*, 8 China Legal Science 3 (2020).

74. Yen-Chiang Chang, Chuanliang Wang, Mehran Idris Khan & Nannan

Wang, *The Legal System for Environmental Protection During Exploration and Exploitation of Marine Mineral Resources in China*, 67 Resources Policy 1 (2020).

75. Yoshifumi Tanaka, *Reflection on the Conservation and Sustainable Use of Genetic Resources in the Deep Seabed beyond the Limits of National Jurisdiction*, 39 Ocean Development and International Law 129 (2008).

后　记

本书在我博士论文的基础上修改而成。回顾博士求学期间,得到了诸多师友的热情帮助和鼎力支持,感激之情历久弥新。

承蒙吾师张晏瑲教授接纳,得以跟随老师系统研习海洋法。老师治学严谨、勤奋,为人儒雅、真诚,在学业上有条不紊地给予我引导督促,在生活中感同身受地为我排忧解难。三年的相处时间里,老师对我进行了严格的学术训练,也让我体会到了做学问的乐趣。

2018 年 6 月,台湾师范大学政治学研究所王冠雄教授来到山东大学青岛校区做系列讲座。其间,在青岛乐水居,我就博士论文选题与王老师进行了一次深聊,王老师从“国际渔业法”谈到了“BBNJ 国际协定”,并建议我对此多加关注,后来便顺理成章地成就了本选题。

曾担任我博士论文预答辩委员会委员的黄世席教授、张式军教授、柴瑞娟教授对论文提出了许多中肯的修改建议;三位外审评阅专家对论文既有充分的肯定,也提出了宝贵的意见;担任答辩委员会委员的杨泽伟教授、王立武教授、黄世席教授、满洪杰教授、张式军教授对论文的严格把关,令我的学业生涯过程圆满且富有仪式感。

山大法学院国际法博士生导师组的沈伟教授、许庆坤教授、姜作利教授、黄世席教授,在我学习和论文写作中给予了细致指导;戴宗翰教授、段燕华老师、宋阳老师、汤熙翔老师、吕琪老师对本研究给予了热忱帮助;厦门、西安、上海 BBNJ 研讨会上相逢的老师和小伙伴对本研究提供了许多有益启示。

感谢法律出版社马秋婧编辑为本书所付出的辛勤劳动。

感谢我的母亲夏乐香女士在我求学路上一直不计回报的奉献。

回到阔别已久的泉城,深夜修改书稿时,耳边时常回响起鳌山湾畔的读书声和大海声,“往者不谏,来者可追!未来要珍惜每一天,与理想和美好同行。”

王传良

2022 年 7 月 7 日于济南